GSAT
삼성직무적성검사

4급 전문대졸 채용 대비

실전모의고사(5회분)

GSAT 삼성직무적성검사

4급 전문대졸 채용 대비

개정2판 발행   2022년 1월 21일
개정3판 발행   2023년 3월 13일

편 저 자 | 취업적성연구소
발 행 처 | ㈜서원각
등록번호 | 1999-1A-107호
주   소 | 경기도 고양시 일산서구 덕산로 88-45(가좌동)
교재주문 | 031-923-2051
팩   스 | 031-923-3815
교재문의 | 카카오톡 플러스 친구[서원각]
홈페이지 | www.goseowon.com

Preface

우리나라 기업들은 1960년대 이후 현재까지 비약적인 발전을 이루었다. 이렇게 급속한 성장을 이룰 수 있었던 배경에는 우리나라 국민들의 근면성 및 도전정신이 있었다. 그러나 빠르게 변화하는 세계 경제의 환경에 적응하기 위해서는 근면성과 도전정신 이외에 또 다른 성장 요인이 필요하다.

삼성그룹에서도 업무에 필요한 역량 및 책임감과 적응력 등을 구비한 인재를 선발하기 위하여 고유의 직무적성검사를 치르고 있다. 본서는 삼성그룹 4급 전문대졸 채용 대비를 위한 도서로 GSAT(삼성직무적성검사)의 출제경향을 분석하여 응시자들이 보다 쉽게 시험유형을 파악하고 효율적으로 대비할 수 있도록 구성하였다.

본서에서는 5회분 모의고사를 수록하였다. 수리/추리/지각영역과 함께 1회분에서 3회분까지는 영어영역을 추가하여 변화하는 시험 대비에 어려움이 없도록 하였다. 또한 해설은 꼼꼼하게 수록하여 해설을 확인하는 것으로도 문제가 쉽게 이해될 수 있도록 구성하였다.

신념을 가지고 도전하는 사람은 반드시 그 꿈을 이룰 수 있습니다.
처음에 품은 신념과 열정이 취업 성공의 그 날까지 빛바래지 않도록 서원각이 수험생 여러분을 응원합니다.

Structure

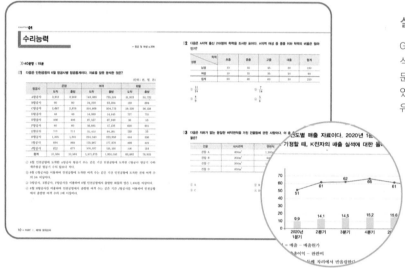

실전모의고사 5회분

GSAT의 최신 출제경향과 기출 유형을 분석하여 반영하였습니다. 영역별 출제예상 문제로 구성하여 실전 모의고사를 수록하였습니다. 실전 모의고사를 통해 최신기출 유형을 집중 공략할 수 있습니다.

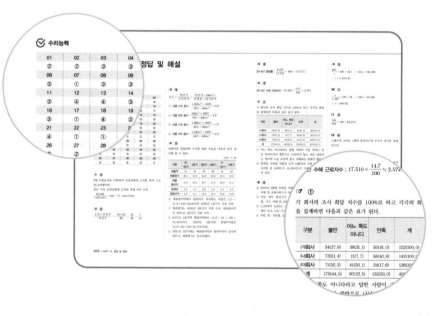

정답 및 해설

매 문제마다 상세하고 이해하기 쉽도록 꼼꼼하게 알려주는 정답 및 해설을 수록하여 효율적인 학습이 가능하고 본인의 취약 부분을 확실하게 보완할 수 있도록 하였습니다.

Contents

이 책 의 차 례

채용안내

● **지원자격**

① 전문대 졸업 또는 졸업 예정인 자

② 병역필 또는 면제자

③ 해외여행에 결격사유가 없는 자

● **지원방법**

① 지원서는 채용 홈페이지를 통해 접수하며, 그 외의 개별접수는 받지 않음

② 마감일의 경우 홈페이지 접속 폭주가 예상되므로 마감일 이전에 등록하기를 권함

● **전형절차**

| 지원서 접수 | 서류전형 | 직무적성검사 | 면접전형 | 채용검진 | 최종합격 |

① **지원서접수** … 채용 홈페이지를 통해 지원서 접수

② **서류전형** … 지원 자격 및 자기소개서 기반의 평가

③ **직무적성검사** … 직무상 요구되는 기본 능력 검증

④ **면접전형** … 기본 인성 및 조직 적응력 중점 평가

⑤ **채용검진 및 최종합격**

● **온라인 시험 관련 지원자 준비사항**

① 응시장소

　㉠ 최소 3시간 이상 안정적으로 네트워크 유지된 상태에서 PC, 스마트폰 이용이 가능한 장소

　㉡ 타인의 방해를 받지 않고 검사에 집중할 수 있는 장소

② PC 및 스마트폰

　㉠ 삼성직무적성검사 응시 프로그램에 접속할 수 있는 데스크탑 또는 노트북

　㉡ 응시하는 본인 모습을 촬영할 수 있는 스마트폰 또는 태블릿PC

　　※ 타인 명의의 스마트폰 사용 가능

● 부정행위에 대한 처리 기준

① 서류전형
　　㉠ 타인의 에세이를 표절하여 작성하는 경우
　　㉡ 학위 및 경력위조 등 허위사실을 기재하는 경우
　　㉢ 그 外 부정한 방법으로 평가 결과에 영향을 미치는 행위

② 직무적성검사
　　㉠ 신분증 및 증빙서류를 위·변조하여 검사를 치르는 행위
　　㉡ 대리 시험을 의뢰하거나 대리로 검사에 응시하는 행위
　　㉢ 문제를 메모 또는 촬영하는 행위
　　㉣ 문제의 일부 또는 전부를 유출하거나 외부에 배포하는 행위
　　㉤ 타인과 답을 주고받는 행위
　　㉥ 그 外 부정한 방법으로 검사 결과에 영향을 미치는 행위

③ 면접
　　㉠ 신분증 및 증빙서류를 위·변조하여 면접에 참석하는 행위
　　㉡ 대리로 면접에 참석하거나 의뢰하는 행위
　　㉢ 면접 문제를 유출하거나 외부에 배포하는 행위
　　㉣ 그 外 부정한 방법으로 면접 결과에 영향을 미치는 행위

④ 부정행위에 대한 처벌
　　㉠ 지원자 결과 무효처리
　　㉡ 향후 5년 간 응시자격 제한
　　㉢ 필요한 경우 민·형사상 조치

● 기타

① 지원서에 허위기재가 있거나 제출한 서류가 허위일 경우, 채용 취소

② 각종 증빙서류는 회사에서 별도 요청한 날까지 제출

③ 국가보훈 대상자 및 장애인은 관련 법 및 내부규정에 의거하여 우대

④ 채용 관련 중요한 사항은 지원서 작성 시 등록된 e-mail로 안내되므로, 정확히 기재 요망

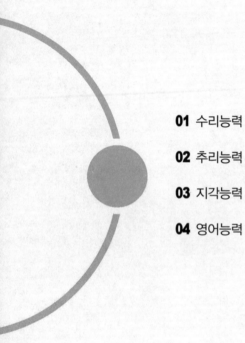

제 1 회
모의고사

CHAPTER 01

수리능력

☞ 정답 및 해설 p.308

>> **40문항** ⊙**15분**

01 다음은 인천공항의 6월 항공사별 항공통계이다. 자료를 잘못 분석한 것은?

(단위 : 편, 명, 톤)

항공사	운항		여객		화물	
	도착	출발	도착	출발	도착	출발
A항공사	3,912	3,908	743,083	725,524	51,923	50,722
B항공사	90	90	24,220	23,594	159	694
C항공사	2,687	2,676	514,468	504,773	29,220	26,159
D항공사	43	43	14,069	14,445	727	751
E항공사	406	406	67,037	67,949	36	53
F항공사	60	60	16,885	17,176	630	601
G항공사	515	514	82,409	84,567	139	53
H항공사	1,305	1,301	224,040	223,959	444	336
I항공사	894	893	175,967	177,879	498	422
J항공사	672	673	109,497	110,150	106	134
합계	10,584	10,564	1,971,675	1,950,016	83,882	79,925

① 6월 인천공항에 도착한 A항공사 항공기 수는 같은 기간 인천공항에 도착한 C항공사 항공기 수와 제주항공 항공기 수의 합보다 적다.

② 6월 G항공사를 이용하여 인천공항에 도착한 여객 수는 같은 기간 인천공항에 도착한 전체 여객 수의 5% 이상이다.

③ D항공사, E항공사, F항공사를 이용하여 6월 인천공항에서 출발한 화물의 양은 1,400톤 이상이다.

④ 6월 H항공사를 이용하여 인천공항에서 출발한 여객 수는 같은 기간 J항공사를 이용하여 인천공항에서 출발한 여객 수의 2배 이상이다.

02 다음은 A지역 출신 210명의 학력을 조사한 표이다. A지역 여성 중 중졸 이하 학력의 비율은 얼마인가?

학력 성별	초졸	중졸	고졸	대졸	합계
남성	10	35	45	30	120
여성	10	25	35	20	90
합계	20	60	80	50	210

① $\dfrac{11}{24}$

② $\dfrac{7}{18}$

③ $\dfrac{8}{9}$

④ $\dfrac{5}{8}$

03 다음은 지하가 없는 동일한 바닥면적을 가진 건물들에 관한 사항이다. 이 중 층수가 가장 높은 건물은?

건물	대지면적	연면적	건폐율
건물 A	400m^2	1,200m^2	50%
건물 B	300m^2	840m^2	70%
건물 C	300m^2	1,260m^2	60%
건물 D	400m^2	1,440m^2	60%

$$※ \ 건축면적 = \frac{건폐율 \times 대지면적}{100(\%)}, \quad 층수 = \frac{연면적}{건축면적} \cdot$$

① A

② B

③ C

④ D

04 다음은 K전자의 연도별 매출 자료이다. 2020년 1분기의 판관비가 2억 원이며, 매 시기 1천만 원씩 증가하였다고 가정할 때, K전자의 매출 실적에 대한 올바른 설명은 어느 것인가?

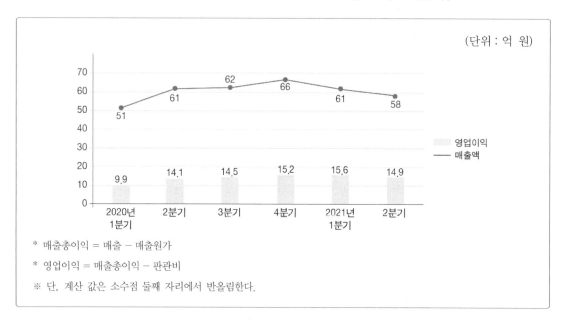

① 매출원가가 가장 큰 시기의 매출총이익도 가장 크다.

② 매출액 대비 영업이익을 나타내는 영업이익률은 2021년 1분기가 가장 크다.

③ 매출총이익에서 판관비가 차지하는 비중은 2020년 1분기가 가장 크다.

④ 매출원가와 매출총이익의 증감 추이는 영업이익의 증감 추이와 매 시기 동일하다.

┃05~06┃ 다음은 연도별 최저임금 현황을 나타낸 표이다. 물음에 답하시오.

(단위 : 원, %, 천 명)

구분	2008년	2009년	2010년	2011년	2012년	2013년	2014년
시간급 최저임금	3,770	4,000	4,110	4,320	4,580	4,860	5,210
전년대비 인상률(%)	8.30	6.10	2.75	5.10	6.00	6.10	7.20
영향률(%)	13.8	13.1	15.9	14.2	13.7	14.7	(x)
적용대상 근로자수	15,351	15,882	16,103	16,479	17,048	17,510	17,734
수혜 근로자수	2,124	2,085	2,566	2,336	2,343	(y)	2,565

* 영향률 = 수혜 근로자수 / 적용대상 근로자수 × 100

05 2014년 영향률은 몇 %인가?

① 13.5% ② 13.9%

③ 14.2% ④ 14.5%

06 2013년 수혜 근로자수는 몇 명인가?

① 약 234만 3천 명 ② 약 256만 5천 명

③ 약 257만 4천 명 ④ 약 258만 2천 명

07 다음 표는 (가), (나), (다) 세 기업의 남자 사원 400명에 대해 현재의 노동 조건에 만족하는가에 관한 설문 조사를 실시한 결과이다. ㉠~㉣ 중에서 옳은 것은 어느 것인가?

구분	불만	어느 쪽도 아니다	만족	계
(가)회사	34	38	50	122
(나)회사	73	11	58	142
(다)회사	71	41	24	136
계	178	90	132	400

㉠ 이 설문 조사에서는 현재의 노동 조건에 대해 불만을 나타낸 사람은 과반수를 넘지 않는다.
㉡ 가장 불만 비율이 높은 기업은 (다)회사이다.
㉢ 어느 쪽도 아니다라고 회답한 사람이 가장 적은 (나)회사는 가장 노동조건이 좋은 기업이다.
㉣ 만족이라고 답변한 사람이 가장 많은 (나)회사가 가장 노동조건이 좋은 회사이다.

① ㉠, ㉡
② ㉠, ㉢
③ ㉡, ㉢
④ ㉢, ㉣

08 다음은 연도별, 상품군별 온라인쇼핑 거래액 구성비를 나타낸 자료이다. 다음 자료에 대한 올바른 설명이 아닌 것은 어느 것인가? (단, 계산 값은 소수점 둘째 자리에서 반올림한다)

(단위 : %)

구분	2020년		2021년			
	2월		1월		2월	
	온라인	모바일	온라인	모바일	온라인	모바일
컴퓨터 및 주변기기	6.3	3.7	5.6	3.5	5.6	3.7
가전 · 전자 · 통신기기	8.8	7.7	9.8	8.7	9.6	8.7
서적	2.2	1.2	2.4	1.9	2.0	1.2
사무 · 문구	0.8	0.5	0.8	0.5	0.9	0.5
의복	12.8	13.5	9.9	10.5	9.3	9.7
신발	1.8	2.1	1.5	1.7	1.6	1.8
가방	2.2	2.7	2.3	2.7	2.4	2.8
음 · 식료품	7.9	9.3	9.2	10.7	10.0	11.1
농축수산물	2.3	2.6	2.8	3.2	3.5	3.6
생활용품	8.7	9.4	8.0	8.4	7.9	8.3
자동차용품	1.1	1.1	0.9	0.9	0.9	0.8
가구	2.9	3.0	2.8	2.9	3.0	3.1
애완용품	0.8	1.0	0.8	0.9	0.7	0.8
여행 및 교통서비스	14.1	12.6	15.1	13.8	13.8	13.1

① 2021년 2월의 전년 동기 대비 거래액 비중이 증가한 모바일 상품군은 모두 6가지이다.
② 농축수산물의 2021년 2월 모바일 거래액 비중은 전년 동기 대비 38.5% 증가하였다.
③ 여행 및 교통서비스는 매 시기마다 가장 많은 모바일 거래액 비중을 차지한다.
④ 3개의 비교시기에서 온라인 거래액 비중이 꾸준히 증가한 상품군은 모두 3가지이다.

┃09~12┃ 다음은 어느 시험의 통계사항을 나타낸 표이다. 물음에 답하시오. (단, 모든 계산은 소수점 둘째 자리에서 반올림한다)

구분	접수인원(명)	응시인원(명)	합격자수(명)	합격률(%)
1회	3,161	2,468	1,120	45.3
2회	1,808	(가)	605	43.1
3회	2,013	1,422	(나)	34.0
4회	1,148	852	540	(다)
5회	5,057	4,197	1,120	26.7

09 (가)에 들어갈 수로 알맞은 것은?

① 1,301   ② 1,398

③ 1,404   ④ 1,432

10 (나)에 들어갈 수로 알맞은 것은?

① 483   ② 513

③ 527   ④ 673

11 (다)에 들어갈 수로 알맞은 것은?

① 45.3   ② 52.5

③ 63.4   ④ 65.8

12 주어진 표를 바탕으로 만든 그래프로 다음 중 옳지 않은 것은?

① 각 회별 합격률 비교

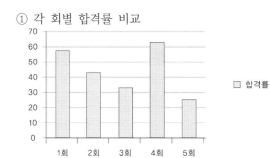

② 각 회별 응시인원과 접수인원 비교

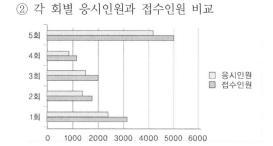

③ 각 회별 응시인원 비교

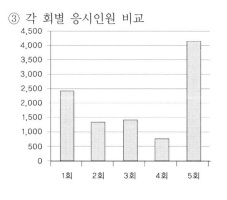

④ 각 회별 합격자수 비교

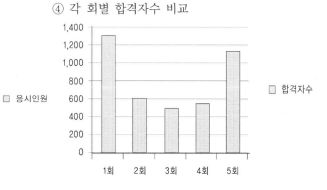

13 다음은 소득계층별 저축률 추이를 나타낸 것이다. 자료를 바르게 분석한 것은? (단, 경제성장률은 0보다 크다)

연도＼구분	상위 30%	중위 40%	하위 30%
2010	38	22	0
2015	37	20	−4
2020	35	15	−12

ㄱ 모든 계층의 소득이 줄어들고 있다.
ㄴ 국내총생산 규모가 점차 감소하고 있다.
ㄷ 하위 30% 계층의 가계 부채가 증가하고 있다.
ㄹ 이자 소득에 있어서 각 계층 간 격차가 심화되고 있다.

① ㄱ, ㄴ
② ㄱ, ㄷ
③ ㄴ, ㄷ
④ ㄷ, ㄹ

14 다음은 A~D국의 유학비용을 항목별로 나타낸 자료이다. 평균 비용이 다섯 국가 중 가장 높은 항목이 한 항목도 없는 국가는 어디인가? (단, '합계'도 항목에 포함함)

구분	학비	숙박비	생활비	합계
A국	100~120만 원	70~90만 원	50~70만 원	220~280만 원
B국	100~120만 원	80~90만 원	30~60만 원	180~250만 원
C국	75~90만 원	40~70만 원	30~40만 원	145~200만 원
D국	130~170만 원	50~70만 원	40~70만 원	220~290만 원

① A국
② B국
③ C국
④ D국

15 당신은 K광물자원공사 연구개발팀에 근무한다. 하루는 상사가 6개 광종의 위험도와 경제성 점수에 관한 자료를 주며 분류기준에 따라 6개 광종을 분류해 오라고 지시하였다. 다음 중 바르게 분류한 것은?

〈분류기준〉
• 비축필요광종 : 위험도와 경제성 점수가 모두 3.0을 초과하는 경우
• 주시광종 : 위험도와 경제성 점수 중 하나는 3.0점 초과, 다른 하나는 2.5점 초과 3.0점 이하인 경우
• 비축제외광종 : 비축필요광종 또는 주시광종에 해당하지 않는 광종

〈6개 광종의 위험도와 경제성 점수〉

항목＼광종	금광	은광	동광	연광	아연광	철광
위험도	2.5	4.0	2.5	2.7	3.0	3.5
경제성	3.0	3.5	2.5	2.7	3.5	4.0

① 주시광종으로 분류되는 광종은 2종류이다.
② 비축필요광종으로 분류되는 광종은 은광, 아연광, 철광이다.
③ 모든 광종의 위험도와 경제성 점수가 현재보다 각각 20% 증가하면, 비축필요광종으로 분류되는 광종은 4종류가 된다.
④ 주시광종 분류기준을 위험도와 경제성 점수 중 하나는 3.0점 초과, 다른 하나는 2.5점 이상 3.0점 이하로 변경한다면 금광과 아연광은 주시광종으로 분류된다.

❚16~20❚ 다음 식을 계산하여 알맞은 답을 고르시오.

16

$$15 \times 7 + 6$$

① 109   ② 110
③ 111   ④ 112

17

$$5^3 + 6^2 - 7^2$$

① 112   ② 113
③ 114   ④ 115

18

$$2150 \times 10^{-2}$$

① 0.0215   ② 0.215
③ 2.15   ④ 21.5

19

$$\sqrt{256} - \log 1000$$

① 11　　　　　　　　　② 12

③ 13　　　　　　　　　④ 14

20

$$-2 \times (3)^2 \div \frac{1}{3}$$

① 6　　　　　　　　　② -6

③ 54　　　　　　　　　④ -54

▌21~25▐ 다음 계산식의 빈칸에 들어갈 알맞은 수 또는 연산기호를 고르시오.

21

$$60 \times 3^3 \div (\quad) = 36$$

① 18　　　　　　　　　② 27

③ 36　　　　　　　　　④ 45

22

$$135 \div (\quad) + 5 = 50$$

① 3   ② 5
③ 7   ④ 9

23

$$\frac{11}{27} \times (\quad) + \frac{7}{6} = \frac{29}{6}$$

① 9   ② 10
③ 11   ④ 12

24

$$\{89 (\quad) 21\} \div 5 \times 22 \div 44 = 11$$

① +   ② −
③ ×   ④ ÷

25

$$12 \times 3 \ (\quad) \ 72 \div 4 = 54$$

① $+$ ② $-$

③ $\times$ ④ $\div$

┃26~30┃ 다음에 주어진 A와 B값의 대소 관계를 바르게 비교한 것을 고르시오.

26

A : $3^{-2} + 2$ B : $\dfrac{7}{2^3} + 1.25$

① A > B   ② A < B

③ A = B   ④ 알 수 없다.

27

• $A : 43\%$ • $B : \dfrac{13}{30}$

① $A > B$ ② $A < B$

③ $A = B$ ④ 비교할 수 없다.

28

> - A : 480과 360의 최대공약수
> - B : 48과 64의 최소공배수

① A > B

② A < B

③ A = B

④ 비교할 수 없다.

29

> - $A : \sqrt{(a-b)^2}$
> - $B : |b-a|$

① $A > B$

② $A < B$

③ $A = B$

④ 비교할 수 없다.

30

> - A : 원 $(x-2)^2+(y-5)^2=36$의 넓이
> - B : 구 $x^2+(y-4)^2+(z-1)^2=9$의 겉넓이

① $A > B$

② $A < B$

③ $A = B$

④ 비교할 수 없다.

31 정아와 민주가 계단에서 가위바위보를 하는데, 이긴 사람은 2계단을 올라가고, 진 사람은 1계단을 내려간다고 한다. 두 사람이 가위바위보를 하여 처음보다 정아는 14계단, 민주는 5계단을 올라갔을 때, 민주는 몇 번 이겼는가? (단, 비기는 경우는 없다.)

① 7회   ② 8회
③ 10회   ④ 11회

32 지수가 낮잠을 자는 동안 엄마가 집에서 마트로 외출을 했다. 곧바로 잠에서 깬 지수는 엄마가 출발하고 10분 후 엄마의 뒤를 따라 마트로 출발했다. 엄마는 매분 100m의 속도로 걷고, 지수는 매분 150m의 속도로 걷는다면 지수는 몇 분 만에 엄마를 만나게 되는가?

① 10분   ② 20분
③ 30분   ④ 40분

33 가로가 600cm, 세로가 500cm인 거실의 넓이는 몇 m² 인가?

① 10m^2 ② 20m^2
③ 30m^2 ④ 40m^2

34 물통에 물을 가득 채우는데 A호스만으로는 12시간, B호스만으로는 18시간이 걸린다. 이 물통에 A호스로 2시간 넣은 후 A, B호스를 같이 사용하여 물통을 가득 채웠다. A호스를 B호스와 같이 사용한 시간은?

① 5시간   ② 6시간

③ 7시간   ④ 8시간

35 두 자리의 자연수가 있다. 십의 자리의 숫자의 2배는 일의 자리의 숫자보다 1이 크고, 십의 자리의 숫자와 일의 자리의 숫자를 바꾼 자연수는 처음 수보다 9가 크다고 한다. 이를 만족하는 자연수는?

① 11   ② 23

③ 35   ④ 47

36 작년까지 A시의 지역 축제에서 A시민에게는 60% 할인된 가격으로 입장료를 판매하였는데 올해부터는 작년 가격에서 각각 5,000원씩 추가 할인하여 판매하기로 했다. 올해 일반 성인입장료와 A시민 성인입장료의 비가 5 : 2일 때, 올해 일반 성인입장료는 얼마인가?

① 9,000원   ② 9,500원

③ 10,000원   ④ 10,500원

37 철수는 집에서 12km 떨어진 민수네 집에 가기 위하여 처음에는 시속 3km로 걸어가다가 나중에는 시속 4km로 뛰어갔다. 철수네 집에서 민수네 집까지 가는 데 걸린 시간이 3시간 30분이었다면 철수가 뛰어간 거리는 얼마인가?

① 4km   ② 5km

③ 6km   ④ 7km

38 6%의 소금물 500g이 있다. 이 소금물에서 물을 증발시켜 소금물의 농도가 20%가 되게 하려면 몇 g의 물을 증발시켜야 하는가?

① 200g

② 250g

③ 300g

④ 350g

39 어떤 모임에서 참가자에게 귤을 나누어 주는데 1명에게 5개씩 나누어 주면 3개가 남고, 6개씩 나누어주면 1명만 4개보다 적게 받게 된다. 참가자는 적어도 몇 명인가?

① 2인

② 6인

③ 9인

④ 10인

40 a, b, c는 $a < b < c$인 등비수열이다. 세 수가 $4a + b = 3c$를 만족하는 공비는 얼마인가?

① $\dfrac{4}{3}$

② $\dfrac{5}{3}$

③ 2

④ $\dfrac{7}{3}$

CHAPTER 02

추리능력

☞ 정답 및 해설 p.312

>> **40문항** ⊙ **20분**

❚ 01~10 ❚ 다음은 일정한 규칙에 따라 배열한 수열이다. 빈칸에 들어갈 알맞은 수를 고르시오.

01

> 4　5　7　10　14　19　25　(　)　40　49

① 29　　　　　　　　　　　　　② 30

③ 31　　　　　　　　　　　　　④ 32

02

> 1　3　6　4　8　32　28　34　204　(　)

① 195　　　　　　　　　　　　② 196

③ 197　　　　　　　　　　　　④ 198

03

> 5　5　5　10　30　(　)　1200

① 120　　　　　　　　　　　　② 150

③ 180　　　　　　　　　　　　④ 210

04

$$6 \quad 8 \quad 12 \quad 2 \quad (\quad) \quad -4 \quad 24 \quad -10 \quad 30$$

① 15 ② 16
③ 17 ④ 18

05

$$\frac{1}{3} \quad \frac{4}{9} \quad (\quad) \quad \frac{10}{81} \quad \frac{13}{243}$$

① $\frac{7}{18}$ ② $\frac{3}{22}$
③ $\frac{7}{27}$ ④ $\frac{3}{35}$

06

$$1 \quad 2 \quad 3 \quad 5 \quad 8 \quad 13 \quad (\quad)$$

① 25 ② 24
③ 21 ④ 22

07

$$\frac{1}{2} \quad \frac{2}{3} \quad \frac{6}{5} \quad (\ ) \quad \frac{330}{41}$$

① $\frac{24}{7}$

② $\frac{31}{9}$

③ $\frac{37}{9}$

④ $\frac{30}{11}$

08

$$1 \quad 4 \quad 10 \quad 22 \quad 46 \quad 94 \quad 190 \quad (\quad)$$

① 356

② 450

③ 382

④ 290

09

$$1 \quad 3 \quad 10 \quad 30 \quad (\quad) \quad 276 \quad 831$$

① 60

② 92

③ 126

④ 180

10

$$\frac{1}{5} \quad \frac{1}{5} \quad \frac{3}{20} \quad \frac{1}{10} \quad \frac{1}{16} \quad (\quad)$$

① $\dfrac{3}{22}$ ② $\dfrac{5}{42}$

③ $\dfrac{1}{60}$ ④ $\dfrac{3}{80}$

│11~15│ 다음은 일정한 규칙으로 나열된 문자이다. 빈칸에 들어갈 알맞은 문자를 고르시오.

11

$$A - K - G - Q - M - ?$$

① R ② S

③ U ④ W

12

$$C - C - F - I - O - ?$$

① W ② X

③ Y ④ Z

13

D − E − H − M − ?

① Q   ② R

③ S   ④ T

14

ㅋ ㅈ ㅊ ㅉ ㅆ ㅈ ㅇ ( )

① ㄹ   ② ㅃ

③ ㅌ   ④ ㅅ

15

$$\frac{P}{ㄱ} \quad \frac{ㅎ}{C} \quad \frac{L}{ㅁ} \quad (\quad) \quad \frac{H}{ㅈ} \quad \frac{ㅂ}{K}$$

① $\dfrac{V}{ㅇ}$ ② $\dfrac{ㅊ}{G}$

③ $\dfrac{ㄹ}{Q}$ ④ $\dfrac{S}{ㅅ}$

┃16~18┃ 다음의 밑줄 친 수들의 규칙을 파악하여 빈칸에 들어갈 알맞은 수를 고르시오.

16

3 6 4   2 7 6   4 9 ( )

① 5   ② 7
③ 6   ④ 9

17

5 4 19   6 8 47   9 7 ( )

① 63   ② 62
③ 78   ④ 86

18

3 4 82   4 3 65   5 2 26   6 1 ( )

① 1   ② 7
③ 32   ④ 47

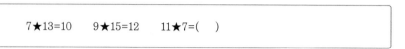

▌19~20 ▌ 다음에 주어진 연산기호의 규칙을 파악하여 빈칸에 들어갈 알맞은 수를 고르시오.

19

$$7★13=10 \qquad 9★15=12 \qquad 11★7=(\quad)$$

① 3   ② 5

③ 9   ④ 13

20

$$4☎3=2 \qquad 8☎1=14 \qquad 6☎3=(\quad)$$

① 2   ② 4

③ 6   ④ 8

▌21~25 ▌ 다음 중 나머지 보기와 다른 규칙이 적용된 것을 고르시오.

21 ① 오쭈오쭈   ② 도투도투

     ③ 보푸보푸   ④ 고쿠고쿠

22 ① ㅏㅡㅣㅜ   ② ㄱㄷㄹㅁ

     ③ ㅈㅊㅋㅍ   ④ ㄴㅂㅅㅇ

23　① ADCF

③ 갑정병기

② ㄱㄹㄷㅂ

④ 빨주노초

24　① Ⅰ Ⅸ Ⅱ Ⅷ

③ AIBH

② ㄱㄴㅇㅈ

④ 1928

25　① 2468

③ ㄷㅁㅅㅊ

② aceh

④ BDFI

┃26~30┃ 다음 도형들의 일정한 규칙을 찾아 빈칸에 들어갈 도형을 고르시오.

26

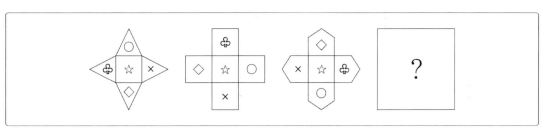

① 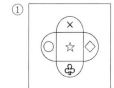　② 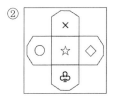　③ 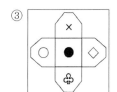　④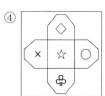

27

1	A	8
B	ㄱ	O
4	N	16

2	C	9
D	ㄹ	Q
5	P	17

3	E	10
F	ㅅ	S
6	R	18

	?	

5	I	12
J	ㅍ	W
8	V	20

①

4	G	11
H	ㅎ	V
9	T	18

②

4	G	11
H	ㅊ	U
7	T	19

③

4	G	11
H	ㅋ	U
6	T	18

④

6	G	11
H	ㅊ	U
7	T	20

28

29

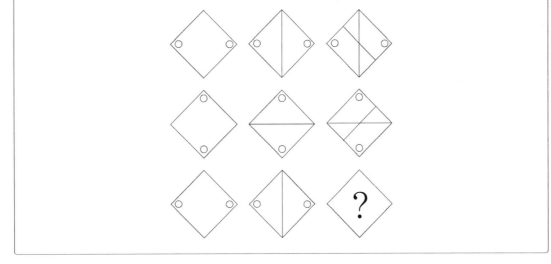

①   ②   ③   ④

30

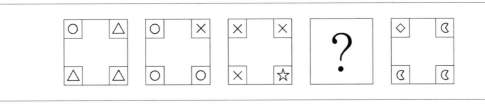

①   ②   ③   ④

31

> • 점심 메뉴는 면과 밥이 있다.
> • 면 선택한 사람은 매운 라면이나 바지락 칼국수를 먹는다.
> • 밥을 선택한 사람은 볶음밥이나 김치찌개를 먹는다.
> • 매운 라면과 김치찌개를 먹은 사람은 후식으로 아이스크림이 나온다.
> • 바지락 칼국수와 볶음밥을 먹은 사람은 후식으로 커피가 나온다.

① 후식으로 커피를 마신 사람은 점심 메뉴 중 밥을 선택한 사람이다.
② 면을 선택했다면 후식으로 아이스크림은 포기한 것이다.
③ 甲이 바지락 칼국수를 먹는다고 했을 때 후식이 어떤 것인지 알 수 없다.
④ 乙이 밥을 선택하고 김치찌개를 먹지 않았다면 후식으로 커피를 미신다.

32

> 신사업 박람회에 영어 통역사 6명, 스페인어 통역사 4명으로 총 10명의 통역사가 배치되었다. (가), (나), (다) 부스에 통역사를 배치하고자 할 때 다음의 기준을 따른다.
> • 각 부스마다 적어도 1명의 통역사를 배치한다.
> • 각 부스마다 배치된 통역사의 수는 각각 다르다.
> • (가)부스에 배치된 통역사의 수가 가장 적고, (다)가 가장 많다.
> • 스페인어 통역사만 배치된 부스는 없다.
> • (나)부스에 배치된 통역사는 영어 통역사의 수가 스페인어 통역사의 수보다 적다.

① (가)부스에는 반드시 1명의 통역사만 배치된다.
② (나)부스에 영어 통역사는 1명이다.
③ (다)부스에 스페인어 통역사가 배치되지 않는다.
④ (나)부스에 스페인어 통역사 3명 이상 배치될 수 없다.

33 다음 중 항상 거짓인 것은?

> • 상자에 5장의 카드가 있다.
> • 그 중 4장에는 같은 그림이 그려져 있다.
> • 다른 한 장에는 다른 그림이 그려져 있다.
> • 은아가 상자에서 하트가 그려진 카드를 꺼냈다.

① 상자에 남아있는 그림은 모두 같은 그림이 그려져 있다.
② 상자에 남아있는 카드에는 모두 하트가 그려져 있지 않다.
③ 상자에 남아있는 카드에는 모두 나무가 그려져 있다.
④ 상자에 남아있는 카드는 모두 하트가 그려져 있다.

34 다음을 참고할 때 엘리베이터에서 3번째로 내리는 사람은 누구인가?

> • 엘리베이터에 甲, 乙, 丙, 丁, 戊가 타고 있으며 각 층에서 한 명씩 내린다.
> • 甲은 丁이 내린 다음 층에 내린다.
> • 丙은 乙보다 나중에 내린다.
> • 乙은 甲보다 먼저 내린다.
> • 戊가 내릴 때 한 사람만 남아 있다.

① 甲   ② 乙
③ 丙   ④ 丁

35 다음을 통해 오늘 A가 아침에 마신 음료가 무엇인지 고르시오.

> - A는 매일 우유, 주스, 커피, 차 중 하나를 한 잔씩 순서대로 돌아가며 마신다.
> - A는 매주 수요일에 축구를 하고 그 다음날 전략회의를 한다.
> - A는 축구하기 전날 주스를 마셨다.
> - 오늘은 전략회의를 한 다다음 날이다.

① 우유   ② 주스
③ 커피   ④ 차

36 다음 중 같은 물리법칙이 적용된 것을 고른 것은?

> ㉠ 아이언맨이 분사장치를 이용해 하늘로 날아올랐다.
> ㉡ 헐크가 바지에 묻은 먼지를 털었다.
> ㉢ 토르가 망치를 놓치자 땅에 떨어졌다.
> ㉣ 로키가 캡틴아메리카의 방패를 쳤더니 서로 반대쪽으로 밀려났다.

① ㉠㉡   ② ㉠㉣
③ ㉡㉢   ④ ㉡㉣

37 그림과 같이 코일의 중심축 상에 있는 막대자석을 손으로 잡고 있다. 코일에 유도전류가 흐르지 않는 경우는?

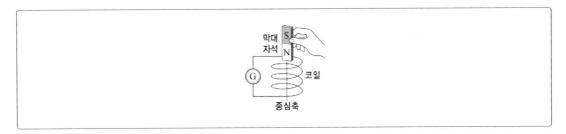

① 막대자석을 위로 움직일 때
② 막대자석을 아래로 움직일 때
③ 코일을 위로 움직일 때
④ 코일 속에서 막대자석을 움직이지 않을 때

38 무게가 35N인 추를 용수철에 매달았더니 용수철의 길이가 5cm 늘어났다. 이 용수철에 인형을 매달았더니 7cm 늘어났다. 이 인형의 무게로 옳은 것은?

① 49N
② 56N
③ 63N
④ 70N

39 사과, 미적분, 광학이론의 세 단어에서 유추할 수 있는 과학자의 이론과 관련된 것이 아닌 것은?

① 로켓을 발사할 때 뒤로 연료를 분사하면서 날아간다.

② 사과가 빨간 이유는 안토시안이라는 색소를 가지고 있기 때문이다.

③ 이불의 먼지를 두드려 턴다.

④ 태양광을 프리즘을 통해 단색광으로 분해하였다가 다시 합침으로써 태양광은 여러 종류의 단색광이 합쳐져 있음을 증명하였다.

40 다음 빈칸에 들어가기에 적절한 것은?

> 창던지기의 경우 20~30m의 도움닫기를 한 다음 정해진 서클에 이르면 창을 던진다. 이때 던지는 힘, 기술 및 도움닫기에서 얻어진 힘의 ( )이 합쳐져 더 멀리 던질 수 있다.

① 작용 · 반작용 　　　　　② 탄성

③ 관성 　　　　　　　　　④ 중력

CHAPTER 03

지각능력

☞ 정답 및 해설 p.317

〉〉40문항 ⊙ **10분**

▌01~20 ▌ 다음에 주어진 문자의 좌우가 서로 같으면 ①, 다르면 ②를 고르시오.

01

확정문의사항실전모의고사문제	확정문의사항실젼모의고사무제

① 같다.   ② 다르다.

02

842151762792165	842151762792195

① 같다   ② 다르다

03

£Å☆●○◇▽늑＊∞	£Å☆●○◇▽⇌＊∞

① 같다.   ② 다르다.

04

가갸다우라지엇어리더앨   가갸다우라지엇어리더앨

① 같다.   ② 다르다.

05

scientia est potentia   scientia est potentia

① 같다   ② 다르다

06

WEGDCVSHRGBF   WEGDCVSHRGBF

① 같다   ② 다르다

07

합격을위한꾸준한노력   힙격을우한꾸준한노력

① 같다   ② 다르다

08

▷√※≒‰¤Σ◉◗◁   ▷√※≒‰¤Σ◉◗◁

① 같다   ② 다르다

09

epEcjioqXxoycTLIvu   epEcjioqXxoycTLIwu

① 같다   ② 다르다

10

Always keep the faith   Always keep the faith

① 같다   ② 다르다

11

better late than never   better late then never

① 같다   ② 다르다

12

| STEFRTYEEAH | STEFRTYEEAH |

① 같다　　　　　　　　　　② 다르다

13

| ≅≹≉∼≹≱≉∼≌≈ | ≅≹≉∼≹≱≉∼≌≈ |

① 같다　　　　　　　　　　② 다르다

14

| 武丙午卯更申乙米 | 武丙午卯申更乙米 |

① 같다　　　　　　　　　　② 다르다

15

| 111121121122111 | 111121112122111 |

① 같다　　　　　　　　　　② 다르다

16

얄리얄리얄라셩 얄라리얄라	얄리얄리얄라셩 얄라라얄라

① 같다   ② 다르다

17

cvpuoieoxpoiwjocwxz	cvpuoieoxpojwiocwxz

① 같다   ② 다르다

18

$¥ẞⅭℕ₩Ⅲℙⅅℙ£	$¥ẞⅭℕ₩Ⅲℙⅅℙ£

① 같다   ② 다르다

19

swim against the tide	swim against the tide

① 같다   ② 다르다

20

I want someone like you	I went someone like you

① 같다　　　　　　　　　　　② 다르다

┃ 21~25 ┃ 다음에 주어진 블록의 개수를 구하시오.

21

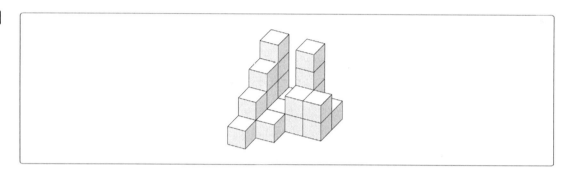

① 19개　　　　　　　　　　　② 20개

③ 21개　　　　　　　　　　　④ 22개

22

① 21개　　　　　　　　　　　② 22개

③ 23개　　　　　　　　　　　④ 24개

23

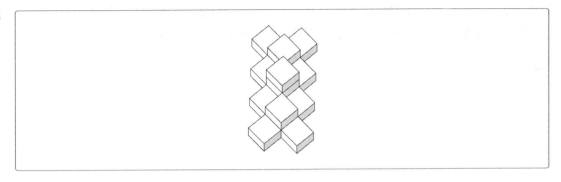

① 13개   ② 14개

③ 15개   ④ 16개

24

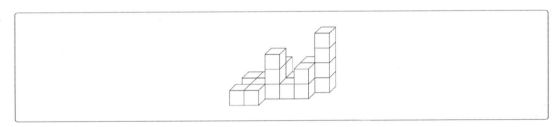

① 18개   ② 20개

③ 22개   ④ 24개

25

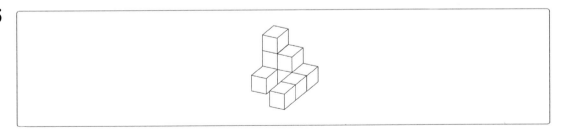

① 7개   ② 8개

③ 9개   ④ 10개

┃26~30┃ 주어진 블록의 모양은 그대로 두고 최소한의 블록을 더 추가해서 정육면체로 만들려고 한다. 몇 개의 블록이 더 필요한지 고르시오. (단, 모든 블록의 크기와 모양은 같다)

26

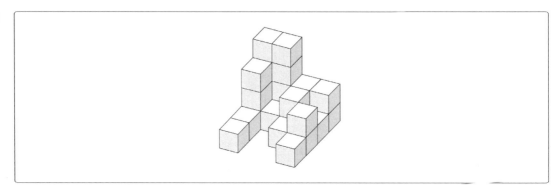

① 39개   ② 40개

③ 41개   ④ 42개

27

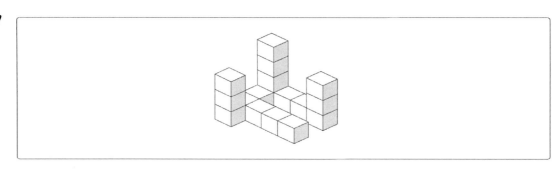

① 44개   ② 45개

③ 46개   ④ 47개

28

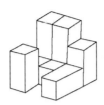

※ 가로의 길이가 세로의 길이의 두 배이고, 세로의 길이와 높이가 같은 직육면체

① 6개 ② 8개
③ 25개 ④ 26개

29

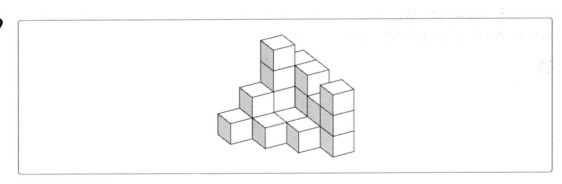

① 42개 ② 43개
③ 44개 ④ 45개

30

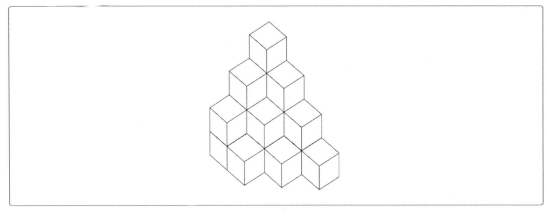

① 39개   ② 41개

③ 43개   ④ 45개

▌31~35▐ 다음과 같이 쌓인 블록의 바닥면을 제외하고 밖으로 노출된 모든 면에 페인트를 칠하려고 한다. 한 면에만 페인트칠이 되는 블록은 모두 몇 개인지 고르시오.

31

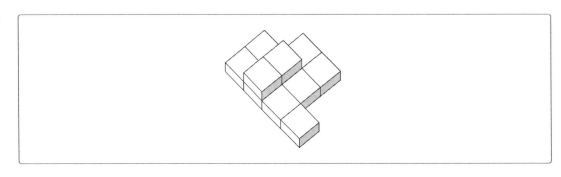

① 1개   ② 2개

③ 3개   ④ 4개

32

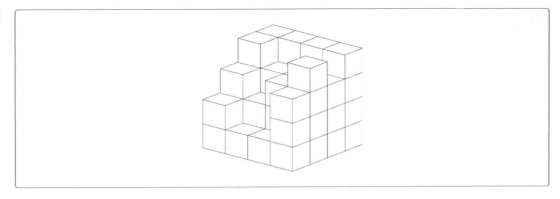

① 14개   ② 16개

③ 18개   ④ 20개

33

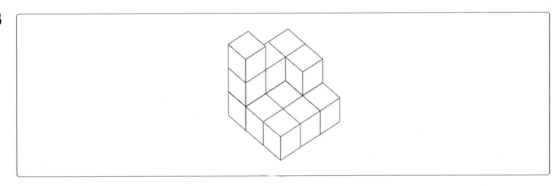

① 1개   ② 2개

③ 3개   ④ 4개

34

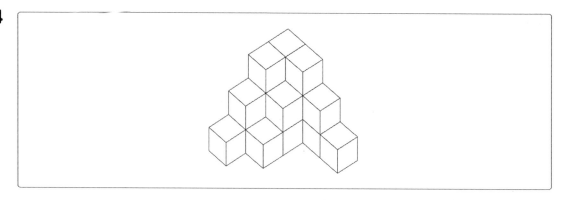

① 3개   ② 4개

③ 5개   ④ 6개

35

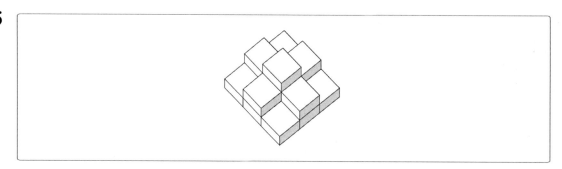

① 3개   ② 4개

③ 5개   ④ 6개

■36~37 ■ 다음에 제시된 그림과 같은 그림을 고르시오.

36

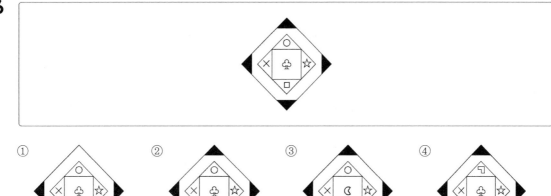

①　②　③　④

37

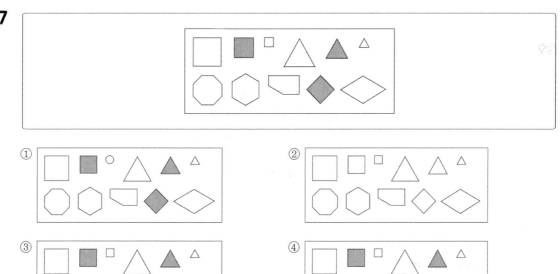

▎38∼40 ▎ 다음 제시된 그림을 순서대로 연결하시오.

38

① ㉠ㅡ ㉢ㅡ ㉡ㅡ ㉣
② ㉡ㅡ ㉣ㅡ ㉠ㅡ ㉢
③ ㉢ㅡ ㉠ㅡ ㉡ㅡ ㉣
④ ㉢ㅡ ㉡ㅡ ㉣ㅡ ㉠

39

① ㉠ㅡ ㉢ㅡ ㉡ㅡ ㉣
② ㉡ㅡ ㉢ㅡ ㉠ㅡ ㉣
③ ㉢ㅡ ㉠ㅡ ㉣ㅡ ㉡
④ ㉣ㅡ ㉡ㅡ ㉢ㅡ ㉠

40

① ㉠ – ㉣ – ㉡ – ㉢ ② ㉠ – ㉡ – ㉣ – ㉢

③ ㉡ – ㉠ – ㉣ – ㉢ ④ ㉡ – ㉣ – ㉠ – ㉢

CHAPTER 04

영어능력

☞ 정답 및 해설 p.320

》**40문항** ⊙ **20분**

▌01~05▌ 다음 제시된 단어와 의미가 유사한 것을 고르시오.

01

suffer

① handle ② hurt

③ discuss ④ notify

02

compel

① force ② offspring

③ uninterested ④ scratch

03

hazard

① risk ② condemn

③ persecute ④ cancel

04

> departure

① decision   ② behind

③ thinking   ④ start

05

> expose

① reveal   ② adjourn

③ discord   ④ quote

▌06~10 ▌다음 제시된 단어와 반대되는 의미를 가진 단어를 고르시오.

06

> extend

① greet   ② reduce

③ imply   ④ mention

07

brief

① grasp   ② ignore

③ flatter   ④ long

08

accumulate

① beware   ② capture

③ defeat   ④ disperse

09

improve

① degenerate   ② fumes

③ escaped   ④ confuse

10

> sincere

① rounded   ② pretended

③ edge   ④ conceive

▌11~13▐ 다음 단어를 포함하는 단어를 고르시오.

11

> poem : (　　　　)

① geography   ② volleyball

③ literature   ④ rose

12

> english : (　　　　)

① history   ② language

③ textbook   ④ dictionary

13

see a movie : (   )

① hobby

② listen to music

③ museum

④ theater

▌14~16▐ 다음 (   ) 안에 들어갈 단어를 고르시오.

14

By being here today, you are (   ) standing on your toes, ready to leap.

① already

② quite

③ rather

④ fairly

15

I will go (   ) bus.

① on

② by

③ for

④ in

16

Her handwriting is hardly (   ).

① audible   ② legible

③ edible   ④ despicable

▌17~20 ▌ 다음 설명을 읽고 해당하는 단어를 고르시오.

17

stretch a description beyond truth ; make something seem larger, better, worse, and etc. than it really is.

① exclaim   ② describe

③ report   ④ exaggerate

18

A piece of thin soft paper that you use to blow your nose

① tissue   ② wrapper

③ Post-it   ④ letter paper

19

> public declaration of principles, policy, purposes, by ruler, political party, or of the character of a person or group

① manifesto

② mandate

③ maintenance

④ majority

20

> the lowest part of something ; the lowest surface on the inside of a container

① bottom

② seashore

③ implement

④ triumph

| 21~22 | 다음 문장 중 어법상 옳은 것을 고르시오.

21　① Without plants to eat, animals must leave from their habitat.

② He arrived with Owen, who was weak and exhaust.

③ This team usually work late on Fridays.

④ Beside literature, we have to study history and philosophy.

22 ① Few living things are linked together as intimately than bees and flowers.

② My father would not company us to the place where they were staying, but insisted on me going.

③ The situation in Iraq looked so serious that it seemed as if the Third World War might break out at any time.

④ According to a recent report, the number of sugar that Americans consume does not vary significantly from year to year.

┃23~25┃ 다음 밑줄 친 부분 중 어법상 옳지 않은 것을 고르시오.

23

For thousands of years, people have looked up at the night sky and looked at the moon. They wondered ① what the moon was made of. They wanted to know how big it was and how far away it was. One of the most interesting questions was "Where did the moon come from?" No one knew for sure. Scientists developed ② much different theories, or guesses, but they could not ③ prove that their ideas were correct. Then, between 1969 and 1972, the United States sent astronauts to the moon for their studying the moon and ④ returning to Earth with rock samples.

24

The ①gardens of Adonis ②were ③a feature of Athenian religious ④observation in the fifth century.

25

In order to ①<u>raise</u> public consciousness ②<u>concerning</u> environmental problems, everyone should distribute leaflets, write to ③<u>his or her</u> Congressman, as well as ④<u>signing</u> the necessary petitions.

26 주어진 문장에 이어질 글의 순서가 가장 적합한 것은?

The foods we eat lead to our well-being. However, if we eat too much, the extra food turns to fat and is stored in our bodies. If we overeat regularly, we may become obese.

(a) Therefore, it is essential to control the amount of food we eat for our well-being.
(b) It has many serious long-term influences on our health, and it is the second leading cause of death in the United States.
(c) More than half of Americans are overweight —including at least 1 in 5 children.
(d) Obesity refers to having too much fat in our body.

① (d) — (b) — (a) — (c)   ② (d) — (b) — (c) — (a)
③ (b) — (a) — (c) — (d)   ④ (b) — (c) — (a) — (d)

27 다음 밑줄 친 곳에 가장 적절한 것은 무엇인가?

> We've all been bored by the proud parents who talk on and on about their wonderfully talented son, never bothering to ask us about our equally special child. At some point the person who is talking has an obligation to turn the conversation around and ask, "_____" "People will think you're fascinating," says Choke, "if you get them to talk about themselves." Ask questions. Discover the person's interests.

① Now, do you want me to talk about my husband?

② What do you think of my son?

③ Is there any question you want to ask me?

④ How are your children?

28 다음 글의 밑줄 친 곳에 가장 알맞은 것은?

> Many prison inmates complain about the size of their prison cells, but few would say that their cells were too big. In 1974, Raymond McCra filed a suit against the Federal penitentiary in which he was serving time.
>
> Because McCra was only three feet eleven inches tall, he found his 3-foot- 6-inch-tall sink difficult to use. And in the prison's showers, he couldn't even reach the knobs to turn on the water. McCra claimed that his civil rights were being violated because his cell had not been adapted to his proportions. McCra may have had a point, but the court ruled that it was silly. The federal judge dismissed the case, calling it "_____".

① frivolous   ② reasonable

③ brilliant   ④ segregated

29 다음 밑줄 친 곳에 들어갈 알맞은 것은?

> Banks are not ordinarily prepared to pay out all accounts : they rely on their depositors not to demand payment all at the same time. If depositors should come to fear that a bank is not sound, that it cannot pay off all its depositors, then that fear might cause all the depositors to appear on the same day. If they did the Bank could not pay all accounts. However, _____, then there would always be funds to pay those who wanted their money when they wanted it.

① if they withdrew funds from their accounts secretly

② if they deposited less and less year after year

③ if they compelled tellers not to use their funds for private purpose

④ if they did not all appear at once

30 다음 ( ) 안에 가장 적합한 것은?

> When we think of the public face of scientific genius, we often remember someone with old and graying appearances. For example, we think of Albert Einstein's disheveled hair, Charles Darwin's majestic beard, Isaac Newton's wrinkled visage.
>
> Yet the truth is that most of the scientific breakthroughs that have changed our lives are usually made by people who are still in their 30s and that includes Einstein, Newton and Darwin. Indeed, not surprisingly, younger scientists are less affected by ( ) than their elders.
>
> They question authority instinctively. They do not believe it when they are told that a new idea is crazy, so they are free to do the impossible.

① economic concerns

② innovative experimental data

③ religious faith

④ the intellectual dogma of the day

31 다음 글을 읽고 밑줄 친 곳에 들어갈 알맞은 것을 고르면?

Language is so much part of our daily activities that some of us may come to look upon it as a more or less automatic and natural act like breathing or winking. Of course, if we give the matter any thought at all, we must realize that there is nothing automatic about language. Children must be taught their native tongue and the necessary training takes a long time. Language is not something that is inherited ; it is an art that can be passed on from one generation to the next only by intensive education.

Language is not inherited, but is acquired by _____.

① reading ② writing
③ speaking ④ training

32 다음 글의 빈칸에 각각 들어갈 알맞은 어구는?

Testing for anabolic steroids at competitions is virtually useless, since doping athletes simply stop using them a few weeks before their season begins, giving their bodies time to _____ the drugs out. They can hasten this process with diuretics too, or keep taking at low doses those natural hormones which have an anabolic effect. Experts agree that the only way to reduce drug misuse is to test randomly during training periods.

But there is no single international testing regime. The IOC has shown little interest in strict out-of-competition testing, leaving the responsibility to individual countries and sports federations. Many lack the funds — or will — to test. The result is a hodgepodge of programs that _____ some athletes, while leaving others free dope.

① wash — settle upon ② flush — crack down on
③ retard — bequeath from ④ clean — look down upon

❚33~34❚ 다음 글을 읽고 물음에 답하시오.

As a result of all <u>this legislation</u>, both unions and employers must comply with laws designed to maintain a fair balance of power between the two. Of course, conflict often arises between these two groups, but there is never conflict over the rights of unions to represent employees collectively on issues such as _____, _____, _____ and many other concerns of workers. These rights were established and written into law during three decades of this.

33 밑줄 친 this legislation이 의미하는 것은?

① 노사평등입법   ② 근로자우위입법

③ 단체교섭입법   ④ 정리해고입법

34 글의 내용으로 보아 문맥상 빈칸에 들어 갈 수 없는 것은?

① benefits   ② management

③ wages   ④ working hours

35 다음에서 ㉠㉡에 공통적으로 들어갈 수 있는 것은?

When Mahatma Gandhi was leading the Indian people in their movement to get rid of British rule, whenever his followers began to have strong feeling of (㉠) towards the British, he would always say : "Stop until you have got over this feeling of (㉡). We won't go on till you have. It is only when you cease to hate the British that we can afford to go on opposing them."

① friendship   ② hostility

③ honesty   ④ generosity

36 다음 대화의 밑줄 친 부분에 가장 알맞은 것은?

> A : Good afternoon, Mr. Smith.
> B : Hi, Sue. What's up? You look a bit down.
> A : Yeah… I'm here to talk with you about a problem.
> B : What is it? Maybe I could be of a little help.
> A : Last week, I had a big fight with Sally, my classmate, and she doesn't even talk to me now. This makes me so sad.
> B : _____
> A : Yes, I've tried many times, but she won't listen to me.
> B : I know what you mean. Hmm, how about writing a letter to her?
> A : That's a great idea. I'll do it right away. Thank you, Mr. Smith.

① I'm sick and tired of my job.

② No problem! You are always welcome.

③ Have you tried making up with her?

④ It's very hot today, isn't it?

37 다음 대화에서 밑줄 친 곳에 들어갈 알맞은 문장은?

> A : Hello. This is the long distance operator.
> B : Hello, operator. I'd like to make a person-to-person call to Mr. James at the Royal Hotel in Seoul.
> A : Do you know the number of the Hotel?
> B : No, I don't. _____
> A : Just a moment, please. The number is 385 − 2824.

① Would you find out for me?

② Would you hold the line, please?

③ May I take a message?

④ What about you?

38 다음 대화에서 밑줄 친 곳에 들어가기 가장 알맞은 것으로 옳은 것은?

A : Oh, dear !
B : What's the matter?
A : I'm afraid I've left my purse in my car !
B : Well, you'd better go and get it before you buy your ticket.
A : _____.
B : Yes, of course. Hurry up !

① Can you tell me where it is after I come back?
② Could you save my place in line please?
③ Can I drop you a line?
④ Would you hold the line please?

39 다음 글의 밑줄 친 부분에 가장 알맞은 것은?

The whales followed a group of codfish into the bay. But they took a big risk. The bay had ice all around it. Suddenly, the ice moved in and blocked their way out to the open sea. The whales couldn't get out of the bay. They were stuck! All the whales now have to swim in a very small area that has no ice on it. It's a very difficult situation for the whales. Whales breathe oxygen. If the ice moves closer and covers the water, the whales can't _____ to breathe.

* codfish 대구 bay 만(灣)

① come together
② come with
③ come up
④ come down

40 다음 글의 밑줄 친 곳에 들어가기 가장 알맞은 것은?

Letters used to be the usual way for people to send messages. Today many people use e-mail instead. E-mail saves time. People can keep their e-mail messages on their computers to read again. It helps them remember what they wrote. (a)_____, there are still times when a letter is much better. There's something exciting about getting a letter in the mail. It makes you feel special. It means that someone took the time to pick out a card just for you. (b)_____, it's always fun to see what's inside, and handwriting is more personal than typing. Getting your letter is going to make someone smile.

	(a)	(b)
①	Therefore	Indeed
②	In short	In other words
③	Despite	For instance
④	However	Besides

제 2 회
모의고사

CHAPTER 01

수리능력

☞ 정답 및 해설 p.327

〉〉40문항 ⊙ **15분**

01 다음은 2004~2008년 동안 주요 국가의 연도별 이산화탄소 배출량을 나타낸 자료이다. 2008년 전 세계 이산화탄소 배출량이 28,999.4백 만 TC라면 중국의 이산화탄소 배출량은 전 세계 배출량의 몇 %를 차지하는가?

단위 : 백 만 TC(탄소톤)

구분	2004년	2005년	2006년	2007년	2008년
중국	2,244.1	3,077.2	5,103.1	6,071.8	6,877.2
미국	4,868.7	5,698.1	5,771.7	5,762.7	5,195.0
인도	582.3	972.5	1,160.4	1,357.2	1,585.8
러시아	2,178.8	1,505.5	1,516.2	1,578.5	1,532.6
일본	1,064.4	1,184.0	1,220.7	1,242.3	1,092.9
독일	950.4	827.1	811.8	800.1	750.2
이란	179.6	316.7	426.8	500.8	533.2
캐나다	432.3	532.8	558.8	568.0	520.7
한국	229.3	437.7	467.9	490.3	515.5
영국	549.3	523.8	533.1	521.5	465.8

① 약 17%   ② 약 23%

③ 약 31%   ④ 약 35%

|02~03| 다음은 식품 분석표이다. 자료를 이용하여 물음에 답하시오.

(중량을 백분율로 표시)

영양소＼식품	대두	우유
수분	11.8%	88.4%
탄수화물	31.6%	4.5%
단백질	34.6%	2.8%
지방	(가)	3.5%
회분	4.8%	0.8%
합계	100.0%	100.0%

02 (가)에 들어갈 숫자로 올바른 것은?

① 17.2% ② 20.2%

③ 22.3% ④ 34.2%

03 대두에서 수분을 제거한 후, 남은 영양소에 대한 중량 백분율을 새로 구할 때, 단백질중량의 백분율은 약 얼마가 되는가? (단, 소수점 셋째 자리에서 반올림한다)

① 18.09% ② 24.14%

③ 39.23% ④ 41.12%

04 다음은 어떤 지역의 연령층과 지지정당별 사형제 찬반에 대한 설문조사 결과이다. 이에 대한 설명 중 옳은 것을 고르면?

(단위 : 명)

연령층	지지정당	사형제에 대한 태도	빈도
청년층	A	찬성	90
		반대	10
	B	찬성	60
		반대	40
장년층	A	찬성	60
		반대	10
	B	찬성	15
		반대	15

① 청년층은 장년층보다 사형제에 반대하는 사람의 수가 적다.
② B당 지지자의 경우, 청년층은 장년층보다 사형제 반대 비율이 높다.
③ A당 지지자의 사형제 찬성 비율은 B당 지지자의 사형제 찬성 비율보다 낮다.
④ 사형제 찬성 비율의 지지 정당별 차이는 청년층보다 장년층에서 더 크다.

05 다음은 A 극장의 입장객 분포를 조사한 것이다. 도표의 내용과 다른 것은?

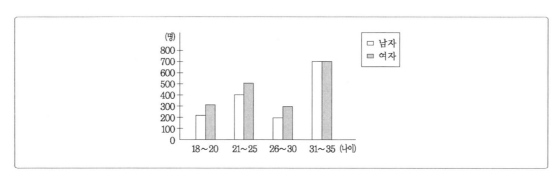

① 18~20세 사이의 전체 입장객은 500명이다.
② 18~20세 사이의 남자 200명은 극장에 갔다.
③ 여자보다 남자가 더 적게 극장에 갔다.
④ 31~35세 사이의 남성은 여성보다 더 많이 극장에 갔다.

06 다음은 A 드라마의 시청률을 나타낸 그래프이다. 그래프에 대한 설명으로 옳은 것은?

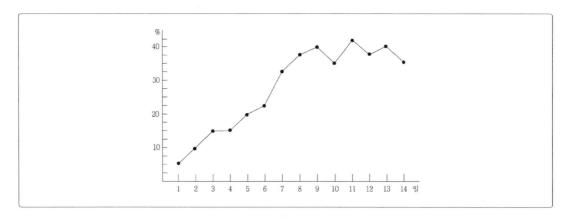

① A 드라마의 시청률은 꾸준히 감소하고 있다.

② 9일 이후 A 드라마의 시청률은 꾸준히 하락하고 이다.

③ 13일에 A 드라마는 최고 시청률을 기록하였다.

④ 3일의 시청률은 1일의 시청률보다 3배 증가하였다.

과학＼수학	60	70	80	90	100	합계
100				(A)	1	2
90			1	(B)		(C)
80		2	(D)	3	1	11
70	1	2	3	2		8
60	1					1
합계	2	4	9	8	2	25

07 다음 중 A~D에 들어갈 수로 옳지 않은 것은?

① A=1 ② B=2

③ C=3 ④ D=4

08 수학 성적과 과학 성적 중 적어도 한 과목의 성적이 80점 이상인 학생은 몇 명인가?

① 14명 ② 16명

③ 19명 ④ 21명

09 수학 성적과 과학 성적의 평균이 90점 이상인 학생은 전체의 몇 %인가?

① 16% ② 20%

③ 25% ④ 30%

10 차고 및 A, B, C 간의 거리는 다음 표와 같다. 차고에서 출발하여 A, B, C 3개의 수요지를 각각 1대의 차량이 방문하는 경우에 비해, 1대의 차량으로 3개의 수요지를 모두 방문하고 차고지로 되돌아오는 경우, 수송 거리가 최대 몇 km 감소되는가?

구분	A	B	C
차고	10	13	12
A	–	5	10
B	–	–	7

① 36km ② 39km
③ 41km ④ 43km

11 다음은 어느 학교 학생들의 중간평가점수 중 영역별 상위 5명의 점수이다. 이에 대한 설명 중 옳은 것은?

순위	국어		영어		수학	
	이름	점수	이름	점수	이름	점수
1	A	94	B	91	D	97
2	C	93	A	90	G	95
3	E	90	C	88	F	90
4	D	88	F	82	B	88
5	F	85	D	76	A	84

※ 1) 각 영역별 동점자는 없었음
   2) 총점이 250점 이하인 학생은 보충수업을 받는다.
   3) 전체 순위는 세 영역 점수를 더해서 정한다.

① B의 총점은 263점을 초과하지 못한다.
② E는 보충수업을 받지 않아도 된다.
③ D의 전체 순위는 2위이다.
④ G는 보충수업을 받아야 한다.

12~14 다음은 L전자 판매량과 실제 매출액의 관계를 나타낸 것이다. 이 자료를 보고 물음에 답하시오.

제품명	판매량(만 대)	실제 매출액(억 원)
냉장고	110	420
에어컨	100	308
김치냉장고	100	590
청소기	80	463
세탁기	80	435
살균건조기	80	422
공기청정기	75	385
전자레인지	60	356

12 냉장고와 전자레인지는 판매량에서 몇 배나 차이가 나는가? (단, 소수점 둘째 자리까지만 구하시오)

① 1.62   ② 1.83

③ 2.62   ④ 3.14

13 예상 매출액을 '판매량×2+100'이라고 할 때, 예상 매출액과 실제 매출액의 차이가 가장 작은 제품과 가장 큰 제품이 바르게 짝지어진 것은?

	차이가 가장 작은 제품	차이가 가장 큰 제품
①	에어컨	김치냉장고
②	전자레인지	청소기
③	냉장고	김치냉장고
④	에어컨	청소기

14 표에 제시된 제품들로 구성된 전체 매출액에서 김치냉장고가 차지하는 비율은? (단, 소수점 첫째 자리까지 구하시오)

① 17.4%

② 18.6%

③ 19.2%

④ 21.3%

15 다음은 도시 갑, 을, 병, 정의 공공시설 수에 대한 통계자료이다. A~D 도시를 바르게 연결한 것은?

(단위 : 개)

구분	2020년			2021년			2022년		
	공공청사	문화시설	체육시설	공공청사	문화시설	체육시설	공공청사	문화시설	체육시설
A	472	54	36	479	57	40	479	60	42
B	239	14	22	238	15	22	247	16	23
C	94	5	9	96	5	10	100	6	10
D	96	14	10	98	13	12	98	13	12

※ 공공시설이란 공공청사, 문화시설, 체육시설만을 일컫는다고 가정한다.

> ㉠ 병의 모든 공공시설은 나머지 도시들의 공공시설보다 수가 적지만 2022년에 처음으로 공공청사의 수가 을보다 많아졌다.
>
> ㉡ 을을 제외하고 2021년 대비 2022년 공공시설 수의 증가율이 가장 작은 도시는 정이다.
>
> ㉢ 2021년 갑의 공공시설 수는 2020년과 동일하다.

	A	B	C	D
①	갑	을	병	정
②	을	갑	병	정
③	병	정	갑	을
④	정	갑	병	을

16

$$7.85 \times 10^3 + 789$$

① 8571   ② 8639

③ 8794   ④ 8863

17

$$0.98 \times 3.2 \times 6.55$$

① 20.5408   ② 22.4512

③ 24.5868   ④ 26.1242

18

$$\frac{5}{6} + \left\{ \frac{16}{5} \times \left(\frac{3}{4} + \frac{9}{8} \right) \right\}$$

① $\dfrac{40}{7}$ ② $\dfrac{37}{6}$

③ $\dfrac{47}{5}$ ④ $\dfrac{41}{6}$

19

$$3할 \times 50\%$$

① 1푼5리   ② 1.5

③ 15‰   ④ 1할5푼

20

$$\sqrt{8} \times \sqrt{5} \times \sqrt{2}$$

① $10\sqrt{5}$ ② $8\sqrt{5}$

③ $6\sqrt{5}$ ④ $4\sqrt{5}$

21

$$2.4 \times (\quad) - 5.6 \times \frac{5}{8} = 3.7$$

① 2 ② 3
③ 4 ④ 5

22

$$\frac{5}{3} \div (\quad) \times 0.6 = 0.5$$

① 1 ② 1.5
③ 2 ④ 2.5

23

$$72 - (\quad) \times 2 + 3.5 = 25.5$$

① 11 ② 17
③ 25 ④ 36

24

$$23 \times 2(\quad)42 \div 3 = 32$$

① +

② −

③ ×

④ ÷

25

$$64(\quad)8 + 8 = \sqrt{256}$$

① +

② −

③ ×

④ ÷

26

$$A : \frac{2^2 + 4^2}{3} \qquad\qquad B : \frac{2^3 + 4^2}{4}$$

① $A > B$ ② $A < B$

③ $A = B$ ④ 알 수 없다.

27

- A : 주사위를 네 번 던져서 합이 5가 나올 경우의 수
- B : 주사위를 네 번 던져서 합이 23이 나올 경우의 수

① $A > B$ ② $A < B$

③ $A = B$ ④ 비교할 수 없다.

28

- $A : \sqrt{10}$ - $B : \sqrt{3} + 3$

① $A > B$ ② $A < B$

③ $A = B$ ④ 비교할 수 없다.

29

• $A : \sqrt{17}-1$	• $B : 3$

① $A > B$ 　　　　② $A < B$

③ $A = B$ 　　　　④ 비교할 수 없다.

30

$5a = 2b-8$일 때,
• $A : 3a+2b-17$	• $B : -2a+4b-23$

① $A > B$ 　　　　② $A < B$

③ $A = B$ 　　　　④ 비교할 수 없다.

31 태백이는 선생님의 심부름으로 25%의 소금물 400g을 만들어 과학실로 가져가던 중 100g을 쏟았다. 들키지 않기 위해 물 100g을 넣어두었다면 소금물의 농도는 얼마인가?

① 6.25%   　　　　② 12.5%

③ 18.75%   　　　　④ 20%

32 갑, 을, 병, 정, 무, 기 6명의 채용 시험 결과를 참고로 평균 점수를 구하여 편차를 계산하였더니 결과가 다음과 같다. 이에 대한 분산과 표준편차를 합한 값은 얼마인가?

직원	갑	을	병	정	무	기
편차	3	−1	( )	2	0	−3

① 3 ② 4

③ 5 ④ 6

33 노새와 당나귀가 당근을 먹으려고 한다. 이 때 노새가 "네가 나한테 당근을 하나 주면 내가 가진 당근 수가 너의 두 배가 되고, 내가 너한테 당근을 하나 주면 우리는 같은 수의 당근을 가진다."고 말하였다. 노새와 당나귀가 처음에 가지고 있던 당근 수의 합은?

① 9개 ② 10개

③ 11개 ④ 12개

34 서원기업에서는 이번에 새로운 프로젝트를 위해 특별팀을 만들려고 한다. 5명이 소속되어 있는 A팀과 4명이 소속되어 있는 B팀에서 4명을 선발할 때, A팀과 B팀에서 적어도 1명씩은 선발될 경우의 수는?

① 116가지 ② 120가지

③ 124가지 ④ 130가지

35 A마켓에서 원가 15,000원 짜리 제품을 15% 이익이 남도록 정가를 정해 판매했다. 100개중 80개를 판매하고 판매 부진으로 남은 20개는 정가에서 10%를 할인하여 모두 판매하였다. 순이익은 얼마인가?

① 150,000원   ② 190,500원

③ 225,000원   ④ 252,500원

36 승호는 두 살 터울의 동생이 있다. 동생과 승호의 나이의 합은 엄마의 나이의 2/3이고 11년 후에는 동생과 승호의 나이의 합은 엄마의 나이와 같아진다. 현재 동생과 엄마의 나이의 합은 얼마인가?

① 41   ② 43

③ 45   ④ 47

37 지호는 600m 트랙을 10바퀴 도는 운동을 하는 데 처음에는 4km/h로 돌고, 두 바퀴를 돌 때마다 2km/h 씩 속력을 높여 돈다. 6바퀴를 돈 후 10분 동안 휴식했다면 지호가 운동한 시간은 얼마인가?

① 52분 12초   ② 1시간 2분 2초

③ 1시간 2분 12초   ④ 1시간 12분 2초

38 정육면체의 겉넓이가 $54cm^2$이다. 이 정육면체의 부피는?

① $6\sqrt{6}\,cm^3$ ② $27cm^3$

③ $54cm^3$ ④ $64cm^3$

39 357m의 길 양측에 같은 간격으로 니무를 심으려 한다. 7m 간격으로 심을 때 나무는 몇 그루가 필요한가?

① 51그루   ② 52그루

③ 102그루   ④ 104그루

40 백의 자리 숫자가 2이며 십의 자리 숫자가 5인 세 자리 자연수가 있다. 그런데 십의 자리 숫자와 일의 자리 숫자를 서로 바꾸면, 바꾼 수는 처음 수보다 18만큼 작아진다고 한다. 이때 처음 수를 구하시오.

① 221   ② 242

③ 248   ④ 253

CHAPTER 02

추리능력

☞ 정답 및 해설 p.331

〉〉40문항 ⊙20분

▌01~10▐ 다음은 일정한 규칙에 따라 배열한 수열이다. 빈칸에 들어갈 알맞은 수를 고르시오.

01

> 31 28 22 13 1 −14 −32 −53 −77 (   )

① −128

② −104

③ −111

④ −176

02

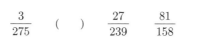

① $\dfrac{9}{266}$

② $\dfrac{18}{258}$

③ $\dfrac{21}{252}$

④ $\dfrac{25}{243}$

03

> 2 3 5 8 13 21 34 55 89 (   )

① 163

② 121

③ 134

④ 144

04

$$1 \quad 5 \quad 11 \quad -5 \quad 21 \quad (\quad) \quad 31 \quad -25$$

① 10   ② −10

③ 15   ④ −15

05

$$2 \quad 3 \quad 8 \quad 27 \quad (\quad) \quad 565 \quad 3396$$

① 110   ② 111

③ 112   ④ 113

06

$$\frac{7}{22} \quad \frac{15}{29} \quad \frac{14}{44} \quad \frac{(\quad)}{58}$$

① 20   ② 30

③ 40   ④ 50

07

4	8	23	46	( )	274	821	1642	4925

① 135　　　　　　　　　　　② 136

③ 137　　　　　　　　　　　④ 138

08

3	1	3	1	4	2	10	( )

① 5　　　　　　　　　　　② 6

③ 7　　　　　　　　　　　④ 8

09

2	3	1	4	0	5	−1	( )

① 4　　　　　　　　　　　② 5

③ 6　　　　　　　　　　　④ 7

10

| 16 | 19 | 57 | 54 | 56 | (|) | 110 |

① 56　　　　　　　　　　　　② 58

③ 112　　　　　　　　　　　④ 114

|11~15| 다음은 일정한 규칙으로 나열된 문자이다. 빈칸에 들어갈 알맞은 문자를 고르시오.

11

A − C − C − D − E − E − ?

① D　　　　　　　　　　　　② E

③ F　　　　　　　　　　　　④ G

12

C − E − F − H − I − K − ?

① J　　　　　　　　　　　　② K

③ L　　　　　　　　　　　　④ M

13

B – G – K – N – P – ?

① T   ② S
③ R   ④ Q

14

ㄱ – ㄱ – ㄴ – ㄷ – ? – ㅈ – ㅇ

① ㄹ   ② ㅁ
③ ㅂ   ④ ㅅ

15

ㄱ – ㄱ – ㄴ – ㄷ – ㅁ – ㅇ – ?

① ㅊ   ② ㅋ
③ ㅌ   ④ ㅍ

▌16~18 ▌ 다음의 밑줄 친 수들의 규칙을 파악하여 빈칸에 들어갈 알맞은 수를 고르시오.

16

<u>3 4 5 7</u>   <u>6 4 3 21</u>   <u>8 5 7 33</u>   <u>11 3 10 (   )</u>

① 21
② 23
③ 25
④ 27

17

<u>4 7 78</u>   <u>6 5 62</u>   <u>3 8 86</u>   <u>2 9 (   )</u>

① 91
② 92
③ 93
④ 94

18

<u>5 3 3 5</u>   <u>7 8 16 14</u>   <u>61 5 10 (   )</u>

① 104
② 122
③ 153
④ 178

|19~20| 다음에 주어진 연산기호의 규칙을 파악하여 빈칸에 들어갈 알맞은 수를 고르시오.

19

$4 \blacklozenge 2 = 12$　　$3 \blacklozenge 2 = 5$　　$5 \blacklozenge 2 = 21$　$9 \blacklozenge (2 \blacklozenge 1) = ($　　$)$

① 54　　　　　　　　　　　② 63
③ 72　　　　　　　　　　　④ 81

20

$3 ⓘ 9 = 22$　　$11 ⓘ 2 = 17$　　$21 ⓘ 4 = 79$　　$(8 ⓘ 6) ⓘ 2 = ($　　$)$

① 50　　　　　　　　　　　② 64
③ 79　　　　　　　　　　　④ 81

|21~25| 다음 중 나머지 보기와 다른 규칙이 적용된 것을 고르시오.

21　① AADB　　　　　　　　② 가가다나
　　　③ ⅠⅠⅢⅡ　　　　　　　④ aacb

22　① ABDH　　　　　　　　② ㅁㅂㅇㅋ
　　　③ 3469　　　　　　　　④ ㅅㅇㅊㅍ

23 ① DCDC ② Ⅳ Ⅲ Ⅳ Ⅲ
     ③ ㄹㄷㄹㄷ ④ 4242

24 ① 빨노파보 ② 주노초파
     ③ 노초파남 ④ 초파남보

25 ① ㄱㄷㅁㅈ ② Ⅰ Ⅱ Ⅲ Ⅴ
     ③ 1214 ④ ACCH

┃26~30┃ 다음 도형들의 일정한 규칙을 찾아 빈칸에 들어갈 도형을 고르시오.

26

27

28

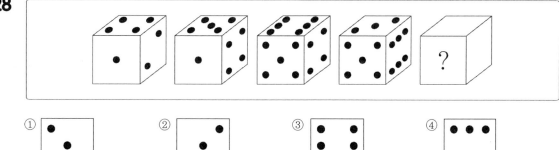

29

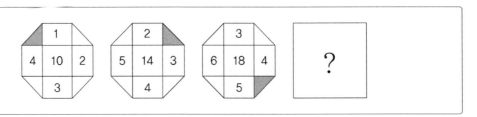

① 　② 　③ 　④

30

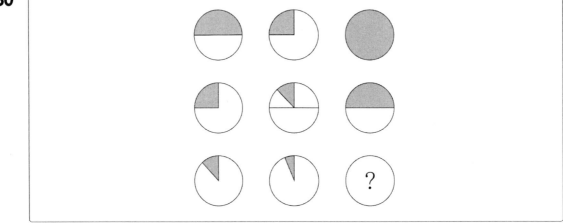

31 전제가 다음과 같을 때 결론으로 올바른 것은?

> • 운동을 좋아하는 사람은 등산을 좋아한다.
> • 산을 좋아하는 사람은 등산을 좋아한다.
> • 건강을 중요시하는 사람은 운동을 좋아한다.
> • 결론 : _____

① 산을 좋아하는 사람은 운동을 좋아한다.
② 건강을 중요시하는 사람은 등산을 좋아한다.
③ 산을 좋아하지 않는 사람은 등산을 좋아한다.
④ 건장을 중요시 하지 않는 사람은 산을 좋아한다.

32 다음 중 경석이가 가장 첫 번째로 탄 놀이기구는 무엇인가?

> • 경석이는 놀이공원에서 놀이기구 A, B, C, D, E를 한 번씩 타고 왔다.
> • B를 타기 직전에 D를 탔다.
> • C보다 A를 먼저 탔다.
> • E를 타기 바로 전에 점심을 먹었다.
> • A를 포함한 놀이기구 3개는 점심을 먹고 난 후에 탔다.

① A   ② B
③ C   ④ D

33 함께 여가를 보내려는 A, B, C, D, E 다섯 사람의 자리를 원형 탁자에 배정하려고 한다. 다음 글을 보고 옳은 것을 고르면?

> • A 옆에는 반드시 C가 앉아야 된다.
> • D의 맞은편에는 A가 앉아야 된다.
> • 여가시간을 보내는 방법은 책읽기, 수영, 영화 관람이다.
> • C와 E는 취미생활을 둘이서 같이 해야 한다.
> • B와 C는 취미가 같다.

① A의 오른편에는 B가 앉아야 한다.
② B가 책읽기를 좋아한다면 E도 여가 시간을 책읽기로 보낸다.
③ B는 E의 옆에 앉아야 한다.
④ A와 D 사이에 C가 앉아있다.

34 서울 출신 두 명과 강원도 출신 두 명, 충청도, 전라도, 경상도 출신 각 1명이 다음의 조건대로 줄을 선다. 앞에서 네 번째에 서는 사람의 출신지역은 어디인가?

> • 충청도 사람은 맨 앞 또는 맨 뒤에 선다.
> • 서울 사람은 서로 붙어 서있어야 한다.
> • 강원도 사람 사이에는 다른 지역 사람 1명이 서있다.
> • 경상도 사람은 앞에서 세 번째에 선다.

① 서울   ② 강원도
③ 충청도   ④ 전라도

35 A, B, C, D는 영업, 사무, 전산, 관리의 일을 각각 맡아서 하기로 하였다. A는 영업과 사무 분야의 업무를 싫어하고, B는 관리 업무를 싫어하며, C는 영업 분야 일을 하고 싶어하고, D는 전산 분야 일을 하고 싶어한다. 인사부에서 각자의 선호에 따라 일을 시킬 때 옳게 짝지은 것은?

① A – 관리   ② B – 영업

③ C – 전산   ④ D – 사무

36 다음 설명에 해당하는 운동 법칙은?

> • 힘은 한 물체에만 작용할 수 없으며, 반드시 두 물체 사이에서 상호 작용한다.
> • 물 위에 떠 있는 통나무 위를 걸어가면 통나무가 뒤로 밀린다.

① 관성의 법칙   ② 가속도의 법칙

③ 케플러의 법칙   ④ 작용 · 반작용의 법칙

37 다음은 빛의 성질에 의한 현상이다. 같은 성질에 의한 현상으로 바르게 묶인 것은?

> ㉠ 둥근 어항에 들어있는 물고기가 실제 크기보다 크게 보인다.
> ㉡ 가는 줄로 만들어진 방충망은 그림자가 생기지 않는다.
> ㉢ 등대의 빛이 곧게 나가 멀리서도 잘 보인다.
> ㉣ 일식과 월식이 생긴다.
> ㉤ 비가 온 뒤에 무지개가 생긴다.

① ㉠㉡   ② ㉠㉣

③ ㉢㉣   ④ ㉢㉤

38 다음 일기도에 해당하는 계절은?

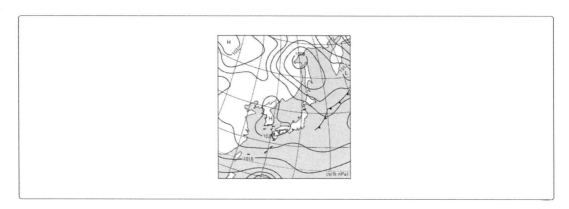

① 봄   ② 여름
③ 가을   ④ 겨울

39 인공위성의 선실 안에서 떠있을 수 있는 이유로 알맞은 것은?

① 지구와 거리가 멀어서 중력이 작용하지 않기 때문이다.
② 물체의 무게와 달의 인력이 서로 평형이 되기 때문이다.
③ 물체의 무게와 원심력이 서로 평형이 되기 때문이다.
④ 물체의 무게와 공기의 부력이 서로 평형이 되기 때문이다.

40 다음은 태양계를 이루는 행성과 태양 사이의 거리를 나타낸 표의 일부이다. 태양에서 지구까지의 거리를 1억 5천만km라고 할 때 수성에서 금성까지의 거리를 구하시오.

행성	수성	금성	지구
거리	0.39	0.72	1

① 4,850만km   ② 4,900만km
③ 4,950만km   ④ 5,000만km

CHAPTER 03

지각능력

☞ 정답 및 해설 p.335

〉〉**40문항** ⊙**10분**

┃01~20┃ 다음에 주어진 문자의 좌우가 서로 같으면 ①, 다르면 ②를 고르시오.

01

| 새해 복 많이 받으세요. | 새헤 복 많이 받으셰요. |

① 같다 　　　　　　　　　　　　② 다르다

02

| RTFHDSBEFweWGDFV | RTFHDSBEFweWGDFV |

① 같다 　　　　　　　　　　　　② 다르다

03

| ∑▢▨♨☎♫☞∀♠♧▷▶ | ∑▢▨♨♧♫☞∀♠♧▷▶ |

① 같다 　　　　　　　　　　　　② 다르다

04

XI *B M K* Ⅵ Ⅷ ⅷ ⅸ ⅲ Θ *Γ Δ*　　　　　　XI *B M K* Ⅵ Ⅷ ⅷ ⅸ ⅲ Θ *Γ Δ*

① 같다　　　　　　　　　　② 다르다

05

茶煮下讀早雨訝多雨被張　　　　　　茶煮下讀早雨訝多雨被庄

① 같다　　　　　　　　　　② 다르다

06

홈페이지★에들어◼오셔서문의※바랍니다　　　홈페이지★에들어◼오셔서문의※바랍니다

① 같다　　　　　　　　　　② 다르다

07

바바뱌비배비보뵤배바브뵤부　　　　　　바바뱌비배비보뵤배바브뵤부

① 같다　　　　　　　　　　② 다르다

08

| Every cloud has a silver lining. | Every cloud has a silver linning. |

① 같다　　　　　　　　　　　② 다르다

09

| げじずにぽほぷを | げじずにぽほぶを |

① 같다　　　　　　　　　　　② 다르다

10

| 堯舜之節(요순지절) | 堯舜之節(요순지절) |

① 같다　　　　　　　　　　　② 다르다

11

| 아 해 다르고 어 해 다르다. | 아 해 다르고 어 해 다르다. |

① 같다　　　　　　　　　　　② 다르다

12

111111001111101011001   111110001111001011101

① 같다   ② 다르다

13

ℜℜℜℜℜℜℜℜℜ   ℜℜℜℜℜℜℜℜℜ

① 같다   ② 다르다

14

ㄱㄴㄹㅇㄱㅁㄴㅇㅁㄱㄴㄱㅇㅁㄹ   ㄱㄴㄹㅇㄱㅁㄴㅇㅁㄱㄴㄱㅁㅇㄹ

① 같다   ② 다르다

15

HAVEREADTHESB   HAVEPEADTHESE

① 같다   ② 다르다

16

| 8415049057318 | 8415049057318 |

① 같다　　　　　　　　　② 다르다

17

| △▽☒☒❘❖▢❑ | △▽☒☒❘❖▢❑ |

① 같다　　　　　　　　　② 다르다

18

| $Y₣PtsRs₩**1**₸₩$¥₣ | $Y₣PtsRs₩**1**₸₩$¥₣ |

① 같다　　　　　　　　　② 다르다

19

| ㅄㄸㅆ△푱ㅆㅓ | ㅄㄸㅆ△뺑ㅆㅓ |

① 같다　　　　　　　　　② 다르다

20

←↑→↓↔↕↖→↓   ←↑→↓↔↕↖→↓

① 같다   ② 다르다

▌21~25▐ 다음에 주어진 블록의 개수를 구하시오.

21

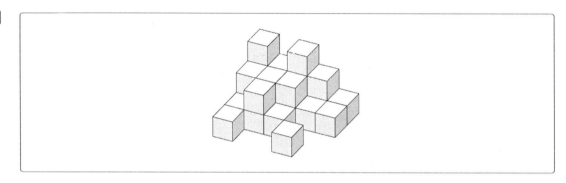

① 23개   ② 24개
③ 25개   ④ 26개

22

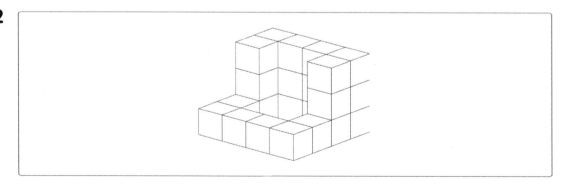

① 20개   ② 22개
③ 24개   ④ 26개

23

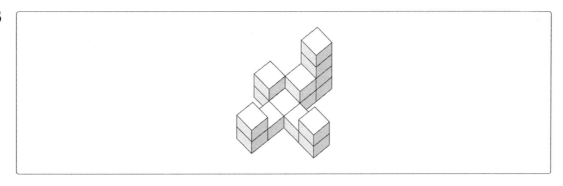

① 14개   ② 15개

③ 16개   ④ 17개

24

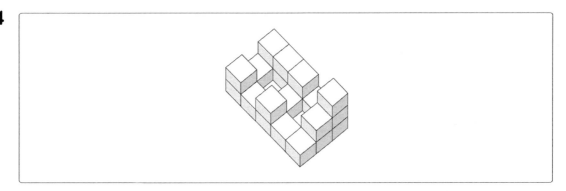

① 18개   ② 19개

③ 20개   ④ 21개

25

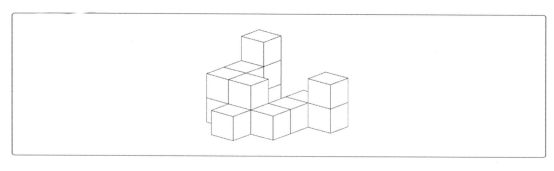

① 12개   ② 13개

③ 14개   ④ 15개

▌26~30▐ 주어진 블록의 모양은 그대로 두고 최소한의 블록을 더 추가해서 정육면체로 만들려고 한다. 몇 개의 블록이 더 필요한지 고르시오. (단, 모든 블록의 크기와 모양은 같다)

26

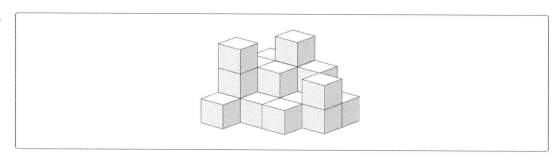

① 42개   ② 43개

③ 44개   ④ 45개

27

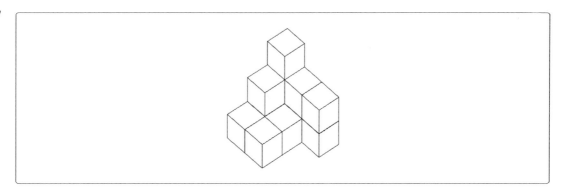

① 12개 ② 13개

③ 14개 ④ 15개

28

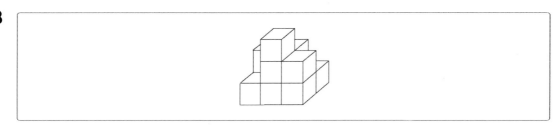

① 14개 ② 15개

③ 16개 ④ 17개

29

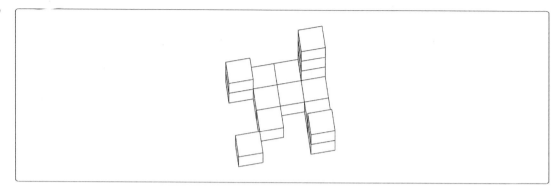

① 48개   ② 49개

③ 50개   ④ 51개

30

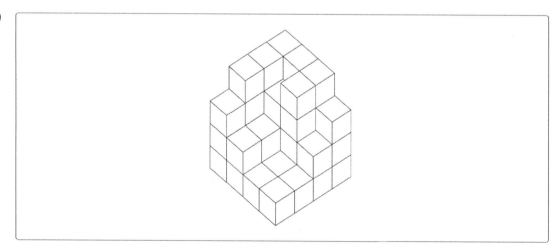

① 18개   ② 19개

③ 20개   ④ 21개

▌31~35▐ 다음과 같이 쌓인 블록의 바닥면을 제외하고 밖으로 노출된 모든 면에 페인트를 칠하려고 한다. 한 면에만 페인트칠이 되는 블록은 모두 몇 개인지 고르시오.

31

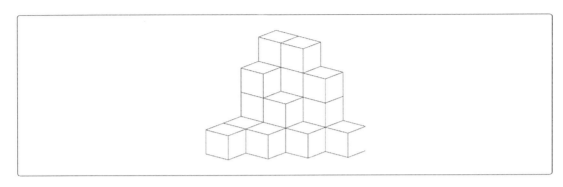

① 4개   ② 5개

③ 6개   ④ 7개

32

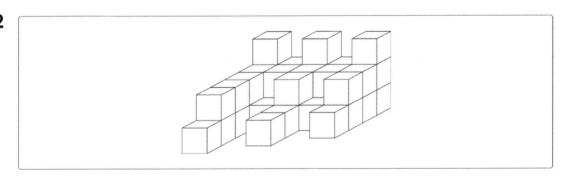

① 7개   ② 8개

③ 9개   ④ 10개

33

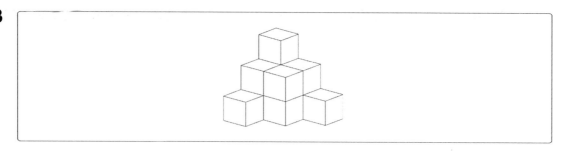

① 0개   ② 1개

③ 2개   ④ 3개

34

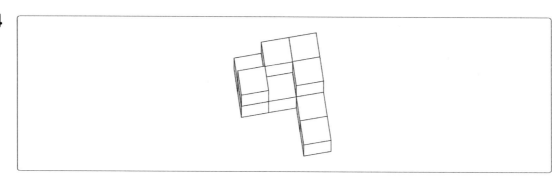

① 1개   ② 2개

③ 3개   ④ 4개

35

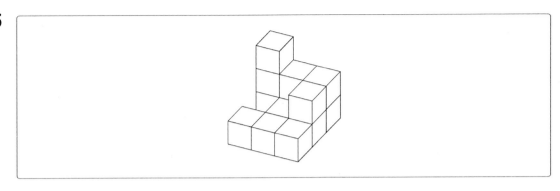

① 2개   ② 3개

③ 4개   ④ 5개

|36~37| 다음에 제시된 그림과 같은 그림을 고르시오.

36

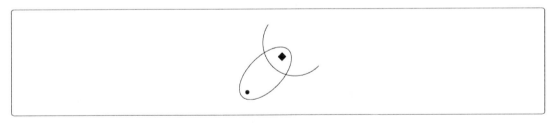

①   ②   ③   ④

37

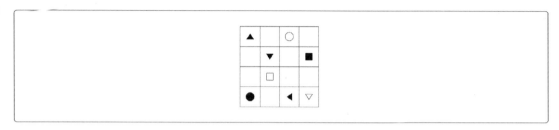

① 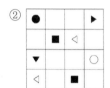   ② 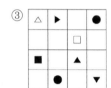   ③   ④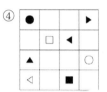

▌38~40 ▌ 다음 제시된 그림을 순서대로 연결하시오.

38

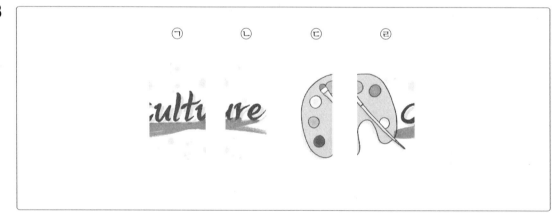

① ㉠ - ㉢ - ㉣ - ㉡   ② ㉡ - ㉢ - ㉠ - ㉣
③ ㉢ - ㉣ - ㉠ - ㉡   ④ ㉣ - ㉠ - ㉡ - ㉢

39

① ㄷ - ㄴ - ㄹ - ㄱ   ② ㄷ - ㄴ - ㄱ - ㄹ

③ ㄱ - ㄴ - ㄷ - ㄹ   ④ ㄱ - ㄴ - ㄹ - ㄷ

40

① ㄱ - ㄴ - ㄷ - ㄹ   ② ㄱ - ㄷ - ㄴ - ㄹ

③ ㄹ - ㄷ - ㄱ - ㄴ   ④ ㄹ - ㄱ - ㄷ - ㄴ

CHAPTER 04

영어능력

☞ 정답 및 해설 p.338

>> **40문항** ⊙ **20분**

┃01~05┃ 다음 제시된 단어와 의미가 유사한 것을 고르시오.

01

succession

① retirement   ② series

③ specialist   ④ survival

02

disconnect

① consider   ② overwork

③ vibrate   ④ separate

03

establish

① found   ② submit

③ recommend   ④ attempt

04

> improve

① transfer   ② enhance
③ determine   ④ identify

05

> anticipate

① exhibit   ② reduce
③ bother   ④ expect

┃ 06～10 ┃ 다음 제시된 단어와 반대되는 의미를 가진 단어를 고르시오.

06

> advocate

① retire   ② appeal
③ rely   ④ oppose

07

> hostile

① amicable   ② starvation

③ resemblance   ④ inclination

08

> contaminate

① purify   ② favor

③ lament   ④ bloom

09

> descend

① ascend   ② discern

③ describe   ④ go down

10

> comply

① implement   ② defy

③ announce   ④ provide

| 11~13 | 다음 단어를 포함하는 의미를 가진 단어를 고르시오.

11

> a bucket

① a flood disaster

② a picnic

③ a receptacle

④ drinking water

12

> the Government party

① an opposition party

② a political party

③ a Government

④ the moderate party

13

> Vitamin

① a nutrient   ② minerals

③ an enzyme   ④ health

❙ 14~16 ❙ 왼쪽 단어와 행위관계를 이루는 단어를 고르시오.

14

a teacher : (   )

① teach   ② learn
③ find   ④ classify

15

a lawyer : (   )

① a judicial decision   ② discussion
③ an inspection   ④ the law

16

a detective : (   )

① criminal law
② a pair of handcuffs
③ confinement
④ criminal investigation

| 17~18 | 제시된 단어의 관계와 같은 관계인 것을 고르시오.

17

transportation : train

① instrument : piano
② bus : passenger
③ chief : cooker
④ cow : pig

18

french fry : a potato

① oxygen : an element
② a university : a primary school
③ a musical : a play
④ penicillin : green mold

| 19~20 | 다음 설명을 읽고 해당하는 단어를 고르시오.

19

a painting, drawing, or other pictorial representation of a person usually showing his face

① a chest
② a photograph
③ a shoulder
④ a portrait

20

> a child or young person who is not yet old enough to be regarded as an adult

① infant　　　　　　　② aunt

③ uncle　　　　　　　④ juvenile

│ 21~22 │ 다음 문장 중 어법상 옳지 않은 것을 고르시오.

21　① There were thousands of wounded men.

② Stay calm and try to save your energy.

③ He looked as if he hadn't eaten for ten days.

④ It will help you figure out that you most enjoy doing.

22　① You should not take her help for granted.

② You must borrow that pen if you want to.

③ He might as well call the whole things off.

④ I haven't seen her for ages. I must phone her up.

23

> I ①<u>looked forward to</u> this visit more than one ②<u>would think</u>, ③<u>considered</u> I was flying seven hundred miles to sit alongside a ④<u>dying</u> man. But I seemed to slip into a time warp when I visited Morrie, and I liked myself better when I was there.

24

> New York's Christmas is featured in many movies ①<u>while</u> this time of year, ②<u>which</u> means that this holiday is the most romantic and special in the Big Apple. ③<u>The colder</u> it gets, the brighter the city becomes ④<u>with</u> colorful lights and decorations.

■25~26 ■ 다음 글을 읽고 글의 흐름으로 보아 밑줄 친 부분 중 어법상 틀린 것을 고르시오.

25

> When I was growing up, many people asked me ①<u>if</u> I was going to follow in my father's footsteps, to be a teacher. As a kid, I remember ②<u>saying</u>, "No way. I'm going to go into business." Years later I found out that I actually love teaching. I enjoyed teaching because I taught in the method ③<u>in which</u> I learn best. I learn best via games, cooperative competition, group discussion, and lessons. Instead of punishing mistakes, I encouraged mistakes. Instead of asking students to take the test on their own, they ④<u>required</u> to take tests as a team. In other words, action first, mistakes second, lessons third, laughter fourth.

26

The headline is a unique type of text. It has a range of functions that ① specifically dictate its shape, content and structure, and it operates within a range of ② restrictions that limit the freedom of the writer. For example, the space that the headline will occupy is ③ almost always dictated by the layout of the page, and the size of the typeface will similarly be restricted. The headline will rarely, if ever, be written by the reporter who wrote the news story. It should, in theory, encapsulate the story in a minimum number of words, attract the reader to the story and, if it appears on the front page, ④ attracting the reader to the paper.

27 밑줄 친 부분에 들어갈 표현으로 가장 적절한 것을 고르시오.

There's nothing wrong with wanting to be with those you're comfortable with; it becomes a problem when your group of friends becomes so exclusive that they begin to reject everyone who isn't just like them. It's kind of hard to value _____ in a close-knit clique. Those on the outside feel like second-class citizens, and those on the inside often suffer from superiority complexes.

① universality
② attachment
③ relationship
④ differences

28 글의 흐름상 순서대로 바르게 배열한 것을 고르면?

(a) It will wake up your body in ways that a cold shower or a good breakfast simply can't accomplish.

(b) However, exercising in the morning can increase your energy for the day.

(c) And many people exercise in the evening because evening exercise seems more convenient. But research shows that people who exercise later in the day have more difficulty sleeping.

(d) Other research also shows starting the day actively with morning exercise is the key to losing weight.

(e) You might think it doesn't matter whether you exercise in the morning, afternoon or evening.

① (e) — (d) — (c) — (a) — (b)　　　② (e) — (d) — (c) — (b) — (a)

③ (e) — (c) — (b) — (a) — (d)　　　④ (e) — (c) — (d) — (a) — (b)

▮ 29~30 ▮ 다음 글을 읽고 물음에 답하시오.

Pat Hogan was looking for a Sun hotel when he saw an old man at the side of the road. He stopped his car and asked the old man the way to the Sun Hotel.

He got into Pat's car, and they drove for about twelve milies. When they came to a small house, the old man said, "Stop here". he said to the old man, "Is here Sun Hotel?"

"(　　)." the old man answered, "this is my house. And now I'll show you the way to the Sun Hotel. Turn around and go back nine milies. Then you'll see the Sun Hotel on the left.

29 윗글의 빈칸에 알맞은 것은?

① You are welcome　　　② That's right

③ No　　　④ Yes

30 윗글의 내용과 일치하는 것은?

① The old man showed Pat the way to the Sun-Hotel at ance.

② The old man took advantage of Pat.

③ Pat gave the old man a ride to take him to his home.

④ Pat found the Sun Hotel for himself.

31 다음 글의 내용과 일치하지 않는 것은?

Skateboarding is one of the best ways to replace snowboarding when there is no snow. They are almost the same in that the actions include riding and performing tricks using a board. However, the difference is that in skateboarding, the asphalt tends to hurt much more than snow when you fall on the ground. Be sure to wear protective equipment such as a helmet, wrist guards, and elbow pads even if your friends point and laugh. Skate parks provide the safe environment without cars to keep your board skills improved. Also, a long downward road without cross streets could be the perfect area where you practice basic skills.

① 스케이트보딩은 눈이 없을 때 스노우보딩을 대체할 수 있다.

② 스케이트보딩은 보드 위에서 기술을 구사하는 동작이 스노우보딩과 비슷하다.

③ 스케이트보딩은 넘어졌을 때 스노우보딩보다 덜 다친다.

④ 스케이트보드를 탈 때는 반드시 보호 장비를 착용해야 한다.

32 다음 대화에서 밑줄 친 문장을 우리말로 옮긴 것 중 가장 적절한 것은?

A : OK. So is everything all right for the trips?
B : Yes, I'm all set. I just have one question. How much do I have to know about each city?

① 나는 좌석을 얻었습니다.
② 나는 준비가 다 되었습니다.
③ 나는 잘 배치되었습니다.
④ 내가 여행 스케줄을 확인하여 잘 맞추어 놓았습니다.

33 다음의 주어진 질문에 긍정적으로 대답한 사람을 모두 열거한 것은?

Is it interesting to learn about dinosaurs?

Cindy : No creature on this planet has ever made me excited like dinosaurs have. Even bones or parts of their bones are a sight to see.
Glen : Dinosaur studios are not related with what's happening now to us. All the guessing and wondering about the dead creature is waste of time.
Dick : Some may not enjoy ancient history, but there are many, like me, who would rather see some dinosaur bones in a museum than go to a rock concert.

① Cindy
② Glen
③ Cindy, Dick
④ Glen, Dick

34 다음 글의 어조로 가장 알맞은 것은?

The boss was disturbed when he saw his employees loafing. "Look," he said, "everytime I come in there I see things I'd rather not see. Now, I'm a fair man, and if there are things that bother you, tell me. I'm putting up a suggestion box and I urge you to use it so that I'll never see what I just saw!"

At the end of the day, when the boss opened the box, there was only one little piece of paper in it. It read : "Don't wear rubber-soled shoes !"

① upset   ② instructive

③ humorous   ④ critical

35 다음 글에서 전체 흐름과 관계없는 문장은?

There are a couple of important steps to take when choosing a puppy. ⓐOne is to check out a puppy's physical condition carefully. The animal's eye should be clear and bright, and its gums should be pink and firm. ⓑAlso, watch it play with other puppies, and get an idea of the puppy's personality. ⓒOwing a pretty puppy can improve a person's mental and physical well-being. ⓓIf it's very timid or aggressive, it might not make a good pet.

① ⓐ   ② ⓑ

③ ⓒ   ④ ⓓ

36 다음 빈칸에 들어가기에 적절한 표현은?

> A : Even though going out for two years, she and I are still not talking the same language.
>
> B : _____

① You never fail to please me.

② So, do you intend to be through with her?

③ She must have gotten stuck in lots of work.

④ You're right. She doesn't have a liking for English.

37 다음의 글에서 빈칸에 들어갈 말로 가장 적절한 것은?

> Children are much more _____ to giving something to someone else than to helping them. One can observe this difference clearly in very young children. Even though one-and-a-half-year-olds will support each other in difficult situations, they are not willing to share their own toys with others. The little ones even defend their possessions with screams and, if necessary, blows. This is the daily experience of parents troubled by constant quarreling between toddlers. There was no word I heard more frequently than "Mine!" from my daughters when they were still in diapers.
>
> * toddler: (걸음마를 배우는) 아기

① resistant

② responsible

③ comfortable

④ disappointed

38 다음 대화에서 빈칸에 들어가기에 가장 적절한 표현은?

> A : What great muscles you have! How often do you work out in a gym?
> B : Every day after work. You're in pretty good shape, too.
> A : Thanks. I take an aerobic class twice a week.
> B : _____ Hey! Race you to McDonald's for a coke!
> A : OK

① Don't mention it!

② How embarrassing!

③ Good for you!

④ Well, I'll think about it!

39 다음의 대화에서 빈칸에 들어갈 말로 가장 적당한 것은?

> A : I haven't seen you in ages! How have you been?
> B : I've been fine — just fine. And you?
> A : _____ So what's going on? I have so much to tell you!
> B : Me, too! But when can we get together?
> A : Soon — very soon.

① Yes, I do.

② With pleasure!

③ Thank you!

④ Great!

40 다음 대화의 흐름상 빈칸에 가장 적절한 것은?

A : I'm very proud of my daughter. She has quite a good memory. She does her best to remember all she reads. And she's only nine years old.

B : That's very good. _____ You or your wife?

A : My wife. As a child my wife learned lots of poems by heart. She still knows quite a few of them.

B : I never could memorize poetry. On the other hand, I remember numbers. I never forget an address or a date.

---

① How can she memorize them?

② Whom does she prefer?

③ Whom does she look after?

④ Whom does she take after?

제 3 회
모의고사

CHAPTER 01

수리능력

☞ 정답 및 해설 p.344

〉〉40문항 ⊙15분

▌01~02▐ 다음은 인천공항, 김포공항, 양양공항, 김해공항, 제주공항을 이용한 승객을 연령별로 분류해 놓은 표이다. 물음에 답하시오.

구분	10대	20대	30대	40대	50대	총 인원수
인천공항	13%	36%	20%	15%	16%	5,000명
김포공항	8%	21%	33%	24%	14%	3,000명
양양공항	-	17%	37%	39%	7%	1,500명
김해공항	-	11%	42%	30%	17%	1,000명
제주공항	18%	23%	15%	28%	16%	4,500명

01 인천공항의 이용승객 중 20대 승객은 모두 몇 명인가?

① 1,600명
② 1,700명
③ 1,800명
④ 1,900명

02 김포공항 이용승객 중 30대 이상 승객은 김해공항 30대 이상 승객의 약 몇 배인가?(소수점 둘째 자리에서 반올림 하시오)

① 2.3배
② 2.4배
③ 2.5배
④ 2.6배

03 다음은 A~E기업의 재무 자료이다. 다음 자료에서 재고자산 회전율이 가장 높은 기업과 매출채권 회전율이 가장 높은 기업을 바르게 짝지은 것은?

(단위 : 억 원)

기업	매출액	재고자산	매출채권	매입채무
A	1,000	50	30	20
B	2,000	40	80	50
C	1,500	80	30	50
D	2,500	60	90	25
E	3,000	80	30	20

※ 재고자산 회전율(회) = $\dfrac{\text{매출액}}{\text{재고자산}}$

※ 매출채권 회전율(회) = $\dfrac{\text{매출액}}{\text{매출채권}}$

① A, B
③ B, E

② C, D
④ E, A

04 다음은 인구 1,000명을 대상으로 실시한 미래 에너지원의 수요예측에 대한 여론조사 자료이다. 이 자료를 통해 미래의 에너지 수요를 평가할 때 가장 옳은 설명에 해당하는 것은?

에너지원 수요 예상 정도	원자력	석유	석탄
많음	51%	30%	25%
적음	40%	65%	68%
모름	9%	5%	7%

① 미래에는 석유를 많이 사용할 것이다.
② 미래에는 석탄을 많이 사용할 것이다.
③ 미래에는 석유보다 원자력의 사용이 늘어날 것이다.
④ 미래에는 원자력, 석유, 석탄 모두를 많이 사용할 것이다.

05 다음은 A, B, C 반도체 업체의 세계시장 점유율을 나타낸 표이다. 이에 대한 설명으로 옳지 않은 것은?

(단위 : %)

반도체 업체	2004년	2005년	2006년	2007년	2008년
A 업체	6.2	6.5	6.9	7.6	8.2
B 업체	4.8	4.7	4.6	4.5	4.0
C 업체	3.2	3.5	3.1	2.9	2.8

① 2004년부터 A업체의 세계시장 점유율은 꾸준히 증가하고 있다.

② 2004년부터 B업체의 세계시장 점유율은 계속해서 감소하고 있다.

③ 2009년도 B업체의 세계시장 점유율 전망은 비관적으로 4.0% 미만일 것이다.

④ 제시된 표에서 C업체의 세계시장 점유율이 가장 큰 폭으로 하락한 시기는 2006년과 2007년 사이이다.

06 다음은 청소년의 흡연 실태에 대한 표이다. 이에 대한 설명으로 옳지 않은 것은?

성별	연도	1학년	2학년	3학년	전체
남자	2001년	1.2	1.4	1.8	1.5
	2008년	2.3	3.4	3.9	3.2
여자	2001년	2.0	4.0	3.7	3.3
	2008년	1.4	8.9	7.4	5.9

① 남자의 흡연율은 여자의 흡연율보다 낮다.

② 2001년이나 2008년 모두 흡연율 변화가 없다.

③ 남녀 모두의 흡연율은 상승하고 있다.

④ 2학년 여자의 흡연율은 남자의 흡연율보다 높다.

07 다음은 2010, 2011년 2월의 목적별 외국인 입국현황을 나타낸 표이다. 이에 대한 설명으로 옳지 않은 것은?

(단위 : 명)

입국목적	2010년 2월	2011년 2월	2010년 2월 대비 증감률(%)
관광	446,551	430,922	-3.5
업무	19,366	18,921	-2.3
유학·연수	35,656	42,644	19.6
승무원	61,778	70,118	13.5
기타	75,549	104,484	38.3

① 외국인 승무원 증가 인원은 유학·연수를 위해 온 외국인 증가 인원보다 많다.

② 2011년 2월에 관광을 목적으로 입국한 외국인은 관광 이외의 목적으로 온 전체 외국인 수의 두 배 이상이다.

③ 전년 동월에 비해 외국인 입국자의 총 수는 증가했다.

④ 전년 동월 대비 전체 외국인 입국자의 증감률은 5% 이하이다.

08 J전자는 올해 10,000대의 TV를 판매하였다. TV 한 대를 판매할 때마다 복권을 한 장씩 고객에게 주고 연말에 추첨하여 다음과 같은 상금을 주려고 한다. 이 쿠폰 한 장의 기댓값은 얼마인지 고르면?

상금	쿠폰의 수
10,000,000	1
5,000,000	2
1,000,000	10
100,000	100
10,000	1,000

① 5,000원   ② 15,000원

③ 27,000원   ④ 55,000원

09 다음은 민주가 야간에 본 사람의 성별을 구분하는 능력에 대한 실험 결과표이다. 민주가 야간에 본 사람의 성별을 정확하게 구분할 확률은 얼마인가?

민주의 판정 / 실제성별	여자	남자	계
여자	34	15	49
남자	16	35	51
계	50	50	100

① 68% ② 69%

③ 70% ④ 71%

10 다음 표는 영호의 3월부터 5월까지 국어, 수학 성적을 표시한 것이다. 표에 대한 설명으로 옳지 않은 것은?

구분	3월	4월	5월
국어	83	80	95
수학	70	72	83

① 수학 점수는 꾸준히 올랐다.

② 3개월 국어 점수의 평균은 86점이다.

③ 3개월 수학 점수의 평균은 79점이다.

④ 4월의 국어, 수학 점수의 평균은 76점이다.

11 다음은 2015년부터 2017년까지 주요 범죄유형별 범죄자 성별 인원수 및 구성비 추이이다. 위의 표에 대한 설명으로 옳지 않은 것은?

(단위 : 명, %)

구분	성별	2015년		2016년		2017년	
		인원수	구성비	인원수	구성비	인원수	구성비
전체범죄	남성	1,437,943	81.2	1,500,515	81.2	1,357,873	80.6
	여성	333,447	18.8	347,090	18.8	327,588	19.4
강력범죄	남성	24,873	96.3	26,096	96.4	27,849	96.3
	여성	948	3.7	975	3.6	1,078	3.7
절도범죄	남성	81,638	79.1	81,936	77.0	80,494	76.2
	여성	21,528	20.9	24,479	23.0	25,201	23.8
폭력범죄	남성	313,497	84.1	319,297	83.8	303,349	83.4
	여성	59,226	15.9	61,668	16.2	60,162	16.6
교통범죄	남성	467,654	85.1	473,064	85.2	410,337	84.7
	여성	81,720	14.9	82,288	14.8	74,215	15.3

① 2017년 전체범죄자 중 남성범죄자의 비율은 80.6%로 여성의 4배를 초과한다.

② 절도범죄에서 남성범죄자의 비율이 최근 3년간 지속적으로 감소하였다.

③ 최근 3년간 폭력범죄에서 남성범죄자의 비율은 80% 이상을 유지하고 있다.

④ 교통범죄에서 여성범죄자 비율이 최근 3년간 지속적으로 증가하였다.

12 다음은 A보건사회연구원 및 B관광공사에서 발행한 자료이다. 아래 내용에 대한 설명으로 가장 옳지 않은 것을 고르면?

〈표 1〉 A보건사회연구원 자료

연도	2015년	2020년	2025년	2030년
공급				
면허등록	321,503	388,775	460,641	537,101
가용간호사	269,717	290,209	306,491	317,996
임상취업간호사	115,601	124,384	131,362	136,293
비임상취업간호사	22,195	23,882	25,222	26,168
전체 취업간호사	137,796	148,226	156,584	162,461
수요	194,996	215,262	231,665	244,831
수급차(= 수요 - 임상취업간호사)	79,395	90,878	100,303	108,538

〈표 2〉 B관광공사 자료

연도	국내진료해외환자(명)	동반가족 수(명)	의료관광수입(원)	늘어나는 일자리(명)	
				의료부문	관광부문
2012년	15만	4.5만	5,946억	8,979	1만 1,833
2013년	20만	6만	8,506억	1만 2,845	1만 6,928
2015년	30만	9만	1조 4,382억	2만 1,717	2만 8,620
2020년	100만	30만	6조 1,564억	9만 2,962	12만 2,513

① 향후 의료 이용량 증가에 따라 간호 및 간병 인력에 대한 수요 확대가 예상된다.

② 간호사에 대한 전반적인 수요가 늘어날 것으로 전망된다.

③ 의료관광분야는 글로벌 사업으로 병원의 해외진출 산업 또한 고부가가치의 일자리 창출 능력이 큰 산업으로 각광 받고 있다.

④ 글로벌 헬스케어 산업의 규모가 증가하고, 다양한 일자리가 창출될 것으로 전망된다.

다음 표는 2018년에서 2022년까지의 커피 수입 현황에 대한 표이다. 다음 중 수입단가가 가장 큰 것은?

(단위 : 톤, 천 달러)

구분 \ 연도		2018년	2019년	2020년	2021년	2022년
생두	중량	97.8	96.9	107.2	116.4	100.2
	금액	252.1	234.0	316.1	528.1	365.4
원두	중량	3.1	3.5	4.5	5.4	5.4
	금액	37.1	42.2	55.5	90.5	109.8
커피조제품	중량	6.3	5.0	5.5	8.5	8.9
	금액	42.1	34.6	44.4	98.8	122.4

※ 1) 커피는 생두, 원두, 커피조제품으로만 구분됨
　　2) 수입단가 = 금액 / 중량

① 2020년 원두　　　　　　　② 2021년 생두
③ 2022년 원두　　　　　　　④ 2021년 커피조제품

14 아래의 표는 생산 가능한 제품 E, F, G에 관한 정보를 나타낸 것이다. 총 생산시간이 140시간이라고 할 때, 최대한 낼 수 있는 이익은?

구분	E	F	G
1제품 당 이익	5만 원	6만 원	4만 원
1제품 생산시간	2시간	4시간	2시간
총 판매가능 상품	20개	40개	30개

① 130만원　　　　　　　② 170만원
③ 200만원　　　　　　　④ 280만원

15 수능시험을 자격시험으로 전환하자는 의견에 대한 여론조사결과 다음과 같은 결과를 얻었다면 이를 통해 내릴 수 있는 결론으로 타당하지 않은 것은?

교육수준	중졸이하		고교중퇴 및 고졸		전문대중퇴 이상		전체	
조사대상지역	A	B	A	B	A	B	A	B
지지율(%)	67.9	65.4	59.2	53.8	46.5	32	59.2	56.8

① 지지율은 학력이 낮을수록 증가한다.
② 조사대상자 중 A지역주민이 B지역주민보다 저학력자의 지지율이 높다.
③ 학력의 수준이 동일한 경우 지역별 지지율에 차이가 나타난다.
④ 조사대상자 중 A지역의 주민수는 B지역의 주민수보다 많다.

❚16~20❚ 다음 식을 계산하여 알맞은 답을 고르시오.

16

$$16.369 + 7.861 \times \sin 30°$$

① 19.4912
② 20.2995
③ 21.4963
④ 22.9468

17

$$78 - \frac{27}{64} \times 2^4$$

① 77.46
② 75.96
③ 50.63
④ 71.25

18

$$7^2 \times 6^2 \times 5^2$$

① 42,100   ② 44,100

③ 46,100   ④ 48,100

19

900분＋1시간 15분＋1200초

① 12시간 30분   ② 15시간 5분

③ 16시간 35분   ④ 17시간 15분

20

$$\frac{5}{12} + \frac{1}{4} \times 36$$

① 24   ② $\frac{101}{12}$

③ 18   ④ $\frac{113}{12}$

21~25 다음 계산식의 빈칸에 들어갈 알맞은 수 또는 연산기호를 고르시오.

21

$$\frac{11}{21} \div (\quad) - 3 = 41$$

① $\frac{1}{21}$

② $\frac{1}{42}$

③ $\frac{1}{63}$

④ $\frac{1}{84}$

22

$$(2{,}120 + (\quad)) \div 10^3 = 3$$

① 780

② 880

③ 980

④ 1080

23

$$37{,}850 - (\quad) \times 32 = 33{,}722$$

① 98

② 103

③ 116

④ 129

24

$$\sqrt[3]{216} + 85(\quad)17 = 11$$

① +　　　　　　　　　　　　② −

③ ×　　　　　　　　　　　　④ ÷

25

$$3 + 7(\quad)9 - 0.315 = 65.685$$

① +　　　　　　　　　　　　② −

③ ×　　　　　　　　　　　　④ ÷

┃26~30┃ 다음에 주어진 A와 B값의 대소 관계를 바르게 비교한 것을 고르시오.

26

$A : 2^3 + 3^3 + 4^3$　　　　　　　　$B : 2^2 + 3^2 + 4^2 + 5^2$

① $A > B$　　　　　　　　　　② $A < B$

③ $A = B$　　　　　　　　　　④ 알 수 없다.

27

A : 반지름이 3m인 구의 부피(단, $\pi = 3$)

B : 밑넓이 20m, 높이 5m인 직육면체의 부피

① $A > B$

② $A < B$

③ $A = B$

④ 알 수 없다.

28

$A : 2\dfrac{7}{3} + \dfrac{1}{2^2}$

$B : 3\dfrac{1}{2} + 0.4$

① A > B

② A < B

③ A = B

④ 알 수 없다.

29

• A : 초속 11m

• B : 시속 4km

① $A > B$

② $A < B$

③ $A = B$

④ 비교할 수 없다.

30

• $A : \sqrt{5} + \sqrt{9}$	• $B : 2^7 \div 8 - 7$

① $A > B$ ② $A < B$

③ $A = B$ ④ 비교할 수 없다.

31 정가가 x원인 식품을 15% 할인한 가격이 3,400원이라고 한다. 정가는 얼마인가?

① 1,250원   ② 2,800원

③ 3,500원   ④ 4,000원

32 12명의 학생이 있다. 이 가운에 9명의 점수의 총합은 630이고, 나머지 3명 중 두 명의 평균은 84, 다른 한 명의 점수가 11명의 평균보다 16점이 높다고 한다. 학생 12명의 평균 점수는 약 얼마인가?

① 70점   ② 74점

③ 86점   ④ 90점

33 1분에 2m씩 움직이는 개미 A와 1분에 3m씩 움직이는 개미 B가 있다. 개미 A가 직선으로 만들어진 통의 원점에서 출발한지 2분 후에 개미 B가 원점에서 A가 움직인 방향으로 움직이기 시작했다. A와 B가 서로 만나는 것은 A가 출발한지 몇 분 후인가?

① 3분   ② 4분
③ 5분   ④ 6분

34 10% 식염수와 15% 식염수를 섞고 물 50g을 추가하였더니 10% 식염수 300g이 되었다. 처음 10% 식염수는 몇 g이었는가?

① 100g   ② 125g
③ 150g   ④ 175g

35 두 가지 메뉴 A, B를 파는 어느 음식점에서 지난주에 두 메뉴를 합하여 1000명분을 팔았다. 이번 주에는 지난주에 비하여 A 메뉴는 5% 감소하고, B 메뉴는 10% 증가하여 전체적으로 4% 증가하였다. 이번 주에 판매된 A 메뉴는 몇 명분인가?

① 350명   ② 380명
③ 400명   ④ 415명

36 어떤 모임에서는 참가자들에게 사탕을 나누어 주는데 6개씩 나누어 주면 4개가 남고 7개씩 나누어 주면 1명은 5개보다 적게 받는다. 이때 참가자는 최소 몇 명인가?

① 4명   ② 7명
③ 8명   ④ 10명

37 A, B, C 세 사람이 가위바위보를 할 때, A가 혼자 이길 경우의 수는 얼마인가?

① 1　　　　　　　　　　　　　② 3

③ 6　　　　　　　　　　　　　④ 9

38 $a^5 \times a^3$의 값은?

① a^8　　　　　　　　　　　② a^{15}

③ a^{53}　　　　　　　　　　　④ a^2

39 전체 50명의 학생 중 영어 성적과 중국어 성적이 둘 다 90점 이상인 학생이 7명, 둘 다 90점 미만인 학생이 14명, 영어성적만 90점 이상인 학생이 중국어 성적만 90점 이상인 학생보다 5명 많을 때 중국어 성적이 90점 이상인 학생 수는?

① 17명　　　　　　　　　　　② 18명

③ 19명　　　　　　　　　　　④ 20명

40 5점부터 10점까지 있는 과녁에 서현은 8점, 8점, 7점, 6점을 쏘았다. 한 번 더 쏴서 38점 이상이 되어야 서현이 이길 수 있다면 최소 몇 점을 쏘아야 하는가?

① 6　　　　　　　　　　　　　② 7

③ 8　　　　　　　　　　　　　④ 9

CHAPTER 02

추리능력

☞ 정답 및 해설 p.348

>> **40문항** ⊙ **20분**

❚01~10❚ 다음은 일정한 규칙에 따라 배열한 수열이다. 빈칸에 들어갈 알맞은 수를 고르시오.

01

2 5 14 41 122 ( )

① 111　　　　　　　　　　　② 123

③ 221　　　　　　　　　　　④ 365

02

17 18 16 19 15 20 14 ( )

① 35　　　　　　　　　　　② 27

③ 28　　　　　　　　　　　④ 21

03

$\dfrac{4}{5}$ $\dfrac{16}{5}$ $\dfrac{16}{17}$ ( ) $\dfrac{28}{29}$ $\dfrac{40}{29}$

① $\dfrac{25}{17}$　　　　　　　　　② $\dfrac{26}{17}$

③ $\dfrac{27}{17}$　　　　　　　　　④ $\dfrac{28}{17}$

04

> 4　5　9　16　(　)　39　55

① 24　　　　　　　　　　② 25
③ 26　　　　　　　　　　④ 27

05

> 2　4　8　6　3　6　18　(　)　5

① 17　　　　　　　　　　② 16
③ 15　　　　　　　　　　④ 14

06

> 5　6　12　15　(　)　65　390

① 45　　　　　　　　　　② 50
③ 55　　　　　　　　　　④ 60

07

$$\frac{1}{2} \qquad \frac{9}{8} \qquad \frac{25}{32} \qquad (\quad) \qquad \frac{81}{512}$$

① $\dfrac{36}{64}$ ② $\dfrac{49}{64}$

③ $\dfrac{36}{128}$ ④ $\dfrac{49}{128}$

08

$$5 \quad 6 \quad 8 \quad 12 \quad (\quad) \quad 36 \quad 68$$

① 15 ② 20

③ 25 ④ 30

09

$$\frac{7}{2} \qquad \frac{12}{6} \qquad \frac{17}{18} \qquad (\quad) \qquad \frac{27}{162} \qquad \frac{32}{486} \qquad \frac{37}{1458}$$

① $\dfrac{19}{54}$ ② $\dfrac{22}{54}$

③ $\dfrac{27}{54}$ ④ $\dfrac{38}{54}$

10

| | 3 | 7 | 15 | 37 | 53 | ( ) |

① 14   ② 23

③ 55   ④ 73

|11~15| 다음은 일정한 규칙으로 나열된 문자이다. 빈칸에 들어갈 알맞은 문자를 고르시오.

11

B – C – F – G – N – ?

① O   ② R

③ T   ④ Z

12

$$\frac{Z}{C} \quad \frac{Y}{E} \quad \frac{X}{G} \quad (\ ) \quad \frac{V}{K} \quad \frac{U}{M} \quad \frac{T}{O}$$

① $\dfrac{W}{J}$ ② $\dfrac{W}{I}$

③ $\dfrac{S}{I}$ ④ $\dfrac{S}{J}$

13

A – B – C – D – E – I – F – ? – P

① G   ② H

③ I   ④ J

14

ㄱ – ㄷ – ㅁ – ㅅ – ㅈ – ㅋ – ?

① ㅊ   ② ㅌ

③ ㅍ   ④ ㅎ

15

ㅅ – ㅂ – ㅇ – ㅁ – ㅈ – ㄹ – ?

① ㅁ   ② ㅇ

③ ㅊ   ④ ㅋ

16~18 다음의 밑줄 친 수들의 규칙을 파악하여 빈칸에 들어갈 알맞은 수를 고르시오.

16

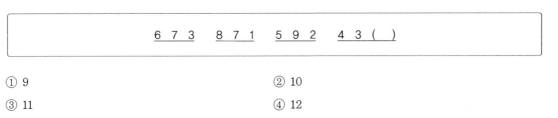

6 7 3   8 7 1   5 9 2   4 3 ( )

① 9   ② 10

③ 11   ④ 12

17

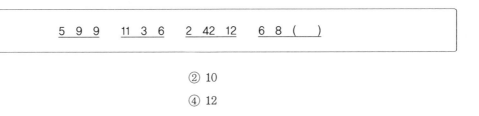

5 9 9   11 3 6   2 42 12   6 8 ( )

① 9   ② 10

③ 11   ④ 12

18

7 11 9   5 9 7   12 8 10   13 17 ( )

① 19   ② 11

③ 21   ④ 15

▌19~20 ▌ 다음에 주어진 연산기호의 규칙을 파악하여 빈칸에 들어갈 알맞은 수를 고르시오.

19

$$5 ⊕ 9 = 22 \qquad 11 ⊕ 2 = 17 \qquad 21 ⊕ 4 = 79 \qquad (8 ⊕ 6) ⊕ 2 = (\quad)$$

① 50   ② 64

③ 79   ④ 81

20

$$2 ⊕ 5 = 0 \qquad 4 ⊕ 7 = 2 \qquad 12 ⊕ 8 = 54 \qquad 8 ⊕ (7 ⊕ 3) = (\quad)$$

① 6   ② 8

③ 10   ④ 12

▌21~25 ▌ 다음 중 나머지 보기와 다른 규칙이 적용된 것을 고르시오.

21 ① ADEH   ② 1457

③ ㄱㄹㅁㅇ   ④ Ⅰ Ⅳ Ⅴ Ⅷ

22 ① 1379   ② 가다사자

③ 라바차타   ④ HJNQ

23
① Ⅳ Ⅶ Ⅸ Ⅻ

③ ILOR

② 0369

④ ㄹㅅㅊㅍ

24
① 0468

③ MPSV

② filo

④ ㄷㅂㅈㅌ

25
① 1379

③ 라바차타

② 가다사자

④ HJNQ

┃26~30┃ 다음 도형들의 일정한 규칙을 찾아 빈칸에 들어갈 도형을 고르시오.

26

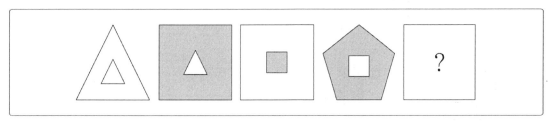

27

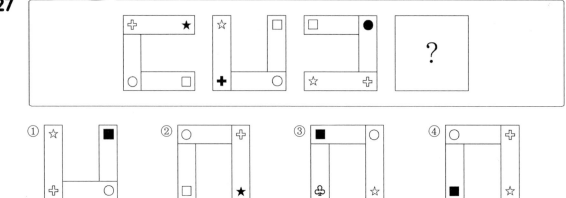

28

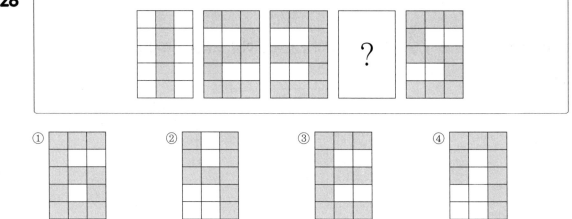

29

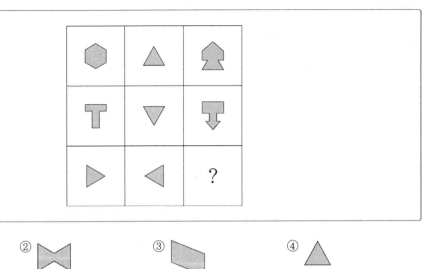

① ◇ ② ▷◁ ③ ▱ ④ △

30

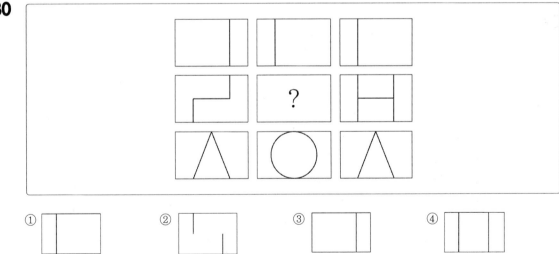

① ▯ ② ▯ ③ ▯ ④ ▯

┃31~32┃ 다음 진술이 참이 되기 위해서 필요한 전제를 보기에서 모두 고르시오.

31

명지는 현명한 사람이다.

〈보기〉
㉠ 명지는 업무를 미리 준비하는 사람이다.
㉡ 명지는 화를 내지 않는 사람이다.
㉢ 명지는 임기응변이 좋은 사람이다.
㉣ 업무를 미리 준비하는 사람은 현명한 사람이다.
㉤ 매일 운동을 하는 사람은 신뢰할 수 있는 사람이다.
㉥ 임기응변이 좋은 사람은 순발력이 좋은 사람이다.

① ㉠㉣   ② ㉠㉤
③ ㉡㉣   ④ ㉡㉤

32

노력하는 사람은 성공할 수 있는 사람이다.

〈보기〉
㉠ 노력하는 사람은 잠재력을 믿는 사람이다.
㉡ 노력하는 사람은 도전하는 사람이다.
㉢ 노력하는 사람은 불만이 없는 사람이다.
㉣ 불만이 없는 사람은 감사할 줄 아는 사람이다.
㉤ 도전하는 사람은 성공할 수 있는 사람이다.
㉥ 잠재력을 믿는 사람은 긍정적인 사람이다.

① ㉠㉣   ② ㉠㉤
③ ㉡㉣   ④ ㉡㉤

33 다음에 제시된 정보를 종합할 때, 물음에 알맞은 개수는 몇 개인가?

- 테이블 5개와 의자 10개의 가격은 의자 5개와 서류장 10개의 가격과 같다.
- 의자 5개와 서류장 15개의 가격은 의자 5개와 테이블 10개의 가격과 같다.
- 서류장 10개와 의자 10개의 가격은 테이블 몇 개의 가격과 같은가?

---

① 8개   ② 9개

③ 10개   ④ 11개

34 다음 조건을 만족할 때, 영호의 비밀번호에 쓰일 수 없는 숫자는 어느 것인가?

- 영호는 회사 컴퓨터에 비밀번호를 설정해 두었으며, 비밀번호는 1~9까지의 숫자 중 중복되지 않는 네 개의 숫자이다.
- 네 자리의 비밀번호는 오름차순으로 정리되어 있으며, 네 자릿수의 합은 20이다.
- 가장 큰 숫자는 8이며, 짝수가 2개, 홀수가 2개이다.
- 짝수 2개는 연이은 자릿수에 쓰이지 않았다.

---

① 3   ② 4

③ 5   ④ 6

35 갑, 을, 병 세 명은 직업을 두 가지씩 갖고 있는데, 직업의 종류는 피아니스트, 교수, 변호사, 펀드매니저. 작가, 자영업자의 여섯 가지이다. 이들 세 명에 대해 다음에 서술된 조건을 알고 있는 경우, A의 직업으로 옳은 것은?

> • 피아니스트는 변호사로부터 법률적인 자문을 받았다.
> • 자영업자와 작가와 A는 등산동호회 멤버이다.
> • B는 작가로부터 여러 권의 시집을 선물로 받았다.
> • B와 C와 피아니스트는 죽마고우이다.
> • 자영업자는 펀드매니저에게 투자 상담을 받았다.
> • 펀드매니저는 피아니스트의 누이와 결혼을 약속하였다.

① 피아니스트, 교수

② 변호사, 자영업자

③ 작가, 펀드매니저

④ 교수, 변호사

36 다음 일기 기호에서 풍속은?

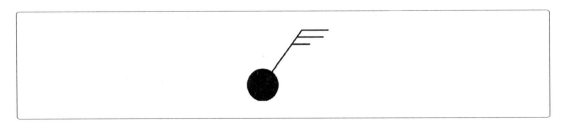

① 10m/s   ② 12m/s

③ 20m/s   ④ 24m/s

37 달리던 버스가 브레이크를 밟기 시작한 후 40m를 이동하여 5초 후에 멈추었다. 이 버스가 브레이크를 밟기 직전 처음 속력은? (단, 버스의 속력은 일정하게 감소한다.)

① 14m/s   ② 15m/s

③ 16m/s   ④ 17m/s

38 반응 속도에 영향을 미치는 요인 중 다음 내용과 가장 관련이 깊은 것은?

> • 통나무보다 톱밥이 더 잘 탄다.
> • 빠른 흡수를 위해 알약을 가루로 만들어 복용한다.

① 온도   ② 압력

③ 촉매   ④ 표면적

39 물이 담긴 컵의 바닥에 난 구멍을 막고 있다가 컵을 위로 던질 때, 손을 떠난 컵 속의 물에 대한 설명으로 옳은 것은?

① 컵이 올라가는 동안만 물이 새지 않는다.

② 컵이 내려오는 동안만 물이 새지 않는다.

③ 컵이 내려오는 동안 물이 점점 강하게 샌다.

④ 컵이 올라가거나 내려오는 동안 모두 물이 새지 않는다.

40 다음은 전압 110V에 두 저항을 연결한 회로를 나타낸 것이다. 전체 전류(I)는 몇 A인가?

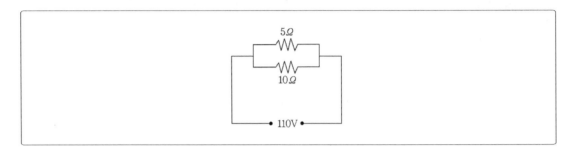

① 30A

② 31A

③ 32A

④ 33A

CHAPTER 03

지각능력

☞ 정답 및 해설 p.352

〉〉**40문항** ⊙**10분**

❙ 01~20 ❙ 다음에 주어진 문자의 좌우가 서로 같으면 ①, 다르면 ②를 고르시오.

01

oppoucocpocooocp	oppoucocpoccocp

① 같다 　　　　　　　　　　　② 다르다

02

Do you like Peter's new suit?	Do you like Peter's naw suit?

① 같다 　　　　　　　　　　　② 다르다

03

8181676555930081	8181676555930081

① 같다 　　　　　　　　　　　② 다르다

04

卜子大廾广攵寸允ヽヒ	卜子大廾广攵寸口ヽヒ

① 같다   ② 다르다

05

오▲늘은▼기분♪이좋아♬	오▲늘은▼기분♪이좋아♬

① 같다   ② 다르다

06

I'll let you into a secret	I'll let you into a seeret

① 같다   ② 다르다

07

♬♪♪♪♩♬♬♪♪♪♪♩	♬♪♪♪♩♬♬♪♪♪♪♩

① 같다   ② 다르다

08

봉잡랄올링공풀들배람   봉잠랄올링공플들배림

① 같다   ② 다르다

09

𐌍𐌍𐌍𐌍𐌍𐌍𐌍𐌍   𐌍𐌍𐌍𐌍𐌍𐌍𐌍𐌍

① 같다   ② 다르다

10

☺☹☺☹☹☺☺☺☺   ☺☹☺☺☹☹☺☺☺

① 같다   ② 다르다

11

I am a boy, you are a girl.   I am a boy, you are a girl.

① 같다   ② 다르다

12

| 學而時習之 不亦說乎 | 學而詩習之 不亦說平 |

① 같다   ② 다르다

13

| abracadabra | abracadabra |

① 같다   ② 다르다

14

| 요를레이요를레이요를레이히 | 요를래이요를래이요를래이히 |

① 같다   ② 다르다

15

| ▷√※≒‰¤Σ◉◐◁ | ▷√※≒‰¤Σ◉◐◁ |

① 같다   ② 다르다

16

ⓠⓞⓜⓡⓛⓚⓙⓗ　　　　　　　　ⓠⓞⓜⓡⓙⓚⓛⓗ

① 같다　　　　　　　　② 다르다

17

저제나랏숙교예삿말　　　　　　　　저제나랏숙교예삿말

① 같다　　　　　　　　② 다르다

18

$4^3 2^1 4^2 5^7 7^3 8^4 6^9$　　　　　　　　$4^3 2^1 4^2 5^7 7^3 8^4 6^9$

① 같다　　　　　　　　② 다르다

19

기린그림그린기린구름가림　　　　　　　　기린그림그린기린구름가림

① 같다　　　　　　　　② 다르다

20

♙♟♜♞♝♛♚♝♞♜♟♙   ♙♟♜♞♝♛♚♝♞♜♟♙

① 같다   ② 다르다

│21~25│ 다음에 주어진 블록의 개수를 구하시오.

21

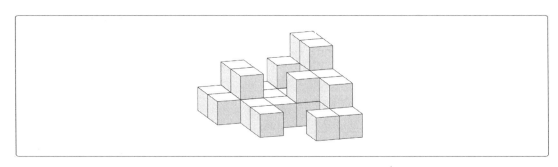

① 26개   ② 27개
③ 28개   ④ 29개

22

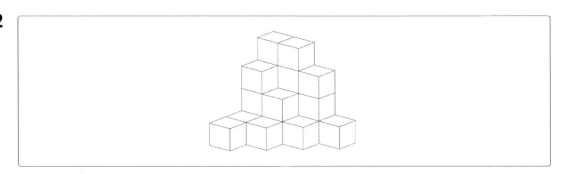

① 20개   ② 21개
③ 22개   ④ 23개

23

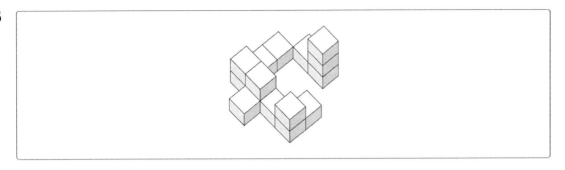

① 15개   ② 16개

③ 17개   ④ 18개

24

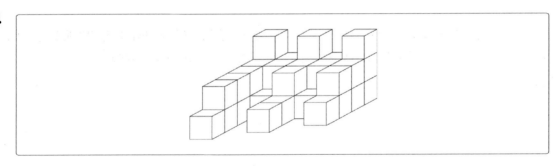

① 37개   ② 38개

③ 39개   ④ 42개

25

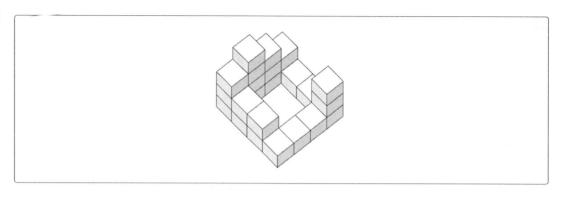

① 22개　　　　　　　　　　　② 23개

③ 24개　　　　　　　　　　　④ 25개

▌26~30▌ 주어진 블록의 모양은 그대로 두고 최소한의 블록을 더 추가해서 정육면체로 만들려고 한다. 몇 개의 블록이 더 필요한지 고르시오. (단, 모든 블록의 크기와 모양은 같다)

26

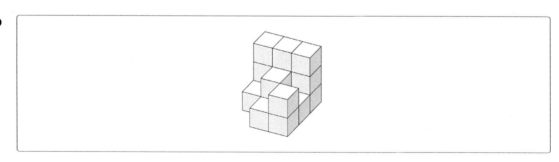

① 11개　　　　　　　　　　　② 12개

③ 13개　　　　　　　　　　　④ 14개

27

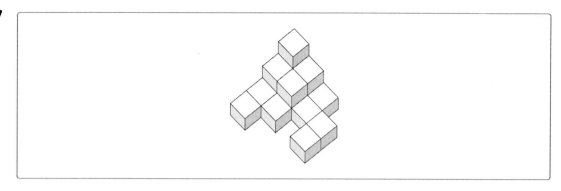

① 45개　　　　　　　　② 46개

③ 47개　　　　　　　　④ 48개

28

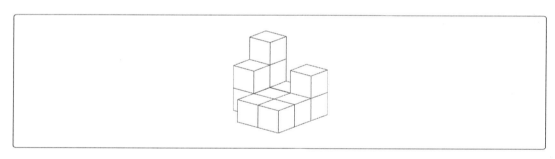

① 15개　　　　　　　　② 16개

③ 17개　　　　　　　　④ 18개

29

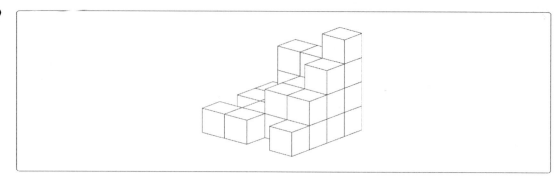

① 35개   ② 36개

③ 37개   ④ 38개

30

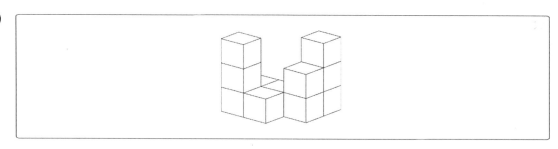

① 15개   ② 16개

③ 17개   ④ 18개

┃ 31~35 ┃ 다음과 같이 쌓인 블록의 바닥면을 제외하고 밖으로 노출된 모든 면에 페인트를 칠하려고 한다. 한 면에만 페인트칠이 되는 블록은 모두 몇 개인지 고르시오.

31

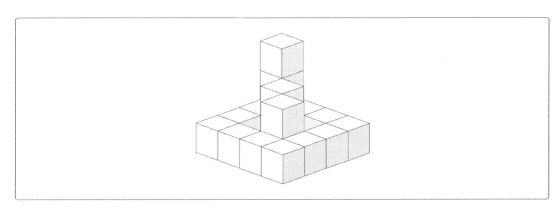

① 0개   ② 1개

③ 2개   ④ 3개

32

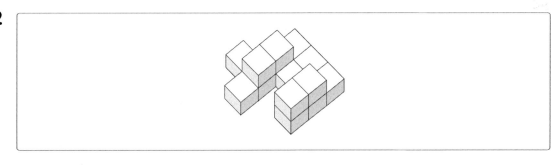

① 0개   ② 1개

③ 2개   ④ 3개

33

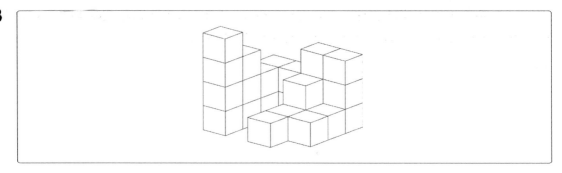

① 0개   ② 1개

③ 2개   ④ 3개

34

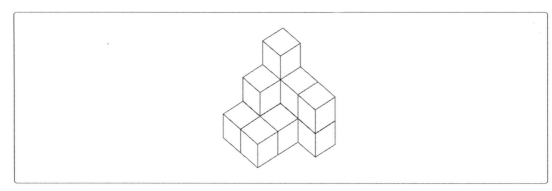

① 0개   ② 1개

③ 2개   ④ 3개

35

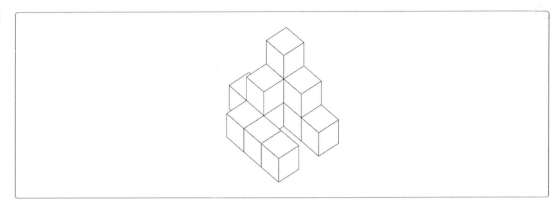

① 0개   ② 1개

③ 2개   ④ 3개

▌36~37 ▌ 다음 제시된 그림과 다른 것을 고르시오.

36

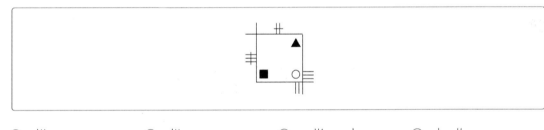

①   ②   ③   ④

37

① 　② 　③ 　④

┃38~40┃ 다음 제시된 그림을 순서대로 연결하시오.

38

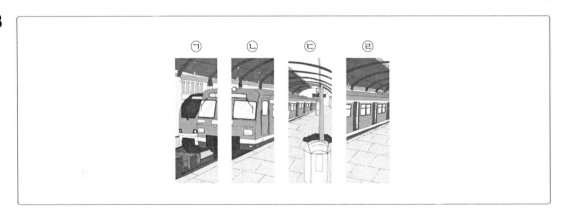

① ㉠ - ㉡ - ㉣ - ㉢　　② ㉠ - ㉣ - ㉢ - ㉡
③ ㉡ - ㉠ - ㉣ - ㉢　　④ ㉡ - ㉣ - ㉠ - ㉢

39

① ㉠ − ㉡ − ㉢ − ㉣   ② ㉡ − ㉠ − ㉢ − ㉣

③ ㉠ − ㉢ − ㉡ − ㉣   ④ ㉣ − ㉠ − ㉡ − ㉢

40

① ㉠ − ㉢ − ㉣ − ㉡   ② ㉡ − ㉢ − ㉣ − ㉠

③ ㉢ − ㉠ − ㉡ − ㉣   ④ ㉣ − ㉢ − ㉡ − ㉠

CHAPTER 04

영어능력

☞ 정답 및 해설 p.355

>> **40문항** ⊙ **20분**

▌01~05▐ 다음 제시된 단어와 의미가 유사한 것을 고르시오.

01

inspect

① postpone   ② threaten

③ examine   ④ oppose

02

declare

① confine   ② diminish

③ announce   ④ suspend

03

acknowledge

① speculate   ② admit

③ deceive   ④ inhibit

04

> abolish

① glance   ② eliminate

③ flatter   ④ collide

05

> vacant

① blank   ② occupied

③ politics   ④ internal

┃06~11┃ 다음 제시된 단어와 반대되는 의미를 가진 단어를 고르시오.

06

> absorb

① easily   ② general

③ museum   ④ release

07

retreat

① advance
② commute
③ dissolve
④ exempt

08

peculiar

① ordinary
② arrogant
③ bother
④ abolish

09

discern

① incognizable
② technique
③ improve
④ continue

10

eagerness

① company   ② faint

③ profit   ④ independent

11

plagiarize

① reserve   ② create

③ exhaust   ④ bustle

▌12~14 ▌ 다음 단어를 포함하는 의미를 가진 단어를 고르시오.

12

summer

① time   ② wintry

③ season   ④ weather

13

table

① couch   ② furniture

③ electronics   ④ industry

14

basketball

① sport   ② a tennis match

③ the fine arts   ④ health

▌15~17 ▌ 왼쪽 단어와 행위관계를 이루는 단어를 고르시오.

15

a doctor : (　　　)

① examine   ② exercise

③ picture   ④ classify

16

a mountaineer : (   )

① shopping
② climbing
③ public relations
④ relation

17

a scientist : (   )

① complete
② join
③ confine
④ invent

18~19 제시된 단어의 관계와 같은 관계인 것을 고르시오.

18

a beaker : glass

① a newspaper : newspaper advertising
② wine : a grape
③ a pencil : an eraser
④ rain : an umbrella

19

> a brazier : heating

① lemonbalm : a plant   ② a lipstick : lips

③ broom : cleaning   ④ a knife : the handle

┃20~21┃ 다음 설명을 읽고 해당하는 단어를 고르시오.

20

> a situation in which large numbers of people have little or no food, and many of them die

① mythology   ② famine

③ conscience   ④ stance

21

> one who professes Islam ; follower of Muhammad

① Muslim   ② Buddhist

③ Confucianist   ④ Hindu

22 다음 대화에서 어법상 가장 옳지 않은 것은?

> Ann : Your hair ① looks nice.
>
> Tori : I ② had it cut by the tall hairdresser in the new hair salon next to the cafeteria.
>
> Ann : Not that place where I ③ got my head to stick in the drier?
>
> Tori : ④ Must be, I suppose. Yes, that one.
>
> Ann : Huh, and they still let them open.

23 다음 중 어법상 옳은 것은?

① Many a careless walker was killed in the street.

② Each officer must perform their duties efficient.

③ However you may try hard, you cannot carry it out.

④ German shepherd dogs are smart, alert, and loyalty.

▌24~26 ▌ 다음 밑줄 친 부분 중 어법상 옳지 않은 것을 고르시오.

24

> He acknowledged that ㉠ the number of Koreans were forced ㉡ into labor ㉢ under harsh conditions in some of the locations ㉣ during the 1940's.

① ㉠   ② ㉡

③ ㉢   ④ ㉣

25

The idea that justice ㉠ <u>in allocating</u> access to a university has something to do with ㉡ <u>the goods</u> that ㉢ <u>universities properly</u> pursue ㉣ <u>explain why</u> selling admission is unjust.

① ㉠   ② ㉡

③ ㉢   ④ ㉣

26

One of Thornton Wilder's ㉠ <u>work</u>, The matchmaker, ㉡ <u>was made</u> into a motion picture ㉢ <u>in 1958</u> and was adapted in 1964 ㉣ <u>as the musical</u> comedy Hello Dolly!

① ㉠   ② ㉡

③ ㉢   ④ ㉣

27 다음 글에 드러난 'I'의 심경으로 가장 적절한 것을 고르시오.

I opened the letter and started reading. I didn't even read the whole thing. I read only the beginning — where it said, 'we are pleased to inform you that you have received a scholarship that covers full tuition' — and I started jumping and running around the house. I couldn't even believe it. My dream school had offered me a full scholarship.

① regretful   ② delighted

③ frightened   ④ annoyed

28 다음 밑줄 친 부분 중 의미하는 바가 나머지 셋과 다른 것은?

One superstition I can't seem to escape is the one dealing with calendars. In my family, it's bad luck to look at ① a new calendar before the start of the new year. I can't ignore this because efficient administrative assistants at work hand out new calendars in late November or early December. And some of my coworkers hang ② them up as soon as they get them. So at any time, I'm likely to walk into a colleague's space and confront ③ the offending object. If I see one, I avert my eyes. Try as I might to rid myself of ④ this superstition, I'm not willing to take any chances, either.

29 다음 밑줄 친 부분이 가리키는 것은?

Albert Einstein once attributed the creativity of a famous scientist to the fact that he never went to school, and therefore preserved the rare gift of thinking freely. There is undoubtedly truth in Einstein's observation ; many artists and geniuses seem to view their schooling as a disadvantage. But such a truth is not a criticism of schools. It is the function of schools to civilize, not to train explores. The social order demands unity and widespread agreement, both characteristics that are destructive to creativity. There will be conflict between the demands of society and the impulses of creativity and genius.

① impulse   ② creativity
③ conflict   ④ genius

30 다음 주어진 문장에 이어질 글의 순서로 가장 알맞은 것은?

> Most people think their conscious minds control everything they do. They generally believe the conscious mind constantly directs their actions. These beliefs are false.

(a) Do you consciously control the movements of your legs and feet?

(b) Most of the time, walking is done without conscious thoughts or intentions.

(c) Does your conscious mind have to say, "Now pick up the left foot, swing it forward, hold it high enough so it doesn't touch the ground, set down the heel, roll forward, shift weight off the back foot," and so on? Of course not.

(d) Consider walking, for example, which is something that most people do over and over all day long.

① (b) — (a) — (d) — (c)   ② (b) — (a) — (c) — (d)

③ (d) — (c) — (b) — (a)   ④ (d) — (a) — (c) — (b)

31 다음 글을 읽고 빈칸에 가장 적절한 것을 고르면?

> For a long time, people have believed that photographs tell us the truth ; they show us what really happened. People used to say "Seeing is believing," or "Don't tell me, show me, " or even "One picture is worth a thousand words." In courts of law, photographs often had more value than words. These days, however, matters are not so simple. Photographs can be changed by computer ; photographs are _____.

① sometimes false   ② always acceptable

③ very valuable   ④ clearer than ever

32 다음 글의 밑줄 친 곳에 알맞은 연결사는?

Psychologists tell us that to be happy we need a mixture of enjoyable leisure time and satisfying work. I doubt that my great-grandmother, who raised 14 children and took in laundry, had much of either. She did have a network of close friends and family, and maybe this is what fulfilled her. If she was happy with what she had, perhaps it was because she didn't expect life to be very different. We, _____, with so many choices and such pressure to succeed in every area, have turned happiness into one more thing we "must have." We're so self-conscious about our "right" to it that it's making us miserable. So we chase it and equate it with wealth and success, without noticing that the people who have those things aren't necessarily happier.

① for example
② on the other hand
③ in addition
④ in short

33 빈칸에 들어갈 가장 적절한 것은?

On February 4, 1975, scientists in China said that an earthquake would hit and told people to leave the cities. More than a million people moved into the safe, open fields away from buildings. The decision to tell the people to leave the cities saved 10,000 lives. _____, on July 28, 1976, the scientists were not so lucky. East of Beijing, Chinese scientists were discussing a possible earthquake. During the meeting, the worst earthquake in modern times hit.

① So far
② However
③ Therefore
④ As a result

34 다음 글의 제목으로 가장 적절한 것은?

Everyone knows that dogs make wonderful pets. But many dogs also have different jobs. Some dogs, for example, are used by the police. Often these dogs help people in trouble or find people who are lost. Other dogs work at airports. They sniff out plants, food, and other things that people are not supposed to bring in from other countries. With their help, these things are found and never enter the country. Some other dogs help people keep their homes safe from harmful insects. Once the dogs find the insect nest with their sharp nose, people can have the insects and their nest removed.

* sniff out : 냄새로 ~을 찾아내다

① 개의 다양한 역할　　　　　　② 반려견의 역할
③ 개의 특성　　　　　　　　　　④ 개의 종류

35 다음 글의 주제로 가장 적절한 것은?

The Olympics gives a good chance of sharing cultures. It can be found on the streets of many cities in the host countries. Many people, speaking many different languages, are visiting these cities. Each brings their own culture with them and changes the entire area into one big melting pot. A little part of everyone will be changed through their experiences in the world sporting event. This great cultural exchange will very likely help improve our understanding of the world around us, all through sports games.

① 올림픽의 긍정적 효과　　　　② 올림픽의 부정적 효과
③ 올림픽의 역사　　　　　　　　④ 문화의 다양성

36 다음 글에서 필자가 결론으로 말하고자 하는 것은?

The average brain is naturally lazy and tends to take the line of least resistance. The mental world of the ordinary man consists of beliefs which he has accepted without questioning and to which he is firmly attached ; he is instinctively hostile to anything which would upset the established order of his familiar world. A new idea, inconsistent with some of the beliefs which he holds, means the necessity of rearranging his mind ; and this process is laborious, requiring a painful expense of brain-energy. To him and his fellows, who from the vast majority, new idea and options which cast doubt on established beliefs and institutions seem evil just because they are disagreeable. It is desirable that this attitude should be altered for the progress of the society.

① 고정된 사고의 틀을 깨고 새로운 생각을 받아들여야 한다.
② 평범한 사람은 익숙한 세계의 기존 질서를 깨는 어떤 것에 애착을 갖는 경향이 있다.
③ 사람들은 자신의 이익을 위해 기존의 질서가 깨지는 것을 두려워한다.
④ 뇌 에너지의 고통스런 희생을 필요로 하는 것들은 평범한 사람에게는 유해한 것이다.

37 다음 대화의 장소로 가장 적절한 것은?

A : Do I need surgery?
B : No, it's not serious. You don't need to worry.

① 우체국   ② 병원
③ 학교   ④ 체육관

38 다음 빈칸에 들어갈 말로 가장 알맞은 것은?

> A : Do you remember all the fun we had last summer vacation?
> B : Sure. I remember playing in the surf, renting bicycles and riding on the boardwalk.
> A : Yes, why don't we take an early vacation this year?
> B : Okay, _____

① the sooner, the better.

② knowledge is power.

③ slow and steady wins the race.

④ too early to stop.

39 다음 밑줄 친 빈칸에 들어갈 말로 가장 적절한 것은?

> A : You're late again, Bob
> B : Sorry, I overslept. _____
> A : Your clock never works. You should buy a new one.
> B : I think I should.

① My clock didn't go off this morning.

② My clock worked very well this morning.

③ My clock is very expensive.

④ I should buy a clock.

40 다음 빈칸에 들어갈 말로 가장 적절한 것은?

A : So, how was the dinner?
B : _____
A : I think so too.
B : I want to eat those steaks again.

① Steaks were bad.

② Steaks were spicy.

③ Steaks were fabulous.

④ Steaks were cold.

제 4 회
모의고사

CHAPTER 01

수리능력

☞ 정답 및 해설 p.361

〉〉40문항 ⏱**15분**

▌01~02▐ 다음은 어느 대학교 졸업생들의 진출현황을 조사한 자료이다. 물음에 답하시오.

순위	직업종류	인원수(명)	비율(%)
1	대학교수	6,259	14.40
2	의료 / 보건	5,146	11.78
3	법조	3,441	7.87
4	공무원	2,261	5.17
5	중고등학교 교사	ⓐ	5.01
6	대학원진학	1,743	3.99
7	기업연구소	1,627	3.72
8	제조업	1,593	3.65
9	신문 / 방송	1,420	ⓑ
10	엔지닝너링 / 설계	1,279	2.93

01 ⓐ에 들어갈 수로 올바른 것은?

① 2,178

② 2,200

③ 2,220

④ 2,240

02 ⓑ에 들어갈 수로 알맞은 것은?

① 3.27

② 3.30

③ 3.37

④ 3.40

03 다음은 우리나라 연도별 성별 월급여액과 국제간 남녀 임금격차 비교표이다. 〈보기〉에서 다음 표에 관해 옳게 해석한 것을 모두 고르면?

〈표 1〉 성별 월급여액

(단위 : 천 원)

구분	2011년	2012년	2013년	2014년	2015년	2016년	2017년
여성 월급여액	1,015	1,112	1,207	1,286	1,396	1,497	1,582
남성 월급여액	1,559	1,716	1,850	1,958	2,109	2,249	2,381

※ 남성 대비 여성 임금 비율$= \dfrac{\text{여성 월급여액}}{\text{남성 월급여액}} \times 100$

〈표 2〉 국제간 남성 대비 여성 임금 비율 비교

(단위 : %)

연도	프랑스	독일	일본	한국	영국	미국	OECD 평균
2006년	90	76	63	58	74	76	78
2016년	88	77	67	62	79	81	82

〈보기〉

㉠ 2016년 우리나라의 남녀 임금격차는 최고 수준이며, OECD 국가 평균의 2배 이상이다.

㉡ 남성 근로자의 임금 대비 여성 근로자의 임금 수준은 2011년에 비해 2017년 1.3% 정도로 소폭 상승하였다.

㉢ 국제간 남녀 임금격차가 가장 적은 나라는 프랑스이다.

㉣ OECD 국가들은 남녀 임금격차가 줄어드는 추세이다.

---

① ㉠

② ㉠, ㉡

③ ㉠, ㉡, ㉢

④ ㉡, ㉢, ㉣

04 다음 표는 A, B, C, D 도시의 인구 및 총 인구에 대한 여성의 비율과 그 여성 중 독신자의 비율을 나타낸 것이다. 올해 A 도시의 여성 독신자의 7%가 결혼을 하였다면 올해 결혼한 독신여성은 모두 몇 명인가?

구분	A 도시	B 도시	C 도시	D 도시
인구(만 명)	25	39	43	52
여성 비율(%)	42	53	47	57
여성 독신자 비율(%)	42	31	28	32

① 3,087명　　　　　　　　　　② 4,210명

③ 5,658명　　　　　　　　　　④ 6,407명

05 다음은 영화관 2곳의 매출실적에 관한 표이다. 이에 대한 설명으로 옳은 것은?

구분	평균				품목별 총점
	A지점		B지점		
	남사원 20명	여사원 10명	남사원 15명	여사원 15명	
영화관람권	60	65	(㉠)	60	3,650
스낵바	(㉡)	55	50	60	3,200
팝콘팩토리	50	50	60	50	3,150

① ㉠은 ㉡보다 크다.

② A지점 남사원의 스낵바 평균 실적은 B지점 남사원의 스낵바 평균 실적보다 낮다.

③ 영화관람권은 B지점 사원 평균이 A지점 사원의 평균보다 높다.

④ 전체 남사원의 팝콘팩토리 매출 실적 평균은 전체 여사원의 팝콘팩토리 매출 실적 평균보다 낮다.

06 다음은 조선시대 한양의 조사시기별 가구수 및 인구수와 가구 구성비에 대한 자료이다. 이에 대한 설명 중 옳은 것만을 모두 고르면?

〈조사시기별 가구수 및 인구수〉

(단위 : 호, 명)

조사시기	가구수	인구수
1729년	1,480	11,790
1765년	7,210	57,330
1804년	8,670	68,930
1867년	27,360	144,140

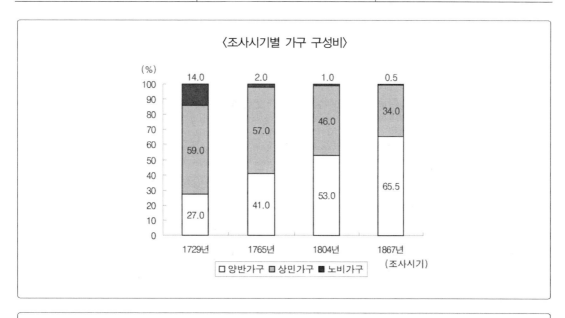

〈조사시기별 가구 구성비〉

㉠ 1804년 대비 1867년의 가구당 인구수는 증가하였다.

㉡ 1765년 상민가구 수는 1804년 양반가구 수보다 적다.

㉢ 노비가구 수는 1804년이 1765년보다는 적고 1867년보다는 많다.

㉣ 1729년 대비 1765년에 상민가구 구성비는 감소하였고 상민가구 수는 증가하였다.

① ㉠, ㉡

② ㉠, ㉢

③ ㉡, ㉣

④ ㉠, ㉢, ㉣

07 다음 표는 A, B 두 회사 전체 신입사원의 성별 교육연수 분포에 관한 자료이다. 이에 대해 신입사원 초임결정공식을 적용하였을 때, 교육연수가 14년인 남자 신입사원과 여자 신입사원의 초임 차이는 각각 얼마인가?

회사별 성별 전체 신입사원의 교육연수 분포

구분		12년(고졸)	14년(초대졸)	16년(대졸)	18년(대학원졸)
A사	남	30%	20%	40%	10%
	여	40%	20%	30%	10%
B사	남	40%	10%	30%	20%
	여	50%	30%	10%	10%

신입사원 초임결정공식

• A사
−남성 : 초임(만 원)＝1,000만 원＋(180만 원×교육연수)
−여성 : 초임(만 원)＝1,840만 원＋(120만 원×교육연수)
• B사
−남성 : 초임(만 원)＝750만 원＋(220만 원×교육연수)
−여성 : 초임(만 원)＝2,200만 원＋(120만 원×교육연수)

	A사	B사
①	0원	40만 원
②	0원	50만 원
③	40만 원	50만 원
④	50만 원	40만 원

08 다음 그림에 대한 옳은 분석을 〈보기〉에서 모두 고른 것은?

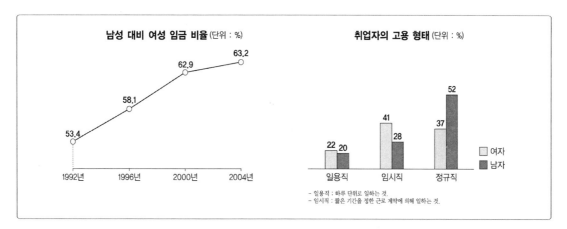

<보기>
㉠ 남성 취업자는 정규직의 비율이 가장 높다.
㉡ 남녀 간 임금 수준의 불평등이 완화되고 있다.
㉢ 고용 형태에서 남성의 지위가 여성보다 불안하다.
㉣ 경제 활동에 참여하는 여성들이 점차 줄어들고 있다.

① ㉠, ㉡
② ㉠, ㉢
③ ㉡, ㉢
④ ㉡, ㉣

09 다음은 흡연 여부에 따른 폐암 발생 현황을 나타낸 것이다. 옳지 않은 것을 모두 고른 것은?

〈흡연 여부에 따른 폐암 발생 현황〉

(단위 : 명)

폐암 발생 여부 흡연 여부	발생	비발생	계
흡연	300	700	1,000
비흡연	300	9,700	10,000
계	600	10,400	11,000

> ㉠ 흡연 시 폐암 발생률은 30%이다.
> ㉡ 비흡연 시 폐암 발생률은 0.3%이다.
> ㉢ 흡연 여부와 상관없이 폐암 발생률은 10%이다.

① ㉠   ② ㉡

③ ㉠, ㉡   ④ ㉡, ㉢

10 다음은 갑국에서 실시한 취약 계층의 스마트폰 이용 현황과 주된 비(非)이용 이유에 대한 설문 조사 결과이다. 이에 대한 옳은 분석을 〈보기〉에서 고른 것은?

(단위 : %)

구분	전체 국민 대비 수준*	스마트폰을 이용하지 않는 주된 이유				
		스마트폰으로 무엇을 할 수 있는지 모름	구입비 및 이용비 부담	이용 필요성 부재	사용 방법의 어려움	기타
장애인	10.3	33.1	31.5	14.4	13.4	7.6
장노년층	6.4	40.1	26.3	16.5	12.4	4.7
저소득층	12.2	28.7	47.6	11.0	9.3	3.4
농어민	6.4	39.6	26.3	14.7	13.9	5.5

* 전체국민대비수준 = $\dfrac{\text{취약 계층의 스마트폰 이용률}}{\text{전체 국민의 스마트폰 이용률}} \times 100$

〈보기〉
㉠ 응답자 중 장노년층과 농어민의 스마트폰 이용자 수는 동일하다.
㉡ 응답자 중 각 취약 계층별 스마트폰 이용률이 상대적으로 가장 높은 취약 계층은 저소득층이다.
㉢ 전체 취약 계층의 스마트폰 이용 활성화를 위한 대책으로는 경제적 지원이 가장 효과적일 것이다.
㉣ 스마트폰을 이용하지 않는다고 응답한 장노년층 중 스마트폰으로 무엇을 할 수 있는지 모르거나 사용 방법이 어려워서 이용하지 않는다고 응답한 사람의 합은 과반수이다.

① ㉠, ㉡
② ㉠, ㉢
③ ㉡, ㉢
④ ㉡, ㉣

11 다음은 우리나라의 농경지의 면적과 전체 논의 면적에 대한 수리답의 비율(수리답률)을 나타낸 자료이다. 다음 자료를 올바르게 해석한 것은?

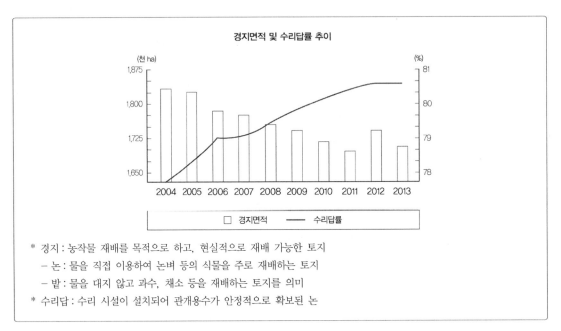

* 경지 : 농작물 재배를 목적으로 하고, 현실적으로 재배 가능한 토지
  - 논 : 물을 직접 이용하여 논벼 등의 식물을 주로 재배하는 토지
  - 밭 : 물을 대지 않고 과수, 채소 등을 재배하는 토지를 의미
* 수리답 : 수리 시설이 설치되어 관개용수가 안정적으로 확보된 논

① 2006년 우리나라의 논에는 수리답이 거의 없었다.

② 2004년 이후 2010년까지 경지면적은 매년 감소하였다.

③ 2004년에 비해 2012년은 수리답의 비율이 증가하였으나, 전체 경지의 면적은 절반 가까이 감소하였다.

④ 시간이 지날수록 대체로 논벼의 재배를 위한 관개용수의 공급이 원활해졌다.

12 다음 표는 2015~2022년 어느 기업의 콘텐츠 유형별 매출액에 관한 자료이다. 이에 대한 설명으로 옳지 않은 것은?

(단위 : 백만 원)

연도＼콘텐츠 유형	게임	음원	영화	SNS	전체
2015년	235	108	371	30	744
2016년	144	175	355	45	719
2017년	178	186	391	42	797
2018년	269	184	508	59	1,020
2019년	485	199	758	58	1,500
2020년	470	302	1,031	308	2,111
2021년	603	411	1,148	104	2,266
2022년	689	419	1,510	341	2,959

① 2016년부터 2022년까지 콘텐츠 전체 매출액은 지속적으로 증가하였다.

② 2020년 영화 매출액은 전체 매출액에서 50% 이상의 비중을 차지한다.

③ SNS 매출액은 2015년에 비해 2022년에 10배 이상 증가하였다.

④ 4개의 콘텐츠 중에서 매년 매출액이 가장 큰 것은 영화이다.

┃13～14┃ 설 연휴였던 지난 2월 셋째 주간(16 ～ 22일) 전국 시도별 미세먼지 농도에 대해 발표한 분석표이다. 다음 물음에 답하시오.

일자 지역	2/16	2/17	2/18	2/19	2/20	2/21	2/22	평균
서울	41	65	62	62	51	24	242	78
부산	54	64	59	41	26	26	37	44
대구	42	56	57	48	35	31	60	47
인천	46	68	58	48	56	34	274	83
광주	22	81	53	41	36	15	113	52
대전	18	71	63	54	48	20	108	55
울산	51	53	58	42	26	31	33	42
경기	42	70	64	64	58	31	226	79
강원	48	50	56	55	50	43	77	54
충북	26	73	69	60	53	27	126	62
충남	25	73	49	41	48	25	192	65
전북	29	83	63	49	53	24	143	63
전남	35	73	49	37	34	15	66	44
경북	39	51	56	45	34	29	57	44
경남	53	64	63	49	36	26	41	47
제주	26	116	61	33	32	18	57	49

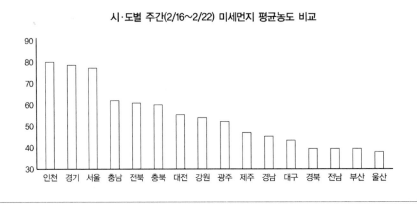

시·도별 주간(2/16～2/22) 미세먼지 평균농도 비교

13 경기지역의 마지막 날의 미세먼지 농도는 첫날에 비해 몇 % 높아졌다고 할 수 있는가?

① 420%

② 426%

③ 431%

④ 438%

14 마지막 날이 첫날에 비해 미세먼지 농도가 가장 많이 증가한 지역은 어디인가?

① 제주

② 강원

③ 경기

④ 인천

15 다음 표는 2013~2022년 5개 자연재해 유형별 피해금액에 관한 자료이다. 이에 대한 설명 중 옳지 않은 것은?

(단위 : 억 원)

연도 유형	2013년	2014년	2015년	2016년	2017년	2018년	2019년	2020년	2021년	2022년
태풍	3,416	1,385	118	1,609	9	0	1,725	2,183	8,765	17
호우	2,150	3,520	19,063	435	581	2,549	1,808	5,276	384	1,581
대설	6,739	5,500	52	74	36	128	663	480	204	113
강풍	0	93	140	69	11	70	2	0	267	9
풍랑	0	0	57	331	0	241	70	3	0	0
전체	12,305	10,498	19,430	2,518	637	2,988	4,268	7,942	9,620	1,720

① 풍랑의 피해금액이 0원인 해는 2013년, 2014년, 2017년, 2021년, 2022년이다.

② 피해금액이 매년 10억 원보다 큰 자연재해 유형은 호우와 대설이다.

③ 전체 피해금액이 가장 큰 해는 2015년이다.

④ 2019년 대설의 피해금액은 2013~2022년 강풍 피해금액 합계보다 작다.

｜16～20｜ 다음 식을 계산하여 알맞은 답을 고르시오.

16

$$85.25 + 32.45 - 52.05$$

① 65.65

② 66.15

③ 66.65

④ 67.15

17

$$\frac{5}{6} + \frac{1}{3} \div \frac{1}{9}$$

① $\frac{13}{3}$

② $\frac{23}{6}$

③ $\frac{11}{4}$

④ $\frac{14}{5}$

18

$$630 \times 0.2 \times 10^{-1}$$

① 0.0126

② 0.126

③ 1.26

④ 12.6

19

$$1800 \times 0.05\%$$

① 9

② 0.9

③ 0.09

④ 0.009

20

$$\frac{4}{7} - \frac{3}{8}$$

① $\frac{9}{16}$

② $\frac{11}{12}$

③ $\frac{13}{24}$

④ $\frac{11}{56}$

| 21~25 | 다음 계산식의 빈칸에 들어갈 알맞은 수 또는 연산기호를 고르시오.

21

$$36 \times (\quad) - 53 = 127$$

① 5 ② 6
③ 7 ④ 8

22

$$35 \times 8 - (\quad) = 162$$

① 98 ② 108
③ 118 ④ 128

23

$$19 \times (\quad) + 16 = 624$$

① 26 ② 28
③ 30 ④ 32

24

$$23 \times 7 \; (\quad) \; 61 = 100$$

① ＋   ② －

③ ×   ④ ÷

25

$$32 \times 17 \; (\quad) \; 4 = 136$$

① ＋   ② －

③ ×   ④ ÷

▌26~30 ▌ 다음 주어진 A, B의 크기를 비교하시오.

26

- $A : \dfrac{121}{11}$

- $B : \dfrac{143}{13}$

① $A > B$　　　　　　　　　　② $A < B$
③ $A = B$　　　　　　　　　　④ 비교할 수 없다.

27

- $A : 3\dfrac{2}{5}$

- $B : 2\dfrac{7}{9}$

① $A > B$　　　　　　　　　　② $A < B$
③ $A = B$　　　　　　　　　　④ 비교할 수 없다.

28

- $A : 1\,m/s$

- $B : 3.6\,\mathrm{km}/h$

① $A > B$　　　　　　　　　　② $A < B$
③ $A = B$　　　　　　　　　　④ 비교할 수 없다.

29

> • $A : (-2)^2$　　　　　　　　　• $B : -2^3$

① $A > B$　　　　　　　　② $A < B$

③ $A = B$　　　　　　　　④ 비교할 수 없다.

30

> a가 양수, b가 음수일 때,
> • $A : a^2 + b^2$　　　　　　　• $B : (a+b)^2$

① $A > B$　　　　　　　　② $A < B$

③ $A = B$　　　　　　　　④ 비교할 수 없다.

31　통신사 A의 월별 기본료는 40,000원이고 무료통화는 300분이 제공되며 무료통화를 다 쓴 후 초과 1분당 통화료는 60원이다. 통신사 B의 월별 기본료는 50,000원이고 무료통화는 400분 제공되고 초과 1분당 통화료는 50원이다. 통신사 B를 선택한 사람의 통화량이 몇 분을 넘어야 통신사 A를 선택했을 때 보다 이익인가?

① 650분　　　　　　　　② 700분

③ 750분　　　　　　　　④ 800분

32 농구장의 매표소에서는 1분에 20명이 표를 끊고, 15명이 새로 줄을 선다. 현재 100명이 표를 구입하기 위해 대기하고 있다면, 대기자가 0명이 되는 데까지 걸리는 시간은?

① 11분　　　　　　　　　　　　② 14분
③ 17분　　　　　　　　　　　　④ 20분

33 다음 사과, 배, 수박, 포도, 귤 5가지의 과일에서 3가지의 과일을 선택하는 경우의 수는 몇 개인지 고르면?

① 6개　　　　　　　　　　　　② 10개
③ 18개　　　　　　　　　　　　④ 20개

34 영수는 책 1권을 읽는데 2시간 35분이 소요된다. 하루에 5시간씩 30일이면 몇 권의 책을 읽을 수 있겠는가?

① 58　　　　　　　　　　　　② 60
③ 62　　　　　　　　　　　　④ 64

35 칠판에 1부터 20까지의 수가 하나씩 쓰여 있고, 20개의 수 중 임의의 수 a와 b를 지우고 a−1, b−1을 써넣었다. 이 시행을 20번 반복한 후 칠판에 써진 모든 수를 더한 값은 얼마인가?

① 150　　　　　　　　　　　　② 160
③ 170　　　　　　　　　　　　④ 180

36 서울 사람 2명과 대전 사람 2명, 대구, 부산, 세종 사람 각 1명씩 모여 7개의 의자에 일렬로 앉았다. 양쪽 끝에 같은 지역의 사람이 앉아있을 확률은?

① $\dfrac{1}{21}$

② $\dfrac{2}{21}$

③ $\dfrac{4}{21}$

④ $\dfrac{5}{21}$

37 56분이 1시간으로 되어 있는 시계가 있다. 12시에 일반시계와 같도록 맞춘 후 나중에 시간을 보니 6시 30분이었다. 실제 시간은?

① 6시

② 6시 4분

③ 6시 10분

④ 6시 14분

38 A반 40명의 학생 중에서 딸기를 좋아하는 학생은 30명, 사과를 좋아하는 학생은 25명이다. 딸기와 사과를 모두 좋아하는 학생이 20명이라고 할 때, A반에서 딸기와 사과 모두 좋아하지 않는 학생은 몇 명인지 구하면?

① 5명

② 6명

③ 7명

④ 8명

39 집에서 공원까지 시속 4km로 걸어서 가는 것과 시속 20km로 전기 자전거를 타고 가는 것과는 1시간의 차이가 난다고 한다. 이 때 집과 공원 사이의 거리로 옳은 것은?

① 5km   ② 6km

③ 7km   ④ 8km

40 톱니의 수가 각각 36개, 54개인 톱니바퀴 A, B가 서로 맞물려 돌아가고 있다. 톱니바퀴 B가 총 10바퀴 회전한다고 할 때, 처음 맞물렸던 톱니는 그 이후로 몇 번 다시 맞물리는가?

① 3번   ② 4번

③ 5번   ④ 6번

CHAPTER 02

추리능력

☞ 정답 및 해설 p.365

〉〉**40문항** ⊙**20분**

▌01~10 ▌ 다음은 일정한 규칙에 따라 배열한 수열이다. 빈칸에 들어갈 알맞은 수를 고르시오.

01

3 6 12 ( ) 43

① 19　　　　　　　　　　　　　② 21

③ 23　　　　　　　　　　　　　④ 25

02

3　7　17　4　7　25　6　8　( )　7　7　49

① 44　　　　　　　　　　　　　② 46

③ 48　　　　　　　　　　　　　④ 50

03

5　( )　35　97　275

① 7　　　　　　　　　　　　　② 9

③ 11　　　　　　　　　　　　　④ 13

04

$$\frac{2}{3} \quad \frac{1}{6} \quad \frac{5}{6} \quad (\quad) \quad \frac{29}{30}$$

① $\dfrac{7}{15}$ ② $\dfrac{1}{30}$

③ $\dfrac{11}{30}$ ④ $\dfrac{5}{41}$

05

$$\frac{3}{5} \quad \frac{9}{8} \quad \frac{18}{17} \quad (\quad) \quad \frac{72}{71}$$

① $\dfrac{36}{35}$ ② $\dfrac{37}{36}$

③ $\dfrac{34}{35}$ ④ $\dfrac{35}{36}$

06

$$\frac{9}{10} \quad \frac{7}{12} \quad \frac{5}{14} \quad \frac{?}{16}$$

① 2 ② 3

③ 4 ④ 5

07

$$\frac{2}{7} \quad \frac{5}{21} \quad \frac{8}{63} \quad \frac{?}{189}$$

① 11 ② 13
③ 15 ④ 17

08

$$\frac{4}{3} \quad \frac{7}{5} \quad \frac{12}{10} \quad \frac{?}{20}$$

① 18 ② 20
③ 22 ④ 24

09

$$\frac{5}{7} \quad \frac{16}{6} \quad \frac{27}{5} \quad \frac{?}{4}$$

① 68 ② 58
③ 48 ④ 38

10

$$\frac{1}{5} \quad \frac{4}{5} \quad \frac{1}{20} \quad \frac{?}{20}$$

① 19 ② 20

③ 21 ④ 22

▌11~15 ▌ 다음은 일정한 규칙으로 나열된 문자이다. 빈칸에 들어갈 알맞은 문자를 고르시오.

11

S − N − K − J − E − ?

① A ② B

③ C ④ D

12

T − S − Q − ? − J − E

① L ② M

③ N ④ O

13

ㄱ - ㅋ - ㄷ - ㅈ - ㅁ - ㅅ - ?

① ㅁ   ② ㅅ
③ ㅊ   ④ ㅋ

14

$$\frac{A}{B} \quad \frac{C}{E} \quad \frac{E}{H} \quad (\ ) \quad \frac{I}{N} \quad \frac{K}{Q}$$

① $\dfrac{G}{K}$ ② $\dfrac{C}{N}$

③ $\dfrac{L}{Q}$ ④ $\dfrac{S}{T}$

15

$$\frac{N}{ㄷ} \quad \frac{ㅍ}{D} \quad \frac{L}{ㅁ} \quad (\ ) \quad \frac{J}{ㅅ} \quad \frac{ㅈ}{H}$$

① $\dfrac{K}{ㅂ}$ ② $\dfrac{S}{ㅅ}$

③ $\dfrac{ㅈ}{Q}$ ④ $\dfrac{ㅋ}{F}$

┃16~18 ┃ 다음의 밑줄 친 수들의 규칙을 파악하여 빈칸에 들어갈 알맞은 수를 고르시오.

16

<u>2 4 10</u>   <u>5 3 20</u>   <u>7 3 ( )</u>

① 10   ② 28
③ 50   ④ 72

17

<u>6 2 5</u>   <u>12 4 7</u>   <u>15 5 ( )</u>

① 6   ② 8
③ 12   ④ 14

18

$3 \ 2 \ \dfrac{5}{9}$ $4 \ 3 \ \dfrac{7}{64}$ $5 \ 2 \ (\ )$

① $\dfrac{7}{25}$ ② $\dfrac{11}{27}$
③ $\dfrac{13}{29}$ ④ $\dfrac{5}{31}$

19

$$7 \div 5 = \frac{3}{5} \qquad 6 \div 9 = \frac{5}{4} \qquad 4 \div 4 = (\quad)$$

① $\dfrac{1}{4}$ ② $\dfrac{1}{5}$

③ $\dfrac{1}{6}$ ④ $\dfrac{1}{7}$

20

$$26 \spadesuit 35 = 6 \quad 13 \spadesuit 17 = 8 \quad 12 \spadesuit 19 = (\quad)$$

① 9   ② 7

③ 5   ④ 1

▌21~25 ▐ 다음 중 나머지 보기와 다른 규칙이 적용된 것을 고르시오.

21 ① AFKP　　　　　　　　② BDFH
　　　③ LNPR　　　　　　　　④ TVXZ

22 ① 갈낟단락　　　　　　　② 맘밥삿앙
　　　③ 잩찯캇닻　　　　　　　④ 캉탕팥핰

23 ① 곰돗롱솟　　　　　　　② 눕붗츻뭊
　　　③ 삭납앞밫　　　　　　　④ 멋넙얻젎

24 ① GHIJ　　　　　　　　② ㅇㅈㅊㅋ
　　　③ 미신유술　　　　　　　④ ⅧⅨ ⅩⅪ

25 ① 가까가카　　　　　　　② 다따다타
　　　③ 자짜자차　　　　　　　④ 파빠파바

| 26~30 | 다음 도형들의 일정한 규칙을 찾아 빈칸에 들어갈 도형을 고르시오.

26

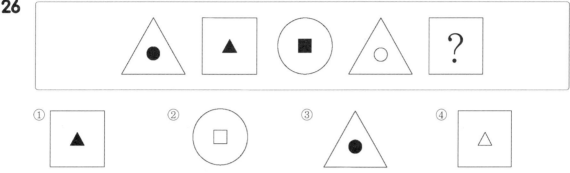

27

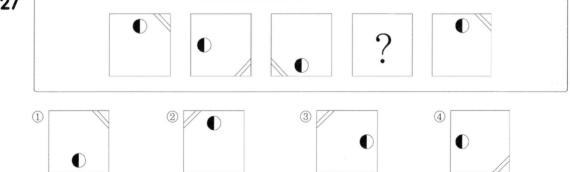

28

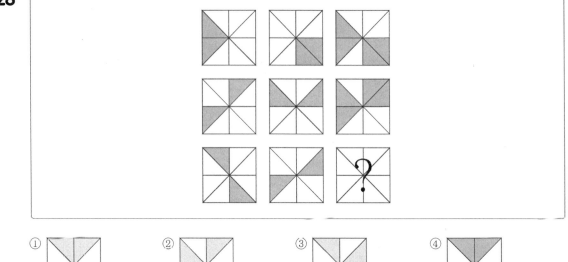

①   ②   ③   ④

29

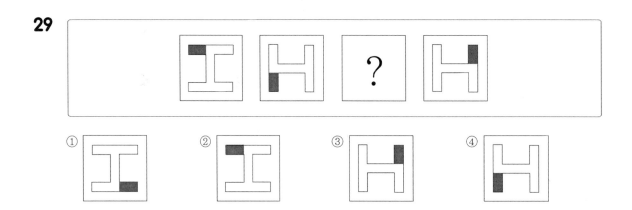

①   ②   ③   ④

30

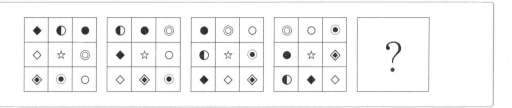

① 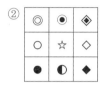　② 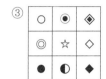　③ 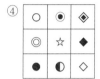　④

┃31~32┃ 다음의 말이 전부 참일 때 항상 참인 것을 고르시오.

31

- 사과를 먹은 사람은 딸기를 먹은 사람이다.
- 수박을 먹은 사람은 딸기를 먹지 않은 사람이다.
- 수박을 먹지 않은 사람은 참외를 먹지 않은 사람이다.

① 사과를 먹은 사람은 참외를 먹은 사람이다.
② 사과를 먹은 사람은 수박을 먹지 않은 사람이다.
③ 딸기를 먹은 사람은 사과를 먹은 사람이다.
④ 딸기를 먹은 사람은 참외를 먹은 사람이다.

32

> • 화요일에 수업이 있으면 월요일에 수업이 없다.
> • 화요일에 수업이 없으면 수요일에 수업이 있다.
> • 목요일에 수업이 없으면 수요일에 수업이 없다.
> • 목요일에 수업이 있으면 금요일에 수업이 있다.

① 월요일에 수업이 있으면 수요일에 수업이 없다.
② 화요일에 수업이 없으면 목요일에 수업이 없다.
③ 수요일에 수업이 있으면 금요일에 수업이 있다.
④ 목요일에 수업이 있으면 금요일에 수업이 없다.

33 다음 조건을 만족할 때 홍 부장이 선정하게 될 직원 2명으로 알맞게 짝지어진 것은 어느 것인가?

> • 서 과장이 선정되면 반드시 이 대리도 선정된다.
> • 이 대리가 선정되지 않아야만 엄 대리가 선정된다.
> • 최 사원이 선정되면 서 과장은 반드시 선정된다.
> • 조 사원이 선정되지 않으면 엄 대리도 선정되지 않는다.

① 서 과장, 최 사원
② 엄 대리, 조 사원
③ 서 과장, 조 사원
④ 이 대리, 엄 대리

34 최 대리, 남 대리, 양 과장, 강 사원, 이 과장 5명은 사내 기숙사 A동~E동에 나누어 숙소를 배정받았다. 다음 조건을 참고할 때, 같은 동에 배정받을 수 있는 두 사람이 올바르게 짝지어진 것은 어느 것인가?

> - 최 대리는 C동, D동, E동에 배정받지 않았다.
> - 남 대리는 A동, C동, D동에 배정받지 않았다
> - 양 과장은 B동, D동, E동에 배정받지 않았다.
> - 강 사원은 B동, C동, E동에 배정받지 않았다.
> - 이 과장은 A동, C동, E동에 배정받지 않았다.
> - 아무도 배정받지 않은 동은 C동뿐이다.
> - A동은 두 사람이 배정받은 동이 아니다.

① 최 대리, 양 과장   ② 남 대리, 이 과장

③ 최 대리, 강 사원   ④ 강 사원, 이 과장

35 A ~ G 7명이 저녁 회식을 마치고, 신도림역에서 모두 지하철 1호선 또는 2호선을 타고 귀가하였다. 이들이 귀가하는데 다음과 같은 조건을 따랐다고 할 때, A가 1호선을 이용하지 않았다면, 다음 중 가능하지 않은 것은?

> - 1호선을 이용한 사람은 많아야 3명이다.
> - A는 D와 같은 호선을 이용하지 않았다.
> - F는 G와 같은 호선을 이용하지 않았다.
> - B와 D는 같은 호선을 이용하였다.

① A는 2호선을 탔다.   ② B는 지하철 1호선을 탔다.

③ C는 지하철 2호선을 탔다.   ④ E는 지하철 1호선을 탔다.

36 그림과 같이 전압 110V에 전구를 연결한 후 회로에 흐르는 전류를 측정하였다. 이 회로를 흐르는 전류의 세기가 400mA일 때 전구의 저항은 몇 Ω인가?

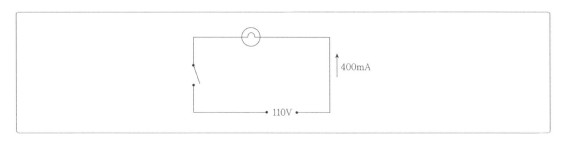

① 55Ω　　　　　　　　　　　　② 110Ω

③ 200Ω　　　　　　　　　　　　④ 275Ω

37 어떤 니크롬선에 걸리는 전압을 변화시키며 니크롬선에 흐르는 전류의 세기를 측정했을 때 다음과 같았다. 이 니크롬선의 저항은?

전압(V)	2	4	6	8
전류(A)	0.1	0.2	0.3	0.4

① 20Ω　　　　　　　　　　　　② 25Ω

③ 30Ω　　　　　　　　　　　　④ 35Ω

38 오른쪽 그림과 같이 움직 도르래를 사용하여 무게가 500N인 물체를 일정한 속력으로 2m 들어올렸다. 이에 대한 설명으로 옳지 않은 것은? (단, 도르래의 무게와 마찰은 무시한다.)

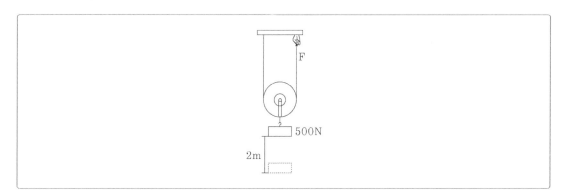

① 일의 이득은 없다.
② 도르래가 한 일의 양은 1000J이다.
③ 당긴 줄의 길이는 4m이다.
④ 줄을 당길 때 필요한 힘의 크기는 500N이다.

39 다음 중 올챙이에서 개구리로 성장하는 과정을 순서대로 바르게 나열한 것을 고르시오.

ㄱ 뒷다리 생김
ㄴ 앞다리 생김
ㄷ 꼬리 소멸

① ㄱ-ㄴ-ㄷ
② ㄱ-ㄷ-ㄴ
③ ㄴ-ㄱ-ㄷ
④ ㄷ-ㄱ-ㄴ

40 다음 중 볼록렌즈에 의한 빛의 굴절을 바르게 그린 것을 고르면?

①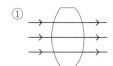

②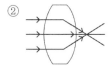

③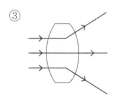

④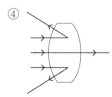

CHAPTER 03

지각능력

☞ 정답 및 해설 p.306

>> **40문항** ⊙ **10분**

▌01~20▐ 다음에 주어진 문자의 좌우가 서로 같으면 ①, 다르면 ②를 고르시오.

01

| 나갈때불은꼭끄고나가라 | 나갈때불은꼭끄고나가라 |

① 같다   ② 다르다

02

| 코코아보다율무차가더좋더라 | 코코아보다율무차가더좋더라 |

① 같다   ② 다르다

03

| HAVEAGOODDAY | HAVEAGOOĐAY |

① 같다   ② 다르다

04

BDBBDODBOODBDP   BDBBDODBOODBDP

① 같다   ② 다르다

05

✺✺✿✫✌①②❷♨✄∽✌①   ✺✺✿✫✌①②❷♨✄∽✌①

① 같다   ② 다르다

06

짤딸빨빨깔쌀짤찰탈딸쌀   짤딸빨빨깔쌀찰짤탈딸쌀

① 같다   ② 다르다

07

미세먼지없는파란하늘이좋다   미세먼지없는파랑하늘이좋다

① 같다   ② 다르다

08

youvwwovwyuouwxz   youvwwovwyouowxz

① 같다   ② 다르다

09

matter better setter otter   matter better setter otter

① 같다   ② 다르다

10

天地玄黃宇宙洪荒日月   天地玄賢宇宙洪荒日月

① 같다   ② 다르다

11

$\Delta E \Delta \Gamma H Z \Lambda M N O \Xi \Sigma$ $\Delta E \Delta \Gamma H Z X M N O \Xi \Sigma$

① 같다   ② 다르다

12

| 08009080108070 | 08009080108070 |

① 같다   ② 다르다

13

| saesangaemasangae | saesangeamasanyae |

① 같다   ② 다르다

14

| 해가뜨기도전에일어나다니 | 해가뜨기도전에일어다나니 |

① 같다   ② 다르다

15

| ㄅㄉㄋㄌㄎㄌㄣㄗㄆㄋ | ㄅㄉㄋㄌㄎㄞㄣㄗㄆㄋ |

① 같다   ② 다르다

16

dingdongdaengdong	dingdongdaengdong

① 같다　　　　　　　　　　② 다르다

17

유산소☆와근력★운동을병행해☆야해★	유산소☆와근력★운동은병행해☆야해★

① 같다　　　　　　　　　　② 다르다

18

onetwothreefourfivesix	onetwothreefuorfivesix

① 같다　　　　　　　　　　② 다르다

19

⚀⚁⚂⚃⚄⚅	⚀⚁⚂⚃⚄⚅

① 같다　　　　　　　　　　② 다르다

20

$$\oplus\ominus\oslash\ominus\equiv\odot\odot\oplus\oslash\otimes\ominus \qquad\qquad \oplus\ominus\oslash\ominus\equiv\odot\odot\oplus\oslash\otimes\ominus$$

① 같다   ② 다르다

┃21~25 ┃ 다음에 주어진 블록의 개수를 구하시오.

21

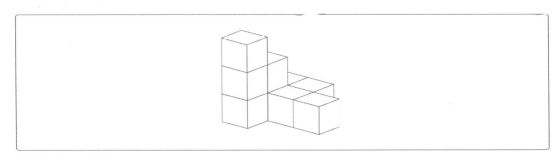

① 8개   ② 9개

③ 10개   ④ 11개

22

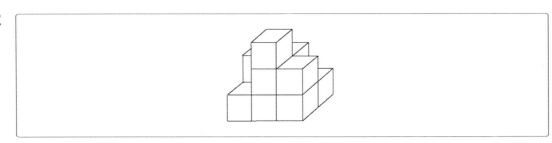

① 10개   ② 11개

③ 12개   ④ 13개

23

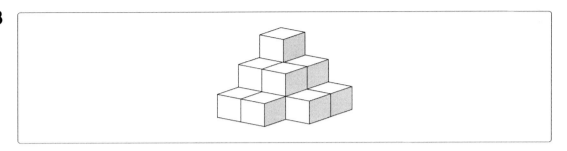

① 13개   ② 14개

③ 15개   ④ 16개

24

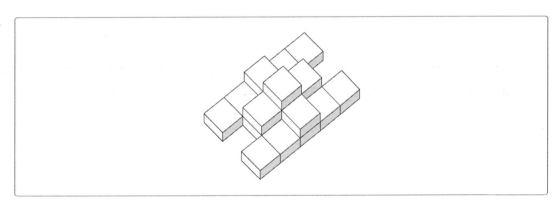

① 16개   ② 17개

③ 18개   ④ 19개

25

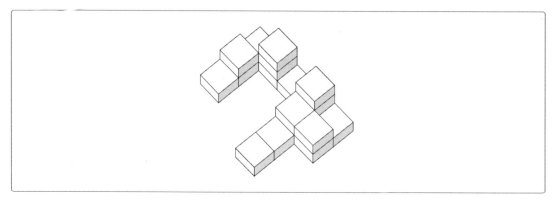

① 16개   ② 17개

③ 18개   ④ 19개

┃26~30┃ 주어진 블록의 모양은 그대로 두고 최소한의 블록을 더 추가해서 정육면체로 만들려고 한
다. 몇 개의 블록이 더 필요한지 고르시오. (단, 모든 블록의 크기와 모양은 같다)

26

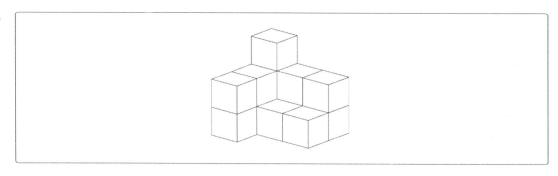

① 14개   ② 19개

③ 23개   ④ 29개

27

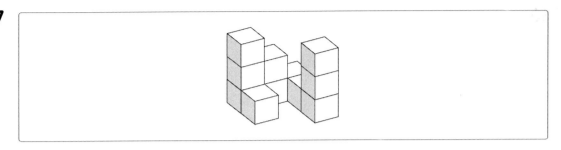

① 16개　　　　　　　　② 17개
③ 18개　　　　　　　　④ 19개

28

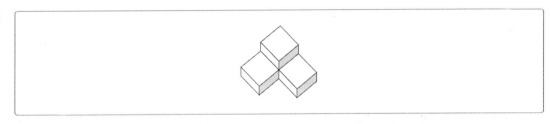

① 1개　　　　　　　　② 2개
③ 3개　　　　　　　　④ 4개

29

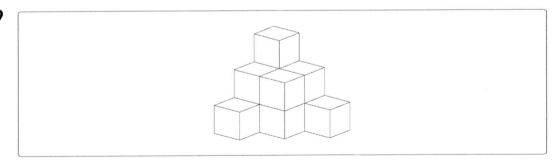

① 16개　　　　　　　　② 18개
③ 24개　　　　　　　　④ 28개

30

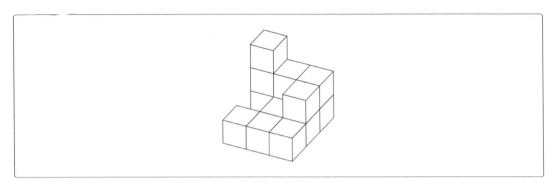

① 12개   ② 13개

③ 14개   ④ 15개

┃31~35┃ 다음과 같이 쌓인 블록의 바닥면을 제외하고 밖으로 노출된 모든 면에 페인트를 칠하려고
한다. 한 면에만 페인트칠이 되는 블록은 모두 몇 개인지 고르시오.

31

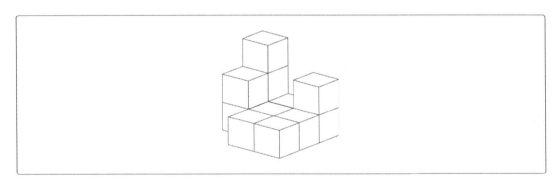

① 0개   ② 2개

③ 3개   ④ 5개

32

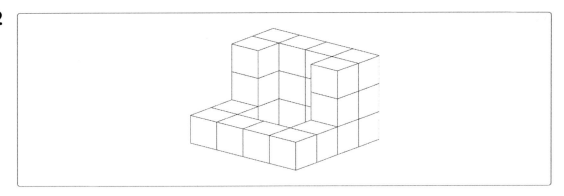

① 0개   ② 3개

③ 5개   ④ 9개

33

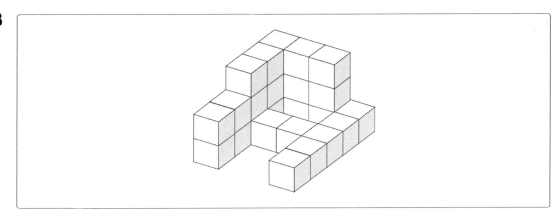

① 1개   ② 2개

③ 3개   ④ 4개

34

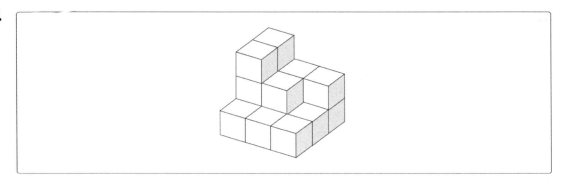

① 1개   ② 2개

③ 3개   ④ 4개

35

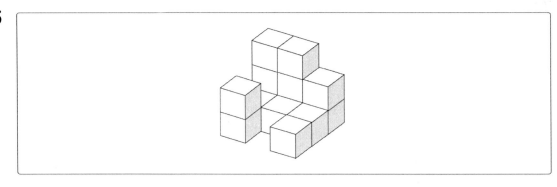

① 0개   ② 1개

③ 2개   ④ 3개

┃36~37┃ 다음 제시된 그림과 다른 것을 고르시오.

36

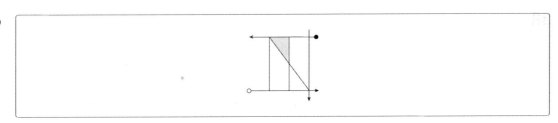

37

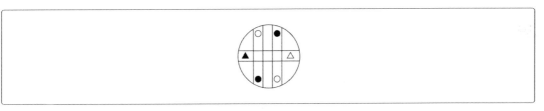

┃38~40┃ 다음 제시된 그림을 순서대로 연결하시오.

38

① ㉠ - ㉢ - ㉣ - ㉡   ② ㉢ - ㉡ - ㉠ - ㉣

③ ㉠ - ㉢ - ㉡ - ㉣   ④ ㉢ - ㉠ - ㉣ - ㉡

39

① ㉠ - ㉡ - ㉢ - ㉣   ② ㉡ - ㉠ - ㉣ - ㉢

③ ㉡ - ㉣ - ㉠ - ㉡   ④ ㉣ - ㉠ - ㉢ - ㉡

40

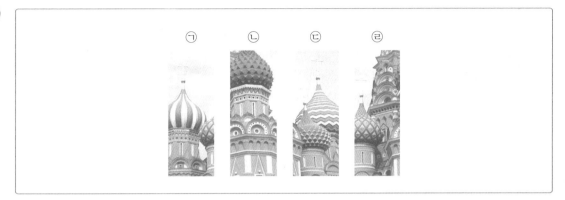

① ㉠ － ㉣ － ㉡ － ㉢

② ㉠ － ㉣ － ㉢ － ㉡

③ ㉡ － ㉣ － ㉠ － ㉢

④ ㉣ － ㉠ － ㉢ － ㉡

제 5 회
모의고사

CHAPTER 01

수리능력

☞ 정답 및 해설 p.373

〉〉 40문항 ⓒ 15분

┃01~02┃ 다음은 국민연금 부담에 대한 인식을 취업자와 실업 및 미취업자를 대상으로 조사한 그래프이다. 그래프를 보고 물음에 답하시오.

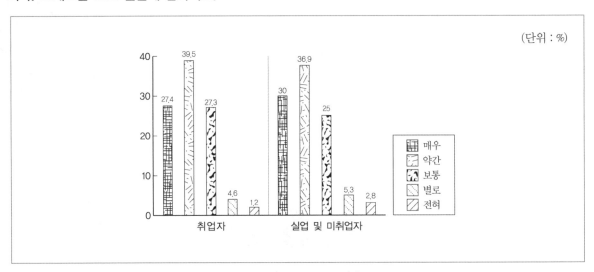

01 취업자 가운데 국민연금이 부담된다는 사람은 몇 %인가?

① 66.9%

② 67.8%

③ 72.3%

④ 75.3%

02 국민연금이 부담되지 않는다는 사람은 취업자와 실업자에서 각각 몇 %를 차지하는가?

① 5.8%, 8.1%

② 5.9%, 8.0%

③ 4.6%, 5.3%

④ 5.3%, 2.8%

03 다음은 우리나라 도시가구 연평균 지출 구성비 일부를 나타낸 것이다. 이에 대한 분석 중 적절하지 않은 것은?

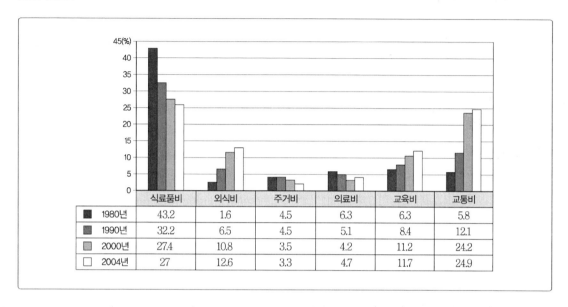

	식료품비	외식비	주거비	의료비	교육비	교통비
1980년	43.2	1.6	4.5	6.3	6.3	5.8
1990년	32.2	6.5	4.5	5.1	8.4	12.1
2000년	27.4	10.8	3.5	4.2	11.2	24.2
2004년	27	12.6	3.3	4.7	11.7	24.9

① 2004년에는 2000년보다 주거비의 구성비가 감소하였다.

② 2004년의 교육비의 구성비는 1990년보다 3.3%p 증가하였다.

③ 2000년에는 20년 전보다 식료품비와 의료비의 구성비가 감소하였다.

④ 1980년부터 1990년까지 외식비의 구성비가 증가하였기 때문에 주거비의 구성비는 감소하였다.

04 다음 표는 B 중학교 학생 200명의 통학수단을 조사한 것이다. 이 학교 학생 중 지하철로 통학하는 남학생의 비율은?

(단위 : 명)

통학수단	버스	지하철	자전거	도보	합계
여학생	44	17	3	26	90
남학생	45	22	17	26	110
합계	89	39	20	52	200

① 11%

② 16%

③ 20%

④ 22%

05 다음은 2019년 11월부터 2020년 4월까지의 연령별 취업자 수를 나타낸 표이다. 다음 설명 중 옳지 않은 것은?

(단위 : 천명)

나이	2020년 04월	2020년 03월	2020년 02월	2020년 01월	2019년 12월	2019년 11월
15~19세	129	150	194	205	188	176
20~29세	3,524	3,520	3,663	3,751	3,765	3,819
30~39세	5,362	5,407	5,501	5,518	5,551	5,533
40~49세	6,312	6,376	6,426	6,455	6,483	6,484
50~59세	6,296	6,308	6,358	6,373	6,463	6,497
60세 이상	4,939	4,848	4,696	4,497	4,705	5,006

① 15~19세 연령대는 2020년 3월에 비해 2020년 4월 취업자 수가 줄었다.

② 50~59세 연령대는 2019년 11월부터 2020년 4월까지 취업자 수가 지속적으로 감소하고 있다.

③ 2020년 4월의 취업자 수는 40~49세에 연령대가 20~29세 연령대보다 2배 이상 많다.

④ 60세 이상 연령대는 2020년 2월부터 취업자 수가 계속 증가하고 있다.

06 다음은 2010년 코리아 그랑프리대회 기록이다. 1위의 기록이 2시간 48분 20초일 때 대회기록이 2시간 48분 59초 이내인 드라이버는 모두 몇 명인가?

드라이버	1위 와의 기록차이(초)
알론소	0
해밀턴	+ 14.9
마사	+ 30.8
슈마허	+ 39.6
쿠비차	+ 47.7
리우찌	+ 53.5
바리첼로	+ 69.2
가우이	+ 77.8
하펠트	+ 80.1
칼버그	+ 80.8

① 1명　　　　　　　　　② 2명
③ 3명　　　　　　　　　④ 4명

07 다음 표는 A지역 전체 가구를 대상으로 일본원자력발전소 사고 전후의 식수조달원 변경에 대해 설문조사한 결과이다. 사고 전에 비해 사고 후에 이용 가구 수가 감소한 식수조달원의 수는 몇 개인가?

사고 전 조달원 ＼ 사고 후 조달원	수돗물	정수	약수	생수
수돗물	40	30	20	30
정수	10	50	10	30
약수	20	10	10	40
생수	10	10	10	40

① 0개　　　　　　　　　② 1개
③ 2개　　　　　　　　　④ 3개

| 08~09 | 다음 표는 A 자동차 회사의 고객만족도 조사결과이다. 다음 물음에 답하시오.

(단위 : %)

구분	1 ~ 12개월 (출고 시기별)	13 ~ 24개월 (출고 시기별)	고객 평균
안전성	41	48	45
A/S의 신속성	19	17	18
정숙성	2	1	1
연비	15	11	13
색상	11	10	10
주행 편의성	11	9	10
차량 옵션	1	4	3
계	100	100	100

08 출고시기에 관계없이 전체 조사 대상 중에서 1,350명이 안전성을 장점으로 선택했다면 이번 설문에 응한 고객은 모두 몇 명인가?

① 2,000명   ② 2,500명
③ 3,000명   ④ 3,500명

09 차를 출고 받은 지 12개월 이하 된 고객 중에서 30명이 연비를 선택했다면 정숙성을 선택한 고객은 몇 명인가?

① 2명   ② 3명
③ 4명   ④ 5명

10 다음은 신재생 에너지 및 절약 분야 사업 현황이다. '신재생 에너지' 분야의 사업별 평균 지원액이 '절약 분야의 사업별 평균 지원액의 5배 이상이 되기 위한 사업 수의 최대 격차는? (단, '신재생 에너지' 분야의 사업 수는 '절약' 분야의 사업 수보다 큼)

(단위 : 억 원, %, 개)

구분	신재생 에너지	절약	합
지원금(비율)	3,500(85.4)	600(14.6)	4,100(100.0)
사업 수	( )	( )	600

① 44개   ② 46개
③ 48개   ④ 54개

|11~12 | 다음 〈표〉는 콩 교역에 관한 자료이다. 이 자료를 보고 물음에 답하시오.

(단위 : 만 톤)

순위	수출국	수출량	수입국	수입량
1	미국	3,102	중국	1,819
2	브라질	1,989	네덜란드	544
3	아르헨티나	871	일본	517
4	파라과이	173	독일	452
5	네덜란드	156	멕시코	418
6	캐나다	87	스페인	310
7	중국	27	대만	169
8	인도	24	벵기에	152
9	우루과이	18	한국	151
10	볼리비아	12	이탈리아	144

11 이 자료에 대한 설명으로 옳지 않은 것은?

① 이탈리아 수입량은 볼리비아 수출량의 12배이다.

② 수출량과 수입량 모두 상위 10위에 들어있는 국가는 네덜란드 뿐이다.

③ 캐나다의 콩 수출량은 중국, 인도, 우루과이, 볼리비아 수출량을 합친 것보다 많다.

④ 수출국 1위와 10위의 수출량은 약 250배 이상 차이난다.

12 네덜란드와 중국의 '수입량－수출량'은 각각 얼마인가?

	네덜란드	중국
①	378	1,692
②	378	1,792
③	388	1,692
④	388	1,792

13 다음은 A사의 2020년 추진 과제의 전공별 연구책임자 현황에 대한 자료이다. 다음 설명 중 옳지 않은 것을 고르면?

(단위 : 명, %)

전공＼연구책임자	남자		여자	
	연구책임자 수	비율	연구책임자 수	비율
이학	2,833	14.8	701	30.0
공학	11,680	61.0	463	19.8
농학	1,300	6.8	153	6.5
의학	1,148	6.0	400	17.1
인문사회	1,869	9.8	544	23.3
기타	304	1.6	78	3.3
계	19,134	100.0	2,339	100.0

① 전체 연구책임자 중 공학전공의 연구책임자가 차지하는 비율이 50%를 넘는다.
② 전체 연구책임자 중 의학전공의 여자 연구책임자가 차지하는 비율은 1.9%이다.
③ 전체 연구책임자 중 인문사회전공의 연구책임자가 차지하는 비율은 12%를 넘는다.
④ 전체 연구책임자 중 농학전공의 남자 연구책임자가 차지하는 비율은 6%를 넘는다.

14 다음은 최근 5년간 혼인형태별 평균연령에 관한 자료이다. A~D에 들어갈 값으로 옳지 않은 것은?
(단, 남성의 나이는 여성의 나이보다 항상 많다)

(단위 : 세)

연도	평균 초혼연령			평균 이혼연령			평균 재혼연령		
	여성	남성	남녀차	여성	남성	남녀차	여성	남성	남녀차
2013	24.8	27.8	3.0	(C)	36.8	4.1	34.0	38.9	4.9
2014	25.4	28.4	(A)	34.6	38.4	3.8	35.6	40.4	4.8
2015	26.5	29.3	2.8	36.6	40.1	3.5	37.5	42.1	4.6
2016	27.0	(B)	2.8	37.1	40.6	3.5	37.9	(D)	4.3
2017	27.3	30.1	2.8	37.9	41.3	3.4	38.3	42.8	4.5

① A － 3.0

② B － 29.8

③ C － 32.7

④ D － 41.2

15 다음은 A~D 4대의 자동차별 속성과 연료 종류별 가격에 관한 자료이다. 60km를 운행하는 데에 연료비가 가장 많이 드는 자동차는?

■ 자동차별 속성

특성 자동차	사용연료	최고시속(km/h)	연비(km/l)	연료탱크용량(l)
A	휘발유	200	10	60
B	LPG	160	8	60
C	경유	150	12	50
D	경유	200	8	50

■ 연료 종류별 가격

연료 종류	리터당 가격(원/l)
휘발유	1,700
LPG	1,000
경유	1,500

① A

② B

③ C

④ D

▌16~20▐ 다음 식을 계산하여 알맞은 답을 고르시오.

16

$$(2.55 + 33.45) \div 6$$

① 1　　　　　　　　　　② 3

③ 4　　　　　　　　　　④ 6

17

$$\frac{4}{8} + \frac{24}{8} + \frac{52}{8}$$

① 10　　　　　　　　　② 20

③ 30　　　　　　　　　④ 40

18

$$\sqrt{2} + \sqrt{8} + \sqrt{32}$$

① $3\sqrt{2}$　　　　　　　② $5\sqrt{2}$

③ $7\sqrt{2}$　　　　　　　④ $9\sqrt{2}$

19

$$10_{(2)} + 100_{(2)} + 1000_{(2)}$$

① 11
② 12
③ 13
④ 14

20

$$10^3 \times 10^{-1} \times 10^{-2}$$

① 1
② 10
③ 100
④ 1000

▎21~25 ▎ 다음 계산식의 빈칸에 들어갈 알맞은 수 또는 연산기호를 고르시오.

21

$$72 \times 25 \div (\quad) = 60$$

① 25
② 30
③ 35
④ 40

22

$$35 \times (\quad) - 92 = 188$$

① 4   ② 6

③ 8   ④ 10

23

$$\frac{7}{4} \div (\quad) \times 4.8 = 1.2$$

① 1   ② 2

③ 6   ④ 7

24

$$15 + 21 (\quad) 7 = 18$$

① +   ② −

③ ×   ④ ÷

25

$$26 \times 35 \,(\quad)\, 5 = 182$$

① +   ② −

③ ×   ④ ÷

▌26~30▐ 다음 주어진 A, B의 크기를 비교하시오.

26

$2a < 3b + 7$ 일 때,
- $A : a + b + 7$
- $B : 4b - a$

① $A > B$ ② $A < B$

③ $A = B$ ④ 비교할 수 없다.

27

- $A : 4\dfrac{3}{5}$
- $B : 3\dfrac{5}{4}$

① $A > B$ ② $A < B$

③ $A = B$ ④ 비교할 수 없다.

28

> • $A : \dfrac{6}{15}$ • $B : 0.4$

① $A > B$ ② $A < B$

③ $A = B$ ④ 비교할 수 없다.

29

> • $A : (-2)^2$ • $B : 4^{\frac{1}{2}}$

① $A > B$ ② $A < B$

③ $A = B$ ④ 비교할 수 없다.

30

> • $A :$ 180과 300의 최대공약수   • $B :$ 24와 36의 최소공배수

① $A > B$ ② $A < B$

③ $A = B$ ④ 비교할 수 없다.

31 연속한 세 자연수 중, 가장 작은 숫자에 2를 곱한 후에 세 수를 합해보니 51이 나왔다. 연속한 세 숫자 중 가장 큰 수는 얼마인가?

① 12

② 13

③ 14

④ 15

32 지훈, 영훈, 영호, 성민, 민수 5명 중에서 청소를 해야 할 친구 2명을 순서를 고려하지 않고 뽑을 경우 방법의 수는?

① 8가지

② 10가지

③ 12가지

④ 14가지

33 220쪽의 과학만화가 너무 재미있어서 시험기간 5일 동안 하루도 빠지지 않고 매일 20장씩 읽었다. 시험이 끝나면 나머지를 모두 읽으려고 한다. 시험이 끝나면 모두 몇 쪽을 읽어야 하나?

① 105쪽

② 110쪽

③ 115쪽

④ 120쪽

34 40%의 소금물 300g을 가열하여, 50g의 물을 증발시키면 몇 %의 소금물이 되는가?

① 42%　　　　　　　　　　② 44%

③ 46%　　　　　　　　　　④ 48%

35 가로의 길이가 세로의 길이보다 4㎝ 더 긴 직사각형이 있다. 이 직사각형의 둘레가 28㎝일 때 세로의 길이는?

① 4cm　　　　　　　　　　② 5cm

③ 6cm　　　　　　　　　　④ 7cm

36 아버지의 나이는 자식의 나이보다 24세 많고, 지금부터 6년 전에는 아버지의 나이가 자식의 나이의 5배였다. 아버지와 자식의 현재의 나이는 각각 얼마인가?

① 36세, 12세　　　　　　　② 37세, 13세

③ 39세, 15세　　　　　　　④ 40세, 16세

37 9번의 사격을 해서 얻은 총 점수가 83.1이다. 평균 9.4를 받기 위해서는 10번째에 몇 점을 얻어야 하는가?

① 7.9　　　　　　　　　　② 8.9

③ 9.9　　　　　　　　　　④ 10.9

38 연속된 두 정수의 합이 29일 때, 이 두 수의 곱은?

① 110

② 210

③ 310

④ 410

39 여행선물로 열쇠고리와 액자를 구매하려고 할 때 열쇠고리는 2,500원이고 액자는 4,000원이다. 열쇠고리 수는 액자 수의 4배이고 모두 42,000원을 지불하였다면 구입한 액자는 몇 개인가?

① 2개

② 3개

③ 4개

④ 5개

40 세 사람의 나이를 모두 곱하면 2450이고 모두 더하면 46이다. 최고령자의 나이는?

① 21

② 25

③ 28

④ 35

CHAPTER 02

추리능력

☞ 정답 및 해설 p.376

>> **40문항** ⊙ **20분**

┃01~10┃ 다음은 일정한 규칙에 따라 배열한 수열이다. 빈칸에 들어갈 알맞은 수를 고르시오.

01

$$\frac{5}{12} \quad \frac{10}{11} \quad \frac{15}{10} \quad \frac{?}{9}$$

① 20
② 30
③ 40
④ 50

02

$$\frac{5}{6} \quad \frac{1}{11} \quad \frac{10}{12} \quad \frac{?}{22}$$

① 5
② 4
③ 3
④ 2

03

$$\frac{5}{2} \quad \frac{7}{5} \quad \frac{12}{7} \quad \frac{?}{12}$$

① 18
② 19
③ 20
④ 21

04

| 11   31   ( )   259   761 |

① 89

② 99

③ 109

④ 119

05

$$2 \quad \frac{9}{4} \quad (\quad) \quad \frac{625}{256} \quad \frac{7776}{3125}$$

① $\dfrac{55}{36}$

② $\dfrac{58}{33}$

③ $\dfrac{61}{30}$

④ $\dfrac{64}{27}$

06

$$\frac{1}{4} \quad \frac{3}{8} \quad \frac{5}{12} \quad (\quad) \quad \frac{9}{20}$$

① $\dfrac{7}{13}$

② $\dfrac{7}{15}$

③ $\dfrac{7}{16}$

④ $\dfrac{7}{18}$

07

| | | 3 | 7 | 15 | 37 | 53 | ( ) | |

① 14   ② 23

③ 55   ④ 73

08

| | | 4 | 9 | 16 | ( ) | 46 | |

① 9   ② 18

③ 27   ④ 36

09

$$\frac{2}{3} \quad \frac{3}{4} \quad \frac{4}{9} \quad (\ ) \quad \frac{16}{81}$$

① $\dfrac{9}{16}$ ② $\dfrac{8}{17}$

③ $\dfrac{7}{18}$ ④ $\dfrac{6}{19}$

10

4　（　）　9　12　15　18

① 5　　　　　　　　② 6
③ 7　　　　　　　　④ 8

▌11~15▌ 다음은 일정한 규칙으로 나열된 문자이다. 빈칸에 들어갈 알맞은 문자를 고르시오.

11

A – Z – E – V – （ ） – R

① B　　　　　　　　② G
③ S　　　　　　　　④ I

12

ㄱ – B – ㄹ – G – （ ） – P

① ㄴ　　　　　　　　② ㄷ
③ ㅋ　　　　　　　　④ ㅌ

13

A – M – B – O – C – P – D – ?

① Q   ② S

③ U   ④ W

14

ㄱ – ㄷ – ㅂ – ㅇ – ㅋ – ?

① ㅋ   ② ㅌ

③ ㅍ   ④ ㅎ

15

ㄴ – ㄷ – ㅁ – ㅅ – ㅋ – ?

① ㅎ   ② ㅍ

③ ㅌ   ④ ㅋ

┃16~18┃ 다음의 밑줄 친 수들의 규칙을 파악하여 빈칸에 들어갈 알맞은 수를 고르시오.

16

2 3 7   3 4 80   4 2 ( )

① 3   ② 9
③ 12   ④ 15

17

26 2 18   33 11 8   54 3 ( )

① 20   ② 23
③ 26   ④ 29

18

8 3 2   14 4 3   20 6 3   ( ) 7 4

① 14   ② 24
③ 30   ④ 40

┃19~20┃ 다음에 주어진 연산기호의 규칙을 파악하여 빈칸에 들어갈 알맞은 수를 고르시오.

19

$$5 \oplus 2 = 35 \qquad 2 \oplus 3 = 10 \qquad 8 \oplus 2 = 80 \qquad (4 \oplus 3) \oplus 2 = (\quad)$$

① 840

② 1,876

③ 3,125

④ 5,928

20

$$1 \clubsuit 2 = 3 \qquad 3 \clubsuit 2 = 17 \qquad 5 \clubsuit 3 = 268 \qquad 2 \clubsuit (8 \clubsuit 1) = (\quad)$$

① 3842

② 4229

③ 5187

④ 5463

| 21~25 | 다음 중 나머지 보기와 다른 규칙이 적용된 것을 고르시오.

21 ① ㄱㅅㅊㅋ   ② ㅒㅖㅙㅚ

③ AGHP   ④ ㅗㅜㅟㅣ

22 ① ㅖㅟㅝㅙ   ② ZWOE

③ XI IX VI V   ④ ㅎㅌㅊㅅ

23 ① ㄱㅏ1   ② ㅅ7ㅜG

③ ㅁFn8   ④ ㅈi9ㅡ

24 ① 37BF   ② DHLP

③ hjmq   ④ ㄱㅁㅈㅍ

25 ① 가신투해   ② AGJW

③ 2579   ④ ㅈㅂㄷㄴ

26

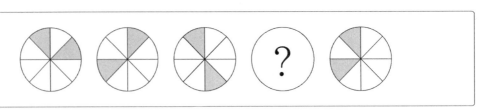

27

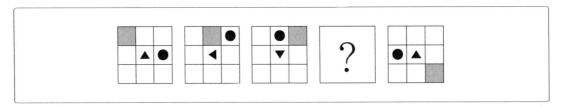

28

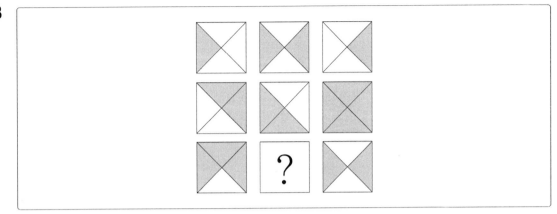

29

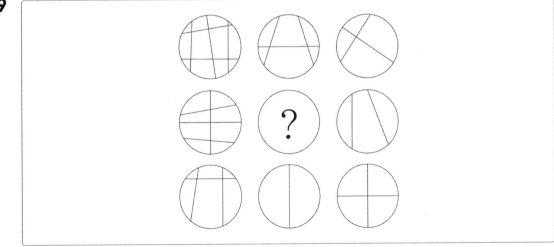

30

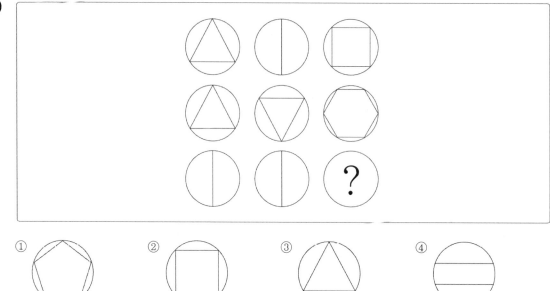

① ② ③ ④

31 다음 그림은 복도를 사이에 두고 1001 ~ 1003호, 1004 ~ 1007호의 7개 방이 엘리베이터의 양쪽에 늘어서 있는 것을 나타낸 것이다. A ~ G 7명이 다음과 같이 각 호에 1명씩 투숙하고 있다고 할 때 1006호에 묵고 있는 사람은 누구인가?

1001	1002	1003	–	
1004	1005	1006	1007	엘리베이터

- B의 방 맞은편에는 D의 방이 있다.
- C의 방 양 옆으로 A, G가 묵고 있다.
- F의 양 옆에는 D, E가 묵고 있다.
- G는 엘리베이터와 가장 가깝다.

① B ② C
③ D ④ E

32 A, B, C, D, E, F, G, H 8명이 수영대회 결승전에 진출하였다. 다음 조건을 모두 고려하였을 때, 항상 참인 것을 고르면?

> • 8명 중 순위가 동일한 선수는 없다.
> • H는 C보다 먼저 골인하였으나, F보다는 늦게 골인하였다.
> • B에 이어 바로 E가 골인하였으며, E와 F 사이에 세 사람이 골인하였다.
> • C는 B보다 늦게 골인하였고, B는 F보다 빨리 골인하였으며, A의 순위는 3위가 아니었다.

① A의 순위는 4위이다.

② H보다 늦게 골인한 사람은 2명이다.

③ D의 순위는 최소한 5위이다.

④ G는 3위가 될 수 없다.

33 '총기허가증이 없으면, 사냥총을 사용할 수 없다.'는 규칙이 잘 지켜지고 있는지를 알아내기 위해 꼭 조사해야 하는 두 사람을 고르면?

> • 갑 : 총기허가증이 없음, 사냥총 사용 여부를 알지 못함
> • 을 : 총기허가증이 있는지 알 수 없음, 사냥총을 사용하고 있음
> • 병 : 총기허가증이 있는지 알 수 없음, 사냥총을 사용하고 있지 않음
> • 정 : 총기허가증이 있음, 사냥총 사용 여부를 알지 못함

① 갑, 병

② 갑, 을

③ 을, 병

④ 을, 정

34 J회사에서 신제품 음료에 대한 블라인드 테스트를 진행하였다. 테스트에 응한 직원 30명은 음료 A, B, C에 대해 1~3순위를 부여하였는데 그에 대한 결과가 다음과 같을 때, C에 3순위를 부여한 사람의 수는? (단, 두 개 이상의 제품에 같은 순위를 부여할 수 없다)

> ㉠ A를 B보다 선호하는 사람은 18명이다.
> ㉡ B를 C보다 선호하는 사람은 25명이다.
> ㉢ C를 A보다 선호하는 사람은 10명이다.
> ㉣ C에 1순위를 부여한 사람은 없다.

① 12명   ② 13명
③ 14명   ④ 15명

35 어떤 사진을 물끄러미 보고 있는 사람에게 누군가가 물었다. 그가 보고 있는 것은 누구의 사진인가?

> "당신은 지금 누구의 사진을 보고 있나요?"
> "나는 남자 형제도 여자 형제도 없는데, 이 남자의 아버지는 내 아버지의 아들입니다." (여기서, '이 남자의 아버지'란 사진 속에 있는 남자의 아버지를 말한다)

① 할아버지   ② 아버지
③ 자기 자신   ④ 아들

36 1기압 상태에서 실린더에 들어있는 산소 400ml를 50ml가 되게 하려면 어떻게 해야 하는가?

① 압력을 4배 올린다.　　　　　　　　② 압력을 8배 올린다.

③ 온도를 4배 올린다.　　　　　　　　④ 온도를 8배 올린다.

37 마찰이 없는 수평면에 정지하고 있던 물체에 일정한 힘 F를 가하여 2초 후에 속도가 $10m/s$로 변했을 때, 가속도의 크기는?

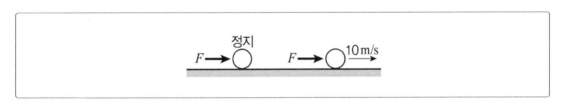

① $2m/s^2$　　　　　　　　　　② $5m/s^2$

③ $10m/s^2$　　　　　　　　　④ $20m/s^2$

38 빗방울이 떨어질 때 지표면에 가까워지면서 일정한 속도가 되는 이유로 옳은 것은?

① 빗방울에 작용하는 중력이 같기 때문이다.

② 빗방울에 작용하는 중력을 무시하기 때문이다.

③ 공기에 의한 저항력이 중력과 평형하기 때문이다.

④ 빗방울이 모두 같은 높이에서 떨어지기 때문이다.

39 길이가 20cm인 용수철에 40g의 추를 매달았을 때 30cm가 된다. 이 용수철저울의 총 길이가 42cm가 되려면 몇 g의 추를 매달아야 하는가?

① 82g   ② 84g

③ 86g   ④ 88g

40 끓는 물에 계속 열을 가하여도 온도가 올라가지 않는 이유로 알맞은 것은?

① 끓는점에서 액체가 기체로 상태가 변하는 동안 공급되는 열은 기화 잠열로 쓰인나.

② 공급되는 열이 물 분자의 에너지를 증가시키지 못하기 때문이다.

③ 상태 변화 과정에서 공급되는 열은 물이 수소와 산소로 분해되는 데 쓰인다.

④ 수증기가 공급되는 열을 모두 흡수하기 때문이다.

CHAPTER 03

지각능력

☞ 정답 및 해설 p.381

〉〉40문항 ⊙10분

┃01~20┃ 다음에 주어진 문자의 좌우가 서로 같으면 ①, 다르면 ②를 고르시오.

01

겨울에먹는냉면이제맛이지	겨울에먹는냉면이참맛이지

① 같다　　　　　　　　　② 다르다

02

onceuponatime	onceaponatime

① 같다　　　　　　　　　② 다르다

03

한양양장점옆한영양장점	한양양장점옆한영양장점

① 같다　　　　　　　　　② 다르다

04

| abcdefghjiklmn | abcdefghijklmn |

① 같다　　　　　　　　　② 다르다

05

| 383383833983983 | 383383833983983 |

① 같다　　　　　　　　　② 다르다

06

| 짧짧짧짮짧짠짧짪짪짪짓 | 짧짧짧짮짧짠짧짪짪짪짓 |

① 같다　　　　　　　　　② 다르다

07

① 같다　　　　　　　　　② 다르다

08

sitsetgettabback   sitsetgettabback

① 같다   ② 다르다

09

도로록드르륵두루룩드로록도루룩두르륵   도로록드르륵두루룩드로록두루룩두르륵

① 같다   ② 다르다

10

✊☆♣☆♀♀⚠◉▟☆▤   ✊☆♣☆♀♀⚠◉▟☆▤

① 같다   ② 다르다

11

ЦШЩЙХЦЫЙКЦ   ЦШЩЙХЦЫЙКЦ

① 같다   ② 다르다

12

≡≡≡≡≡≡≡≡≡≡≡≡≡≡≡   ≡≡≡≡≡≡≡≡≡≡≡≡≡≡≡

① 같다   ② 다르다

13

압약역영오유의인의월   압약역영오유의인의월

① 같다   ② 다르다

14

●◐◑◒●●◐◑●◐●   ●◐◑◒●●◐◑●◐●

① 같다   ② 다르다

15

珂可呵加刊奸干坎艮竿   珂可呵加肝奸干坎艮竿

① 같다   ② 다르다

16

aeeaeaaaeaeaeoae   aeeaeaaaeaeaeoae

① 같다   ② 다르다

17

▤▨▧▦▥▩▧▨▦▩▤   ▤▨▧▦▥▩▧▨▦▩▤

① 같다   ② 다르다

18

betty botter bought a bit of butter   betty botter bought a bit of butter

① 같다   ② 다르다

19

$\mu ApVnVmVnAMVpWdBca\ell kV$ $\mu ApVnVmVnAMVpWdBca\ell kV$

① 같다   ② 다르다

20

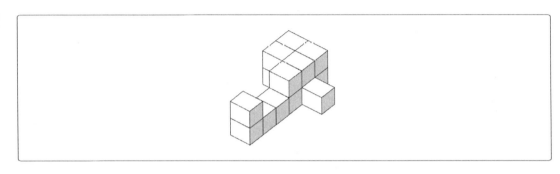

① 같다   ② 다르다

▌21~25▐ 다음에 주어진 블록의 개수를 구하시오.

21

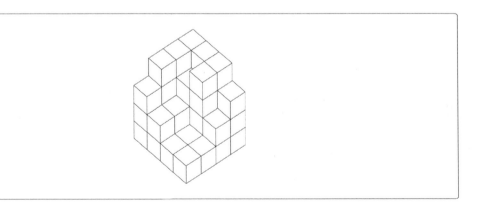

① 14개   ② 15개

③ 16개   ④ 17개

22

① 37개   ② 39개

③ 41개   ④ 43개

23

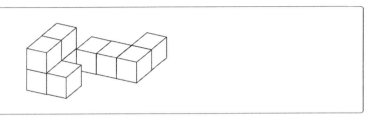

① 7개   ② 8개

③ 9개   ④ 10개

24

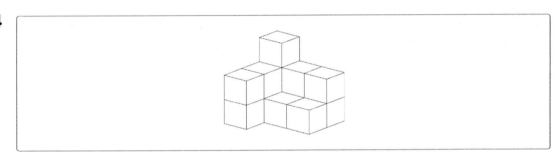

① 10개   ② 11개

③ 12개   ④ 13개

25

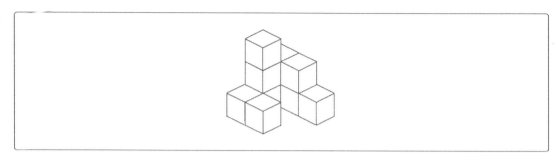

① 6개   ② 8개

③ 10개   ④ 12개

▌26~30▐ 주어진 블록의 모양은 그대로 두고 최소한의 블록을 더 추가해서 정육면체로 만들려고 한다. 몇 개의 블록이 더 필요한지 고르시오. (단, 모든 블록의 크기와 모양은 같다)

26

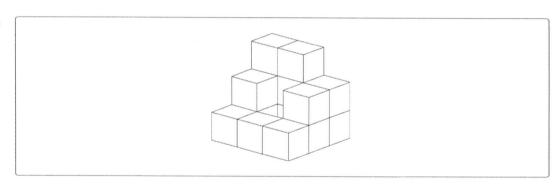

① 11개   ② 12개

③ 13개   ④ 14개

27

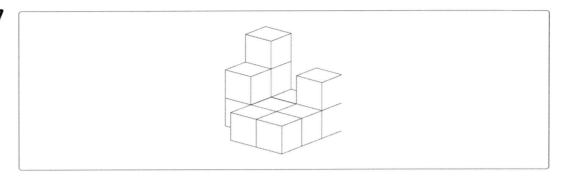

① 15개   ② 16개

③ 17개   ④ 18개

28

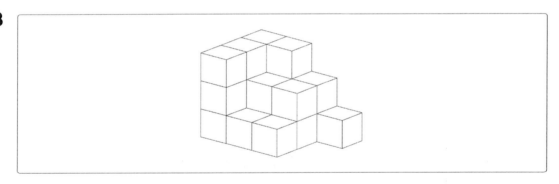

① 40개   ② 41개

③ 42개   ④ 43개

29

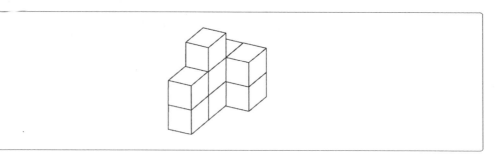

① 17개   ② 18개

③ 19개   ④ 20개

30

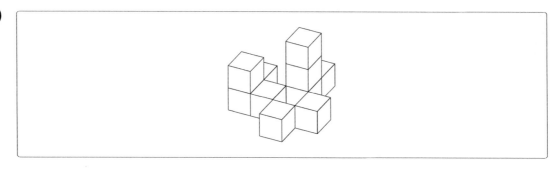

① 52개   ② 54개

③ 56개   ④ 58개

┃31~35 ┃ 다음과 같이 쌓인 블록의 바닥면을 제외하고 밖으로 노출된 모든 면에 페인트를 칠하려고 한다. 한 면에만 페인트칠이 되는 블록은 모두 몇 개인지 고르시오.

31

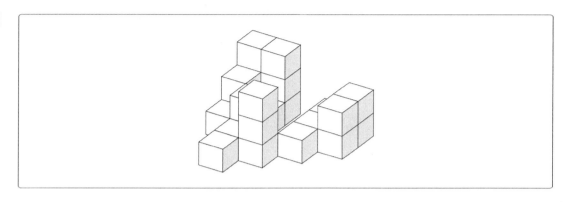

① 0개   ② 1개

③ 2개   ④ 3개

32

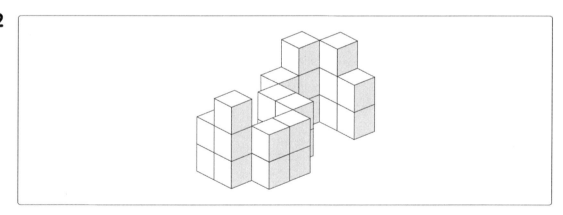

① 0개   ② 1개

③ 2개   ④ 3개

33

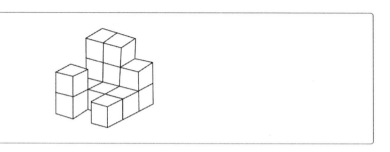

① 0개　　　　　　　　　　② 1개

③ 2개　　　　　　　　　　④ 3개

34

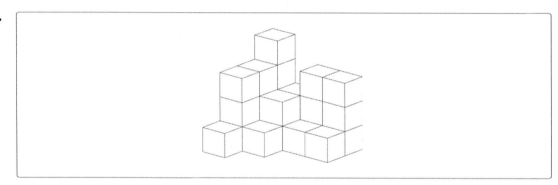

① 3개　　　　　　　　　　② 4개

③ 5개　　　　　　　　　　④ 6개

35

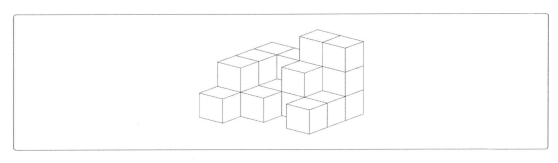

① 7개   ① 8개
③ 9개   ④ 10개

┃36~37┃ 다음 제시된 그림과 다른 것을 고르시오.

36

①   ②   ③   ④

37

①   ② ③   ④

▌38~40▌ 다음 제시된 그림을 순서대로 연결하시오.

38

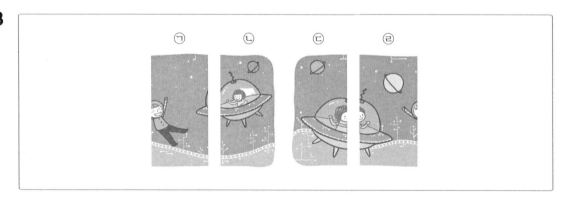

① ㉠ － ㉡ － ㉢ － ㉣

③ ㉢ － ㉣ － ㉠ － ㉡

② ㉡ － ㉠ － ㉢ － ㉣

④ ㉣ － ㉡ － ㉠ － ㉢

39

① ㉠ – ㉡ – ㉣ – ㉢　　　　　② ㉡ – ㉣ – ㉢ – ㉠
③ ㉢ – ㉠ – ㉡ – ㉣　　　　　④ ㉣ – ㉢ – ㉠ – ㉡

40

① ㉠ – ㉢ – ㉣ – ㉡　　　　　② ㉠ – ㉣ – ㉡ – ㉢
③ ㉢ – ㉠ – ㉡ – ㉣　　　　　④ ㉢ – ㉡ – ㉣ – ㉠

정답 및 해설

수리능력

01	02	03	04	05
②	②	③	③	④
06	07	08	09	10
③	①	③	③	①
11	12	13	14	15
③	④	④	③	③
16	17	18	19	20
③	①	④	③	④
21	22	23	24	25
④	①	①	①	①
26	27	28	29	30
②	②	②	③	③
31	32	33	34	35
②	②	③	②	②
36	37	38	39	40
③	③	④	②	①

01 ②

6월 G항공사를 이용하여 인천공항에 도착한 여객 수는 82,409명이다.

같은 기간 인천공항에 도착한 전체 여객 수의

$\dfrac{82,409}{1,971,675} \times 100 = $ 약 $4.2(\%)$이다.

02 ②

$\dfrac{초졸+중졸수}{여성수} = \dfrac{10+25}{90} = \dfrac{35}{90} = \dfrac{7}{18}$

03 ③

$층수 = \dfrac{연면적}{건축면적} = \dfrac{연면적 \times 100(\%)}{건폐율 \times 대지면적}$

㉠ 건물 A의 층수 : $\dfrac{1,200m^2 \times 100\%}{50\% \times 400m^2} = 6층$

㉡ 건물 B의 층수 : $\dfrac{840m^2 \times 100\%}{70\% \times 300m^2} = 4층$

㉢ 건물 C의 층수 : $\dfrac{1,260m^2 \times 100\%}{60\% \times 300m^2} = 7층$

㉣ 건물 D의 층수 : $\dfrac{1,440m^2 \times 100\%}{60\% \times 400m^2} = 6층$

04 ③

판관비를 대입하여 시기별 매출 자료를 다음과 같이 정리해 볼 수 있다.

(단위 : 억 원)

구분	'20. 1분기	2분기	3분기	4분기	'21. 1분기	2분기
매출액	51	61	62	66	61	58
매출원가	39.1	44.8	45.3	48.5	43.0	40.6
매출 총이익	11.9	16.2	16.7	17.5	18.0	17.4
판관비	2.0	2.1	2.2	2.3	2.4	2.5
영업이익	9.9	14.1	14.5	15.2	15.6	14.9

③ 매출총이익에서 판관비가 차지하는 비중은 $2.0 \div 11.9 \times 100 = 16.8(\%)$인 2020년 1분기가 가장 크다.

① 매출원가는 2020년 4분기가 가장 크나, 매출총이익은 2021년 1분기가 가장 크다.

② 2021년 1분기의 영업이익률은 $15.6 \div 61 \times 100 = 25.6(\%)$이고, 2021년 2분기의 영업이익률은 $14.9 \div 58 \times 100 = 25.7(\%)$이다.

④ 2021년 1분기에는 매출총이익과 영업이익이 증가하였으나, 매출원가는 감소하였다.

05 ④

2014년 영향률 : $\dfrac{2,565}{17,734} \times 100 \fallingdotseq 14.5(\%)$

06 ③

2013년 수혜 근로자수 : $17,510 \times \dfrac{14.7}{100} \fallingdotseq 2,574$

07 ①

각 회사의 조사 회답 지수를 100%로 하고 각각의 회답을 집계하면 다음과 같은 표가 된다.

구분	불만	어느 쪽도 아니다	만족	계
(가)회사	34(27.9)	38(31.1)	50(41.0)	122(100.0)
(나)회사	73(51.4)	11(7.7)	58(40.8)	142(100.0)
(다)회사	71(52.2)	41(30.1)	24(17.6)	136(100.0)
계	178(44.5)	90(22.5)	132(33.0)	400(100.0)

ⓒ 어느 쪽도 아니다라고 답한 사람이 가장 적다는 것은 만족이거나 불만으로 나뉘어져 있는 것만 나타내는 것이며 노동 조건의 좋고 나쁨과는 관계가 없다.

ⓔ 만족을 나타낸 사람의 수가 (나)회사가 가장 많았으나 142명 중 58명으로 40.8%이므로 (가)회사의 42%보다 낮다.

08 ③

③ 2020년 2월에 모바일 거래액 비중이 가장 많은 것은 여행 및 교통서비스가 아닌 의복 상품군이다.

① 가전·전자·통신기기, 가방, 음·식료품, 농축수산물, 가구, 여행 및 교통서비스로 모두 6개 상품군이다.

② 2.6%에서 3.6%로 1%p 증가하였으므로 전년 동기 대비 $(3.6-2.6) \div 2.6 \times 100 = 38.5(\%)$ 증가하였다.

④ 가방, 음·식료품, 농축수산물 3개 상품군이 해당된다.

09 ③

$\dfrac{605}{x} \times 100 = 43.1 \;\rightarrow\; 43.1x = 60,500$

$\therefore x = 1,404(명)$

10 ①

$\dfrac{x}{1,422} \times 100 = 34 \;\rightarrow\; 100x = 48,348$

$\therefore x = 483(명)$

11 ③

$\dfrac{540}{852} \times 100 = 63.4(\%)$

12 ④

그래프에 나타난 1회의 합격자수의 수치가 제시된 표와 다르다.

13 ④

ⓐ 저축률이 줄고 있는 것은 알 수 있지만, 소득이 줄고 있는지는 알 수 없다.

ⓑ 주어진 자료로는 국내총생산 규모가 감소하는지 알 수 없다.

14 ③

항목별 비용이 고정값이 아닌 구간으로 제시되어 있으므로 중앙값을 평균으로 보아야 한다. 각 국의 항목별 중앙값과 가장 높은 나라를 구하면 다음과 같다.

구분	학비	숙박비	생활비	합계
A국	110만 원	80만 원	60만 원	250만 원
B국	110만 원	85만 원	45만 원	215만 원
C국	82.5만 원	55만 원	35만 원	172.5만 원
D국	150만 원	60만 원	55만 원	255만 원

따라서 평균 비용이 다섯 국가 중 가장 높은 항목이 한 항목도 없는 국가는 C국이다.

15 ③

③ 모든 광종의 위험도와 경제성 점수가 현재보다 각각 20% 증가했을 때의 점수는 다음과 같다.

항목 \ 광종	금광	은광	동광	연광	아연광	철광
위험도	3	4.8	3	3.24	3.6	4.2
경제성	3.6	4.2	3	3.24	4.2	4.8

따라서 위험도와 경제성 점수가 모두 3.0점을 초과하는 비축필요광종은 은광, 연광, 아연광, 철광의 4종류가 된다.

① 주시광종으로 분류되려면 위험도와 경제성 점수 중 하나는 3.0점을 초과하고 다른 하나는 2.5점 초과 3.0점 이하에 속해야 한다. 이러한 광종은 아연광 1종류이다.

② 비축필요광종으로 분류되려면 위험도와 경제성 점수가 모두 3.0점을 초과해야 한다. 이러한 광종은 은광, 철광이다.

④ 주시광종 분류기준을 위험도와 경제성 점수 중 하나는 3.0점 초과, 다른 하나는 2.5점 이상 3.0점 이하로 변경하여도 금광은 하나는 3.0점 초과의 기준을 충족하지 못하여 주시광종으로 분류되지 않는다.

16 ③

$15 \times 7 + 6 = 111$

17 ①

$5^3 + 6^2 - 7^2 = 112$

18 ④

$2150 \times \dfrac{1}{100} = 21.5$

19 ③

$16 - 3 = 13$

20 ④

$-2 \times 9 \times 3 = -54$

21 ④

$60 \times 27 \div (45) = 36$

22 ①

$135 \div (3) + 5 = 50$

23 ①

$\dfrac{11}{27} \times (9) + \dfrac{7}{6} = \dfrac{29}{6}$

24 ①

$\{89\,(+)\,21\} \div 5 \times 22 \div 44 = 11$

25 ①

$12 \times 3\,(+)\,72 \div 4 = 54$

26 ②

$A : 3^{-2} + 2 = \dfrac{19}{9} = \dfrac{152}{72}$

$B : \dfrac{7}{2^3} + 1.25 = \dfrac{17}{8} = \dfrac{153}{72}$

$\therefore A < B$

27 ②

$A : 43\% = \dfrac{43}{100} = \dfrac{129}{300}$

$B : \dfrac{13}{30} = \dfrac{130}{300}$

$\therefore A < B$

28 ②

A : $480 = 2^5 \times 3 \times 5$, $360 = 2^3 \times 3^2 \times 5$이므로,

이 둘의 최대공약수는 $2^3 \times 3 \times 5 = 120$

B : $48 = 2^4 \times 3$, $64 = 2^6$이므로,

이 둘의 최소공배수는 $2^6 \times 3 = 192$

∴ A < B

29 ③

$\sqrt{(a-b)^2} = |a-b| = |b-a|$

∴ $A = B$

30 ③

$A : (x-2)^2 + (y-5)^2 = 36 = 6^2$는 점 $(2,\ 5)$를 중심으로 하는 반지름이 6인 원이다. 원의 넓이는 πr^2이므로 주어진 원의 넓이는 $\pi r^2 = \pi \cdot 6^2 = 36\pi$이다.

$B : x^2 + (y-4)^2 + (z-1)^2 = 9 = 3^2$는 점 $(0,\ 4,\ 1)$을 중심으로 하는 반지름이 3인 구이다.

구의 겉넓이는 $4\pi r^2$이므로

주어진 구의 겉넓이는 $4\pi r^2 = 4\pi \cdot 3^2 = 36\pi$이다.

∴ $A = B$

31 ②

정아가 이긴 횟수를 x, 민주가 이긴 횟수를 y라 하면

$\begin{cases} 2x - y = 14 \\ 2y - x = 5 \end{cases}$

이 두 식을 연립해서 풀면 $3y = 24 \Rightarrow y = 8$

따라서 민주가 이긴 횟수는 8회이다.

32 ②

지수가 걸린 시간을 y,

엄마가 걸린 시간을 x라 하면

$\begin{cases} x - y = 10 \\ 100x = 150y \end{cases}$

이 두 식을 연립해서 풀면 $5y = 100 \Rightarrow y = 20$

따라서 지수는 20분 만에 엄마를 만나게 된다.

33 ③

$600\text{cm} = 6\text{m}$, $500\text{cm} = 5\text{m}$이므로, $6 \times 5 = 30 \left(\text{m}^2 \right)$이다.

34 ②

A호스로 1시간 채우는 물의 양은 $\dfrac{1}{12}$

B호스로 1시간 채우는 물의 양은 $\dfrac{1}{18}$

A호스로 2시간을 먼저 채웠기 때문에

$\dfrac{1}{12} \times 2 = \dfrac{1}{6}$의 양을 먼저 한 셈이다.

A호스와 B호스로 1시간 채우는 물의 양은

$\dfrac{1}{12} + \dfrac{1}{18} = \dfrac{5}{36}$

$\dfrac{5}{6}$의 양을 A, B호스로 채워야 하기 때문에

$\dfrac{5}{6} \div \dfrac{5}{36} = 6 (\text{시간})$

35 ②

두 자리 자연수를 $10a + b$라 하면 주어진 문제에 따라 다음이 성립한다.

$\begin{cases} 2a = b + 1 \\ 10b + a = (10a + b) + 9 \end{cases} \Rightarrow \begin{cases} 2a - b = 1 \\ 9a - 9b = -9 \end{cases}$

$\Rightarrow \begin{cases} 18a - 9b = 9 \\ 9a - 9b = -9 \end{cases} \Rightarrow a = 2,\ b = 3$

따라서 구하는 두 자리 자연수는 $10a + b = 23$이다.

36 ③

작년 일반 성인입장료를 x원이라고 할 때, A시민 성인 입장료는 $0.6x$원이다.

각각 5,000원씩 할인하면

$(x - 5,000) : (0.6x - 5,000) = 5 : 2$이므로 외항과 내항을 곱하여 계산한다.

$5(0.6x - 5,000) = 2(x - 5,000)$

$3x - 25,000 = 2x - 10,000$

$x = 15,000$

∴ 올해 일반 성인입장료는 5,000원 할인된 10,000원이다.

37 ③

철수가 뛰어간 거리를 x라고 하면

$(시간) = \dfrac{(거리)}{(속도)}$ 이므로

$\dfrac{12-x}{3} + \dfrac{x}{4} = 3.5$

$4(12-x) + 3x = 42$

$\therefore x = 6(\text{km})$

38 ④

6%의 소금물 500g에 들어있는 소금의 양은 500×0.06 $= 30(\text{g})$이고, 증발된 물의 양을 x라고 할 때,

$\dfrac{30}{30 + (470-x)} \times 100 = 20(\%)$이므로

$x = 350(\text{g})$이다.

39 ②

참가자의 수를 x라 하면
전체 귤의 수는 $5x + 3$,
6개씩 나누어 주면 1명만 4개보다 적게 되므로

$(5x+3) - \{6 \times (x-1)\} < 4$

$-x < -5$

$x > 5$

$\therefore$ 참가자는 적어도 6인이 있다.

40 ①

a, b, c는 등비수열이므로 공비를 r이라 하면,

$b = ar$, $c = ar^2$이므로

$4a + b = 3c$는 다음과 같이 변형된다.

$4a + ar = 3ar^2$

$\Rightarrow 3r^2 - r - 4 = 0$

$\Rightarrow (r+1)(3r-4) = 0$

$\therefore r = -1 \text{ or } \dfrac{4}{3}$

$r = -1$인 경우 $a < b < c$를 만족시킬 수 없으므로

$r = \dfrac{4}{3}$이다.

✅ 추리능력

01	02	03	04	05
④	④	②	④	③
06	07	08	09	10
③	④	③	②	④
11	12	13	14	15
④	②	④	②	②
16	17	18	19	20
③	②	②	③	③
21	22	23	24	25
①	①	④	②	①
26	27	28	29	30
②	②	③	④	④
31	32	33	34	35
④	②	④	①	②
36	37	38	39	40
②	④	①	②	③

01 ④

처음 숫자를 시작으로 1, 2, 3, 4, 5, 6,… 오름차순으로 더해나간다.

02 ④

처음에 앞의 숫자에 +2, ×2, −2의 수식이 행해지고 그 다음에는 +4, ×4, −4 그 다음은 +6, ×6, −6의 수식이 행해진다.

03 ②

피보나치수열(1, 1, 2, 3, 5, 8, …)이 차례로 곱해지고 있다.

$\therefore 30 \times 5 = 150$

04 ④

홀수 항은 +6, 짝수 항은 −6의 규칙을 가진다.

05 ③

전 항을 $\dfrac{A}{B}$, 다음 항을 $\dfrac{C}{D}$라고 할 때,

$\dfrac{C}{D} = \dfrac{A+3}{B \times 3}$의 규칙으로 전개되고 있다.

$\therefore \dfrac{4+3}{9 \times 3} = \dfrac{7}{27}$

06 ③

앞의 두 수를 더한 값이 그 다음 수가 된다.

07 ④

전 항을 $\dfrac{A}{B}$, 다음 항을 $\dfrac{C}{D}$라고 할 때,

$\dfrac{C}{D} = \dfrac{A \times B}{A + B}$의 규칙으로 전개되고 있다.

$\therefore \dfrac{6 \times 5}{6 + 5} = \dfrac{30}{11}$

08 ③

더해지는 수를 살펴보면 3, 6, 12, 24, 48, 96이다. 여기에서 더해지는 수가 ×2라는 규칙성이 발견된다. 따라서 빈칸에 알맞은 수는 $190 + (96 \times 2) = 382$이다.

09 ②

$\times 3$, $\times 3 + 1$, $\times 3$, $\times 3 + 2$, $\times 3$, $\times 3 + 3$, …으로 변화한다.

$\therefore 30 \times 3 + 2 = 92$

10 ④

분자를 1, 2, 3, 4로 변화시켜보면

$\dfrac{1}{5}$, $\dfrac{2}{10}$, $\dfrac{3}{20}$, $\dfrac{4}{40}$, $\dfrac{5}{80}$이므로 빈칸에 들어갈 수는

$\dfrac{6}{160} = \dfrac{3}{80}$이다.

11 ④

알파벳을 순서대로 숫자에 대입하면 다음 표와 같다.

A	B	C	D	E	F	G	H	I	J	K	L	M
1	2	3	4	5	6	7	8	9	10	11	12	13
N	O	P	Q	R	S	T	U	V	W	X	Y	Z
14	15	16	17	18	19	20	21	22	23	24	25	26

A(1) - K(11) - G(7) - Q(17) - M(13)은
$+10$, -4가 반복되고 있으므로 다음에 들어갈 문자는
$13 + 10 = 23$(W)이다.

12 ②

C(3) - C(3) - F(6) - I(9) - O(15)는 앞의 두 수를 더한 값이 다음 수가 된다. 따라서 다음에 들어갈 문자는 $9 + 15 = 24$(X)이다.

13 ④

D(4) - E(5) - H(8) - M(13)는 처음의 문자에서 $+1$, $+3$, $+5$의 순서로 변하므로 빈칸에는 앞의 글자에 7을 더한 문자, 20(T)이 와야 한다.

14 ②

사전에 실리는 한글 자음 순서를 이용하여 풀면 -3, $+2$, -1, -3, $+2$, -1, …의 규칙임을 알 수 있다.
사전에 실리는 자음 순서(순환 패턴)는 다음과 같다.

ㄱ	ㄲ	ㄴ	ㄷ	ㄸ	ㄹ	ㅁ	ㅂ	ㅃ
1	2	3	4	5	6	7	8	9
ㅅ	ㅆ	ㅇ	ㅈ	ㅉ	ㅊ	ㅋ	ㅌ	ㅍ	ㅎ
10	11	12	13	14	15	16	17	18	19

15 ②

알파벳과 한글 자음을 순서대로 숫자에 대입하면 다음
표와 같다.

A	B	C	D	E	F	G	H	I	J	K	L	M
1	2	3	4	5	6	7	8	9	10	11	12	13
N	O	P	Q	R	S	T	U	V	W	X	Y	Z
14	15	16	17	18	19	20	21	22	23	24	25	26

ㄱ	ㄴ	ㄷ	ㄹ	ㅁ	ㅂ	ㅅ	ㅇ	ㅈ	ㅊ	ㅋ	ㅌ	ㅍ	ㅎ
1	2	3	4	5	6	7	8	9	10	11	12	13	14

분자는 알파벳 – 한글 – 알파벳 – 한글 순이며 2씩 감소
하고 있고 분모는 한글 – 알파벳 –한글 – 알파벳 순이며
2씩 증가하고 있으므로 빈칸에 들어갈 문자는 $\dfrac{\text{ㅊ}}{G}\left(\dfrac{10}{7}\right)$
이다.

16 ③

'두 번째 숫자−첫 번째 숫자+1=세 번째 숫자'의 규칙을
가지고 있다.
따라서 빈칸에 들어갈 수는 9−4+1=6이다.

17 ②

'첫 번째 숫자×두 번째 숫자−1=세 번째 숫자'의 규칙을
가지고 있다.
따라서 빈칸에 들어갈 숫자는 9×7−1=62이다.

18 ②

$3^4 + 1 = 82,\ 4^3 + 1 = 65,\ 5^2 + 1 = 26$
$\therefore 6^1 + 1 = 7$

19 ③

연산기호 식에서 첫 번째 수와 두 번째 수를 더한 후 2
로 나눠준 값이 답이 된다.
따라서 11★7=(11+7)÷2=9이다.

20 ③

기호의 규칙을 찾으면 A☎B=2(A−B)이다.
$4☎3=2(4-3)=2,\ 8☎1=2(8-1)=14,$
$\therefore 6☎3=2(6-3)=6$

21 ①

예사소리와 거센소리가 반복된다. '오추오추'가 되어야
②③④와 같은 규칙이 된다.

22 ①

①의 경우 한글 모음으로만 이루어져 있고 ②③④의 경
우 자음으로 이루어져 있다.

23 ④

알파벳, 한글 자음, 천간, 무지개 색깔을 순서대로 숫자
에 대입하면 다음 표와 같다.

A	B	C	D	E	F	G	H	I	J	K	L	M
1	2	3	4	5	6	7	8	9	10	11	12	13
N	O	P	Q	R	S	T	U	V	W	X	Y	Z
14	15	16	17	18	19	20	21	22	23	24	25	26

ㄱ	ㄴ	ㄷ	ㄹ	ㅁ	ㅂ	ㅅ	ㅇ	ㅈ	ㅊ	ㅋ	ㅌ	ㅍ	ㅎ
1	2	3	4	5	6	7	8	9	10	11	12	13	14

갑	을	병	정	무	기	경	신	임	계
1	2	3	4	5	6	7	8	9	10

빨	주	노	초	파	남	보
1	2	3	4	5	6	7

모두 숫자 1436과 일치하며, ④는 '빨초노남'이 되어야
①②③과 같은 규칙이 된다.

24 ②

모두 1928로 치환된다. 'ㄱㅈㄴㅇ'가 되어야 ①③④와
같은 규칙이 된다.

25 ①

각 문자의 차가 2, 2, 3이다. '2469'가 되어야 ②③④와 같은 규칙이 된다.

26 ②

가운데 정사각형과 맞닿는 도형이 삼각형, 사각형, 오각형, 육각형으로 변하고 있으며 정사각형 안의 별 모양 기호는 변하지 않고 나머지 기호들은 시계방향으로 움직인다.
① 정사각형과 맞닿는 도형이 다르다.
③ 정사각형 안의 기호가 다르다.
④ 육각형 안의 기호의 위치가 시계방향으로 움직인 것이 아니다.

27 ②

숫자는 1씩 증가한다. 알파벳과 한글자음을 순서대로 숫자에 대입할 때 알파벳은 2씩 증가하고 한글자음은 3씩 증가한다.

A	B	C	D	E	F	G	H	I	J	K	L	M
1	2	3	4	5	6	7	8	9	10	11	12	13
N	O	P	Q	R	S	T	U	V	W	X	Y	Z
14	15	16	17	18	19	20	21	22	23	24	25	26

ㄱ	ㄴ	ㄷ	ㄹ	ㅁ	ㅂ	ㅅ	ㅇ	ㅈ	ㅊ	ㅋ	ㅌ	ㅍ	ㅎ
1	2	3	4	5	6	7	8	9	10	11	12	13	14

28 ③

제시된 도형의 경우 뒤에 세 개의 도형을 보고 규칙성을 찾아야 한다. 세 개의 도형을 관찰해 본 결과 화살표 모양은 시계방향으로 135° 나아갔다가 반시계방향으로 45° 되돌아오고 있다.

29 ④

2열은 1열에서 선이 하나 그어지고 3열은 2열에서 선이 하나 더 그어졌다. 또한 1행, 2행, 3행은 90°씩 회전하고 있다.

30 ④

처음에 제시된 기호 중 하나만 제시된 것이 다음 순서에서 세 개로 변하고 있으며 하나만 제시된 기호의 위치는 시계 방향으로 움직인다.

31 ④

① 후식으로 커피를 마셨다면 점심 메뉴가 바지락 칼국수와 볶음밥 중 하나이므로 밥을 선택했다는 명제는 항상 참일 수 없다.
② 면을 선택했어도 매운 라면을 선택했다면 후식으로 아이스크림을 먹을 수 있다.
③ 甲이 바지락 칼국수를 먹는다면 후식으로 커피가 나온다.

32 ②

② (나) 부스에 영어 통역사가 2명 이상 배치될 시 스페인어 통역사가 최소 3명 배치되어야 하며, 그렇게 되면 (다)부스에 배치된 통역사의 수가 가장 많을 수 없다.
① (가)부스에 2명의 통역사(영어 2명 혹은 영어 1명, 스페인어 1명)가 배치되고 (나)부스에 3명(영어 1명, 스페인어 2명)이 배치될 수 있다.
③ (가)에 영어 1명, (나)에 영어 1명/스페인어 3명이 배치될 시 남은 통역사 5명이 전부 배치되므로 스페인어 통역사가 배치된다.
④ (가)에 영어 1명, (나)에 영어 1명/스페인어 3명, (다)에 영어 4명, 스페인어 1명이 배치될 수 있다.

33 ④

상자에 남아있는 카드는 모두 하트가 아닌 그림이 그려져 있거나 하트 3장 다른 그림 1장이 들어 있을 수 있다.

34 ①

주어진 정보에 따르면 乙 → 丁 → 甲 → 戊 → 丙의 순서대로 내리게 된다. 따라서 세 번째로 내리는 사람은 甲이다.

35 ②

A는 축구하기 전날 주스를 마셨으며, 축구한 다음날 회의를 하고 오늘은 회의를 한 다다음 날이므로, 주스→커피→차→우유→주스를 마신 것이 된다.

36 ②

㉠㉣ 작용·반작용의 법칙, ㉡ 관성의 법칙, ㉢ 중력

37 ④

자석을 움직이지 않으면 자기장의 변화가 없어서 유도전류가 흐르지 않는다.

※ 전자기 유도
　㉠ **정의** : 자기장 속에서 전류가 흐르는 도선이 힘을 받는 것과 반대로 자기장 속에서 움직이는 도선에 유도전류가 흐르는 현상이다.
　㉡ **유도전류의 방향** : 코일을 통과하는 자기장의 변화를 방해하는 방향으로 흐른다.
　㉢ **유도전류의 세기** : 자기장의 세기가 셀수록, 도선이 빠르게 움직일수록, 코일의 감은 수가 많을수록 유도전류의 세기가 커진다.

38 ①

용수철은 작용한 힘의 크기에 비례해서 길이가 늘어난다. 용수철에 35N인 물체를 매달았을 때 5cm 늘어났다면 7N의 물체를 매달면 1cm 늘어나는 용수철이라고 할 수 있다. 따라서 이 용수철이 7cm 늘어났다면 무게가 49N인 인형을 매달았다고 생각할 수 있다.

39 ②

세 단어를 바탕으로 추론할 수 있는 과학자는 뉴턴이다. ②번을 제외하면 뉴턴의 1법칙과 3법칙, 광학에 대한 내용이다.

40 ③

① 작용과 반작용 법칙은 A물체가 B물체에게 힘을 가하면(작용) B물체 역시 A물체에게 똑같은 크기의 힘을 가한다는 것이다(반작용).
② 물체를 좌우로 잡아당기거나 밀어 밖으로부터 힘을 가하면 그 모양이나 부피가 변한다. 일정 한도 내의 힘에 대해서는 그 힘을 제거하면 다시 원래의 모양이나 부피로 돌아오는데, 이와 같은 물체의 성질을 탄성이라 한다.
④ 지구상의 물체에 작용하는 지구의 인력(引力)을 중력이라고 한다.

✅ 지각능력

01	02	03	04	05
②	②	②	①	①
06	07	08	09	10
①	②	①	②	①
11	12	13	14	15
②	①	①	②	②
16	17	18	19	20
②	②	①	①	②
21	22	23	24	25
④	④	③	②	③
26	27	28	29	30
①	④	③	②	④
31	32	33	34	35
①	③	③	④	②
36	37	38	39	40
②	③	①	②	③

01 ②

확정문의사항실**전**모의고사**문**제 – 확정문의사항실**전**모의고사**문**제

02 ②

842151762792**16**5 – 842151762792**19**5

03 ②

£Å☆●○◇▽**늑**＊∞ – £Å☆●○◇▽**른**＊∞

04 ①

좌우가 같다.

05 ①

좌우가 같다.

06 ①

좌우가 같다.

07 ②

합격을**위**한꾸준한노**력** – **힙**격을**우**한꾸준한노**력**

08 ①

좌우가 같다.

09 ②

epEcjioqXxoycTLI**v**u – epEcjioqXxoycTLI**w**u

10 ①

좌우가 같다.

11 ②

better late th**a**n never – better late th**e**n never

12 ①

좌우가 같다.

13 ①

좌우가 같다.

14 ②

武丙午卯**更申**乙米 – 武丙午卯**申更**乙米

15 ②

111121**121**122111 – 111121**112**122111

16 ②

얄리얄리얄라**셩** 얄라**리**얄라 – 얄리얄리얄라**셩** 얄라**라**얄라

17 ②

cvpuoieoxpo<u>iwj</u>ocwxz – cvpuoieoxpo<u>jwi</u>ocwxz

18 ①

좌우가 같다.

19 ①

좌우가 같다.

20 ②

I w<u>a</u>nt someone like you – I w<u>e</u>nt someone like you

21 ④

1단 11개, 2단 6개, 3단 3개, 4단 2개 총 22개이다.

22 ④

1단 11개, 2단 6개, 3단 5개, 4단 2개 총 24개이다.

23 ③

1단 11개, 2단 3개, 3단 1개 총 15개이다.

24 ②

1단 12개, 2단, 5개, 3단 2개, 4단 1개 총 20개이다.

25 ③

1단 6개, 2단 2개, 3단 1개 총 9개이다.

26 ①

주어진 블록은 25개이다. 4 × 4 × 4의 정육면체(총 64개)를 만들기 위해서는 39개의 블록이 더 필요하다.

27 ④

주어진 블록은 17개이다. 4 × 4 × 4의 정육면체(총 64개)를 만들기 위해서는 47개의 블록이 더 필요하다.

28 ③

직육면체의 세로의 길이를 1이라할 때, 주어진 블록으로는 3×3×3의 정육면체는 만들 수 없다. 주어진 블록은 총 7개이고, 4×4×4의 정육면체(직육면체 블록 32개 필요)를 만들기 위해서는 25개의 블록이 더 필요하다.

29 ②

4 × 4 × 4 정육면체(블록 64개)를 만들 수 있다. 주어진 블록은 21개이므로 43개의 블록이 더 필요하다.

30 ④

주어진 블록은 19개이다. 4×4×4의 정육면체(총 64개)를 만들기 위해서는 45개의 블록이 더 필요하다.

31 ①

밖으로 노출된 면이 1면인 블록을 찾아야 한다. 맨 아래층 블록부터 순서대로 다음과 같은 개수의 면이 밖으로 노출되어 페인트가 칠해진다.

32 ③

밖으로 노출된 면이 1면인 블록을 찾아야 한다. 맨 아래층 블록부터 순서대로 다음과 같은 개수의 면이 밖으로 노출되어 페인트가 칠해진다. 맨 위 칸은 모두 2면 이상 밖으로 노출되어있다.

2	1	1	2
1	0	0	1
1	0	0	1
2	2	2	2

1단

2	1	1	2
1	0	0	1
1	2	1	1
4			3

2단

2	1	1	2
1	2	1	2
4		3	1
			4

3단

33 ③

위의 두 칸의 블록들은 모두 2면 이상 밖으로 노출되어 있으므로 맨 아래 1단 블록들만 확인한다.

	2	1	2
	2	1	1
1단 :	3	2	3

34 ④

밖으로 노출된 면이 1면인 블록을 찾아야 한다. 맨 아래 층 블록부터 순서대로 다음과 같은 개수의 면이 밖으로 노출되어 페인트가 칠해진다. 맨 위 칸은 모두 2면 이상 밖으로 노출되어있다.

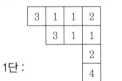

3	1	1	2
	3	1	1
		2	
		4	

1단 :

4	1	2
	3	1
		4

2단 :

35 ②

밖으로 노출된 면이 1면인 블록을 찾아야 한다. 맨 아래 층 블록부터 순서대로 다음과 같은 개수의 면이 밖으로 노출되어 페인트가 칠해진다.

3	1	3
1	0	1
3	1	3

1단

	4	
4	0	4
	4	

2단

5

3단

36 ②

①의 경우 색칠된 부분이 다르며, ③, ④의 경우 도형안의 기호가 일치하지 않는다.

37 ③

②의 경우 색칠된 부분이 다르며, ①, ④의 경우 직사각형 안의 도형이 다르다.

38 ①

39 ②

그림의 가장 큰 부분을 차지하는 지구(젖소)의 모양에 유의하여 연결한다.

40 ③

버스의 모양을 기준으로 연결한다.

01	02	03	04	05
②	①	①	④	①
06	07	08	09	10
②	④	④	①	②
11	12	13	14	15
③	②	①	①	②
16	17	18	19	20
②	④	①	①	①
21	22	23	24	25
③	③	②	④	④
26	27	28	29	30
②	④	①	④	④
31	32	33	34	35
④	②	①	②	②
36	37	38	39	40
③	①	②	③	④

01 ②

suffer (질병·고통·슬픔·결핍 등에)2 시달리다, 고통받다

① 다루다
② 아프다, 다치게 하다
③ 상의하다, 의논하다
④ 알리다

02 ①

compel 강요하다, ～하게 하다

① 강요하다, 억지로 ～시키다
② 자손, 자식
③ 흥미 없는, 관심 없는
④ 긁다, 할퀴다

03 ①

hazard 위험, 위태롭게 하다

① 위험
② 선고를 내리다, 비난하다.
③ 박해하다.
④ 취소하다.

04 ④

departure 떠남, 출발

① 결정, 판단
② 뒤에, 뒤떨어져
③ 생각, 의견
④ 시작, 출발

05 ①

expose 드러내다, 폭로하다, 노출시키다

① 드러내다, 밝히다, 누설하다
② (재판·회의 등을) 연기하다, 휴회하다
③ 불화, 다툼, 불일치
④ 인용하다, 견적을 내다

06 ②

extend 확장하다, 넓히다

① 인사하다, 환영하다
② 줄이다, 감소시키다
③ 암시하다, 의미하다
④ 말하다, 언급하다

07 ④

brief 간결한, 짧은, 간단히 보고하다

① 붙잡다, 파악하다
② 무시하다, 간과하다
③ 아첨하다, 자만하다
④ 긴, 장기간에 걸치는

08 ④

accumulate 축적하다, 모으다

① 조심하다, 주의하다
② 포획하다, 사로잡다
③ 패배시키다, 패배
④ 흩뜨리다, 해산시키다

09 ①

improve 개선되다, 나아지다

① 악화되다   ② 가스, 매연
③ 탈출한   ④ 혼란시키다

10 ②

sincere 진실한, 진정한

① 둥근, 아우르는
② 거짓의
③ 모서리, 가장자리
④ 마음에 품다, 상상하다

11 ③

① 지리학 ② 배구 ③ 문학 ④ 장미(꽃)

12 ②

① 역사 ② 언어 ③ 교과서 ④ 사전

13 ①

see a movie 영화를 보다

① 취미 ② 음악을 듣다 ③ 박물관 ④ 영화관

14 ①

②③④는 '꽤, 약간, 다소'라는 의미로 문맥상 어울리지
않는다.

「오늘 이 자리에 계신 여러분들은 이미 도약할 준비가 되어 있습니다.」

15 ②

'by bus'는 '버스를 타고'라는 뜻이다.

16 ②

audible 들리는, 청취할 수 있는   legible 읽기 쉬운, 명료한
edible 식용에 적합한 despicable 야비한, 비열한

「그녀의 필적은 거의 알아 볼 수 없다.」

17 ④

① 소리치다, 외치다   ② 묘사하다, 기술하다
③ 알리다, 발표하다   ④ 과장하다

「사실의 범위를 넘어서서 과장된 묘사 ; 어떤 것을 사실에 비하여
더 크고, 더 나아보이고, 더 나쁘게 보이게 하는 것」

18 ①

① 화장지   ② 포장지
③ 포스트잇(접착식메모지)   ④ 편지지

「당신이 코를 푸는 데 필요한 얇고 부드러운 종이 한 장(화장지)」

19 ①

① 선언문, 성명서 ② 권한 ③ 유지, 지속
④ 가장 많은 수

「정책, 방심, 성과, 통치자에 의한, 정치적인 부분 등에 관한 공공
의 발표나 개인이나 그룹의 성격에 대한 공공의 발표」

20 ①

① 바닥 ② 해안 ③ 시행하다 ④ 업적, 대성공

「어떤 물건의 가장 낮은 부분 ; 용기 안쪽의 가장 낮은 표면」

21 ③

habitat 서식지 exhaust 기진맥진하게 만들다. 기운을 빠지게 하다 literature 문학 philosophy 철학

① leave는 '~을 떠나다'라는 의미의 타동사이므로 전치사 from을 삭제해야 한다.

② Owen의 상태를 나타내는 and 앞, 뒤의 두 단어의 형태가 똑같이 형용사이어야 하므로 exhaust(기진맥진하게 하다, 고갈시키다)가 exhausted(지친)가 되어야 한다.

④ beside는 '~옆에'라는 의미이므로, '~외에도, 뿐만 아니라'의 의미인 besides가 알맞다.

「① 먹을 풀이 없으면 동물들은 그들의 서식지를 떠나야만 한다.
② 그는 오웬과 함께 도착했는데, 오웬은 힘이 없고 기운이 빠져 있었다.
③ 이 팀은 대개 금요일마다 늦게까지 일을 한다.
④ 문학뿐만 아니라, 우리는 역사와 철학을 공부해야 한다.」

22 ③

intimately 친밀히, 충심으로 insist on ~을 고집(요구)하다 break out 발발(발생)하다 vary 달라지다, 달리 하다 significantly (두드러질 정도로) 상당히

① as intimately than → as intimately as 원급비교 구문이므로 as ~ as로 써 준다.

② company → accompany '~를 동반하다'는 뜻을 나타내기 위해서는 그 뜻을 가진 타동사 accompany를 써야 한다. company는 명사로만 쓰이는 단어이다.

③ so ~that(너무 ~해서 ~하다) 구문이며, that절에서는 as if 가정법이 쓰였다.

④ the number of sugar → the amount of sugar the number of는 셀 수 있는 명사와 쓰인다. sugar는 셀 수 없으므로 양을 나타내는 the amount of로 고쳐준다.

「① 벌과 꽃처럼 친밀이 연관된 생명체는 거의 없다.
② 아버지는 그들이 머물고 있는 곳에 우리와 함께 가지 않았다. 그러나 내가 가라고 주장했다.
③ 이라크의 상황이 너무 심각해 보였기에 마치 언제라도 제3차 세계대전이 발발할 것처럼 보였다.
④ 최근의 보도에 따르면, 미국인들이 소비하는 설탕의 양은 해마다 두드러지게 크게 달라지지 않는다고 한다.」

23 ②

for sure 확실히 develop 발전시키다

② 뒤에 복수인 theories와 guesses가 왔으므로 many가 옳다. (much → many)

「수천 년간 사람들은 밤하늘을 올려다보며 달을 보아왔다. 그들은 달이 무엇으로 만들어졌는지 궁금해 했다. 그들은 달이 얼마나 큰지 그리고 얼마나 멀리 떨어져 있는지 알고 싶어 했다. 가장 흥미로운 질문들 중 하나는 "달이 무엇으로부터 기원했는가?"이다. 어느 누구도 확실히 알지 못했다. 과학자들은 많은 다양한 이론이나 추측을 발전시켰지만, 자신들의 생각이 옳다는 것을 증명하지 못했다. 그러다 1969년과 1972년 사이에 미국은 우주비행사들이 달을 연구하고 암석 표본을 지구로 가지고 오도록 그들을 달에 보냈다.」

24 ④

religious 종교적인 observation 관찰, 주목 observance 의식

④ observation → observance, 앞의 단어 religious의 뜻으로 미루어2 observation이 의식이라는 뜻을 가진 observance로 바꿔야 한다.

「아도니스의 정원들은 5세기 아테네인들이 행했던 종교적인 의식의 특징이었다.」

25 ④

raise 올리다, 끌어올리다, 일으키다 consciousness 자각, 의식 concerning ~에 관하여, ~에 대하여 environmental 환경의, 주위의 distribute 분배하다, 배포하다 leaflet 작은 잎, 전단, 리플릿 congressman 국회의원 B as well as A A뿐만 아니라 B도 petition 청원, 탄원, 진정서

④ as well as는 등위상관접속사이므로 앞뒤의 병치가 되어야 한다. 따라서 distribute, write, sign 세 동사가 should에 걸려 모두 동사원형이 되어야 한다.

「환경문제에 관하여 대중의 의식을 끌어올리기 위해, 모든 사람들은 필요한 탄원서에 서명해야 할 뿐만 아니라 전단을 배포하고 각자의 국회의원에게 편지를 써야 한다.」

26 ②

obesity 비만 overweight 과체중 regularly 정기적으로

「우리가 먹는 음식은 우리에게 건강한 삶을 가져다준다. 그러나 만약 우리가 너무 많이 먹는다면, 필요 이상의 음식은 지방으로 변하여 우리의 몸에 저장된다. 만약 우리가 정기적으로 과식한다면, 비만이 될지도 모른다. (d)비만이란 우리 몸에 다량의 지방을 가지고 있는 것을 말한다. (b)그것은 우리의 건강에 심각하고 장기적인 영향을 많이 주며, 미국에서는 두 번째로 많은 사망의 원인이기도 하다. (c)최소한 다섯 명 중에 한 명의 아동을 포함하여, 미국인들의 절반 이상이 과체중이다. (a)따라서 건강한 삶을 위해 먹는 음식의 양을 조절하는 것은 필수적이다.」

27 ④

bother 괴롭히다, 귀찮게 하다 wonderfully 이상하게도, 놀랄 만큼, 경이적으로, 훌륭하게 obligation 의무, 책무, 은혜 fascinate 매혹하다, 황홀하게 하다, 넋을 빼앗다

「훌륭한 재능을 지닌 자신들의 아들 자랑을 쉬지 않고 늘어놓으면서도, 똑같이 특별한 우리들의 아이에 대한 질문을 해서 우리를 피곤하게 만드는 법이 절대 없는 자부심에 넘친 부모를 우리 모두는 지겨워하고 있다. 어떤 특정 시점에서, 말하고 있는 사람은 주변의 대화를 전환해야 할 의무감을 가지고 질문한다. "당신의 자녀는 어떻습니까?" Choke는 "당신이 사람들에게 그들 자신에 대해 말하게 한다면, 사람들은 당신에게 호감을 가질 것입니다." 라고 말한다. 질문을 해라. 그 사람의 관심사를 파악하라.」

28 ①

inmate 수감자 cell 독방, 밀실, 세포 file a suit against ~을 상대로 고소하다, 소송을 제기하다 penitentiary 교도소, 고해신부 serve (one's) time 복역하다, 복무연한을 채우다 sink 세면대 knob 혹, 마디, 손잡이 turn on (수도 등을) 틀다, (전기 등을) 켜다 civil rights 시민권, 공민권 violate 어기다, 위반하다, 침해하다 adapt 적응시키다, 조화시키다 proportion 비율, 비례, have a point 일리가 있다, 장점이 있다 dismiss 기각하다, 각하하다 frivolous 경솔한, 경박한, 사소한 reasonable 합당한, 합리적인 brilliant 찬란한, 눈부신, 훌륭한 segregated 분리된, 격리된, 인종차별의

「많은 교도소의 수감자들은 그들의 교도소 독방의 크기에 대해 불평하지만, 너무 크다고 말하는 경우는 거의 없다. 1974년에, Raymond McCra는 자기가 복역하고 있던 연방교도소를 상대로 소송을 제기하였다. McCra는 신장이 단지 3피트 11인치였기 때문에, 그는 자기의 3피트 6인치 크기의 세면대는 사용하기가 어렵다는 것을 알았다. 그리고 교도소의 샤워실에서, 그는 물을 틀기 위해서 손잡이에 닿을 수조차 없었다. McCra는 자기의 독방이 그의 (신체)비율에 적합하지 않기 때문에 자기의 시민권이 침해되고 있다고 주장했다. McCra(의 주장)가 일리가 있을지도 모르지만, 법원은 그것은 어리석은 짓이라고 결정했다. 연방(법원)판사는 그것을 경솔한 짓이라고 단정하면서 그 소송사건을 기각하였다.」

29 ④

ordinarily 보통(은), 대개, 대체로 pay out 갚다, 지불하다 rely on 믿다, 의지하다, 신뢰하다 at the same time 동시에 pay off 전액을 지불하다, 모두 갚다 depositor 예금자, 예금주, 기탁자 fear 두려움, 공포, 걱정, 근심 fund 자금, 기금 withdraw 빼다, 철수시키다, (돈을) 인출하다, 회수하다 year after year 해마다, 해를 거듭하여 compel 무리하게 ~시키다, 강요하다 teller (금전)출납계원 private 개인적인, 비밀의, 은밀한

① 만약 그들이 몰래 그들의 계좌에서 돈을 인출한다면
② 만약 그들이 해마다 점점 더 적게 예금한다면
③ 만약 그들이 금전출납원에게 사적인 목적으로 그들의 자금을 사용하지 말라고 강요한다면
④ 만약 그들이 모두 동시에 나타나지 않는다면

「은행들은 대개 모든 예금액을 갚기 위해서 준비하지 않는다. 그들은 그들의 예금주들이 동시에 모든 예금의 지불을 요구하지는 않을 것이라고 신뢰한다. 만약 예금주들이 은행이 견실하지 못하여 예금주들에게 전액을 모두 지불할 수 없다는 걱정이 일어난다면, 그 때에는 그 걱정이 모든 예금주들을 같은 날에 나타나도록 하는 원인이 될지도 모른다. 만약 그들이 그렇게 한다면, 은행은 모든 예금액을 지불할 수 없다. 하지만 그들이 모두 동시에 나타나지 않는다면, 그 때에는 그들이 원하는 때에 그들의 돈을 원하는 사람에게 지불할 자금이 항상 있을 것이다.」

30 ④

disheveled 헝클어진, 흩어진 majestic 장엄한, 위엄 있는, 당당한 visage 얼굴, 용모, 모양 authority 권위, 근거 instinctively 본능적으로, 직감적으로 dogma 정설, 교리, 교의

'Yet the truth is that most of the scientific breakthroughs that have changed our lives are usually made by people who are still in their 30s'에 착안하면 (   ) 안의 내용이 무엇인지 유추할 수 있다.

「우리가 과학 천재들의 일반적으로 알려진 얼굴을 생각할 때, 종종 나이가 들었던지 반백이 다 된 외모를 떠올린다. 예를 들어, 우리는 Einstein의 헝클러진 머리칼, Darwin의 장엄한 수염, 그리고 Newton의 주름진 얼굴을 생각한다. 하지만 진실은 우리의 삶을 바꾼 과학의 대 발견은 30대의 사람들에 의해 이루어졌고, 여기에는 Einstein, Newton, 그리고 Darwin도 포함된다는 것이다. 실제로, 젊은 과학자들이 그들보다 나이 든 사람보다 그 시대의 지적 신조에 영향을 덜 받았다는 것은 별로 놀랄만한 일은 아니다. 그들은 본능적으로 기존의 원리에 의문을 품는다. 그들은 새로운 생각은 미친 짓이라는 이야기를 들어도 믿지 않고, 불가능한 일에 자유롭게 도전했다.」

31 ④

inherit ~을 상속하다, 유전하다 more or less 다소, 어느 정도 (= somewhat) intensive 강한, 집중적인

「언어는 일상적인 행위의 많은 부분을 차지해서 어떤 사람들은 그것을 호흡을 하거나 윙크를 하는 것과 같이 다소 자연발생적이며 타고난 행동으로 여기게 될 수도 있다. 물론, 우리가 이 문제에 대해 조금이라도 생각을 해본다면 우리는 틀림없이 언어에 있어서 자연발생적인 것은 아무것도 없다는 것을 깨달을 것이다. 아이들은 그들의 모국어를 배워야만 하고 그러한 필수적인 훈련은 시간이 오래 걸린다. 언어는 유전되는 것이 아니다. 언어는 집중적인 교육에 의해서만 한 세대에서 다음 세대로 전달되는 일종의 기술인 것이다.」

「언어는 유전되는 것이 아니라, 교육에 의해 습득되는 것이다.」

32 ②

anabolic 신진대사의, 동화작용의 competition 경쟁, 경기 virtually 사실상, 실질적으로 hasten 서두르다, 재촉하다, 급하게 하다 diuretic 이뇨제 dose (1회) 복용량 misuse 오용, 남용 randomly 무작위로, 임의로 regime 정체(政體), 조직 strict 엄격한 federation 연합, 동맹 lack ~이 없다, 결핍되다 hodgepodge 뒤범벅, 잡탕 settle upon ~으로 결정하다 flush out 씻어 내리다 crack down on ~을 단속하다, 탄압하다 retard 늦추다, 지체시키다, 방해하다 bequeath (동산을) 유증하다, 남기다 clean out 깨끗이 하다 look down upon ~을 내려다보다, 경멸하다

「경기에서 신진대사의 스테로이드를 검사하는 것은 실질적으로 무익한데, 약물을 사용한 운동선수들은 단지 그들의 몸에 약물을 씻어 낼 시간을 주기 위해서 그들의 시즌이 시작되기 몇 주일 선에 그것들을 사용하는 것을 멈춘다. 그들은 또한 이뇨제로 이 과정을 서두르거나 신진대사효과가 있는 자연스러운 호르몬들을 계속 적게 복용할 수 있다. 전문가들은 약물남용을 감소시키는 유일한 방법은 훈련기간 동안 무작위로 검사하는 것이라는 데 동의한다. 그러나 단 하나의 국제검사조직도 없다. IOC는 개개의 국가들과 스포츠연합에 책임을 남긴 채, 경기 밖에서의 엄격한 검사에 거의 관심을 보이지 않아 왔다. 검사하기 위한 자금 – 또는 의지 – 이 많이 부족하다. 그 결과는 몇 명의 운동선수들을 단속하는 반면에 다른 운동선수들은 자유롭게 약물을 사용하도록 내버려두는 뒤범벅된 계획이다.」

33 ①

legislation 입법, 법률 제정 union 노동조합, 결합 comply with ~에 따르다, 응하다, 순응하다 maintain 유지하다, 보존하다 conflict 충돌, 대립, 갈등, 쟁의 arise 발생하다, 일어나다, 생기다 represent 나타내다, 의미하다, 상징하다 collectively 집단적으로, 공동으로 concern 관심사, 이해관계, 걱정 establish 설립하다, 제정하다, 확립하다

① 노사 양측은 그들 간 공평한 세력의 균형을 유지하기 위해 의도된 법이라는 것으로 보아 노사평등입법임을 알 수 있다.

「이 모든 입법의 결과로서 노사 양측은 그들 간 공평한 세력의 균형을 유지하기 위해 의도된 법에 순응해야만 한다. 물론 갈등이 이 두 집단 간에 종종 발생한다. 하지만 혜택, 임금, 근로시간 및 근로자들의 다른 많은 이해관계 같은 쟁점에 대해 근로자들을 공동으로 대표하는 노동조합의 권리들에 대한 갈등은 전혀 없다. 이러한 권리들은 금세기중 30년 동안 법으로 확립되고 쓰였다.」

34 ②

② 근로자가 관심을 가지는 쟁점들은 각종 혜택, 임금 및 근로시간이다.

35 ②

get rid of 면하다, 그만두다   get over 극복하다, 회복하다   cease 그만두다   afford ~할 수 있다, ~할 여유가 있다   oppose 반대하다, 대항하다

① 교우관계, 친선
② 적의, 적대감
③ 정직, 솔직함
④ 너그러움

「Mahatma Gandhi가 영국의 지배를 벗어나려는 운동으로 인도의 민중들을 이끌고 있을 때 그의 추종자들이 영국인들에 대한 강한 적개심을 갖게 될 때면 그는 언제나 말하곤 했다. "이러한 적개심을 극복할 때까지 멈추어라. 당신이 그 감정을 지닌 한 우리는 (저항)을 계속할 수 없을 것이다. 당신이 영국인을 증오하기를 그만두어야 우리는 계속 그들에 저항할 여유가 생길 수 있다."」

36 ③

make up with ~와 화해하다   look down 낙담해 보이다

① 난 내 일이 지겨워.
② 문제없어! 너는 언제나 환영이야.
③ 그녀와 화해해 보려고 했니?
④ 오늘 아주 덥네요, 그렇죠?

「A : 안녕하세요, 스미스 선생님
 B : 안녕, Sue. 무슨 일이니? 너 좀 처져 보이네.
 A : 네... 상의드릴 일이 있어서 왔어요.
 B : 뭔데? 아마 내가 좀 도움을 줄 수 있을 것 같아.
 A : 지난주 반 친구 Sally와 크게 다퉜는데 그녀는 이제 저와 말도 하지 않아요. 저는 그게 슬퍼요.
 B : 그녀와 화해해 보려고 했니?
 A : 네. 여러 번 해봤지만 그녀는 제 말을 들으려고 하질 않아요.
 B : 무슨 말인지 알겠어. 음, 그녀에게 편지를 쓰는 건 어때?
 A : 좋은 생각이시네요. 바로 해야겠어요. 스미스 선생님 고마워요.」

37 ①

person-to-person call 지명통화

「A : 여보세요. 장거리 전화교환원입니다.
 B : 여보세요, 서울 로열 호텔에 있는 James씨와 지명통화를 하고 싶은데요.
 A : 호텔 전화번호를 아세요?
 B : 아니요. 좀 알아봐주시겠어요?
 A : 잠깐만 기다리세요. 385 – 2824번입니다.」

38 ②

① 내가 돌아온 후에 나에게 어디에 있는지 말해줄래?
② 이 줄에서 내 자리 좀 맡아줄래?
③ 내가 너에게 편지를 써도 되니?
④ 전화를 끊지 말고 기다려주실래요?

「A : 오, 이런!
 B : 무슨 일이야?
 A : 차에 내 지갑을 놓고 온 것 같아.
 B : 그럼, 입장권을 사기 전에 갔다 오는 것이 좋겠다.
 A : 이 줄에서 내 자리 좀 맡아줄래?
 B : 물론이지, 서둘러!」

39 ③

risk 위험   get out of 빠져 나가다   oxygen 산소

① 합치다, 완성되다
② 함께 오다, 따라오다
③ 올라오다, (일이)생기다
④ 무너져 내리다, 떨어지다

「고래들이 대구 무리를 쫓아 만 안으로 들어왔다. 하지만 큰 위험에 처했다. 만 주변에 얼음(빙하)이 많았다. 갑자기 그 빙하가 만 안으로 들어와 바다로 나가는 길을 막아 버렸다. 고래가 만을 빠져 나갈 수 없었다. 갇혀 버린 것이다! 이제부터는 모든 고래가 빙하가 없는 아주 좁은 지역 안에서만 다닐 수 밖에 없다. 아주 어려운 상황이 된 것이다. 고래는 산소로 호흡한다. 빙하가 가까이로 다가와 바다를 뒤덮게 되면, 고래가 바다 위로 숨을 쉬기 위해 올라올 수 없게 된다.」

40 ④

handwriting 손 글씨

① 그러므로, 정말로

② 간단히 말해서, 다시 말해서

③ ~에도 불구하고, 예를 들어

④ 하지만, 게다가

「편지는 사람들이 메시지를 보낼 때 쓰는 보통의 방법이었다. 그 대신, 오늘날에는 많은 사람들이 이메일을 쓴다. 이메일은 시간을 절약해 준다. 다시 읽어 보기 위해 이메일을 자신의 컴퓨터에 보관해 둘 수 있다. 이것은 자신이 쓴 것을 기억하도록 도와준다. 하지만 편지가 훨씬 좋을 때가 있다. 우편물로 편지를 받는 것에는 무언가 즐거운 것이 있다. 이것은 당신을 특별하게 느끼도록 한다. 이것은 누군가가 당신만을 위해 카드를 골랐다는 것을 의미한다. 게다가 안에 무엇이 들어 있는지 보는 것은 언제나 즐거운 일이며, 손 글씨는 타자로 친 것보다 좀 더 인간적이다. 당신의 편지를 받는 것은 누군가를 미소 짓게 만들 것이다.」

✅ 수리능력

01	02	03	04	05
②	①	③	④	④
06	07	08	09	10
④	④	④	②	①
11	12	13	14	15
①	②	①	①	④
16	17	18	19	20
②	①	④	④	④
21	22	23	24	25
②	③	③	②	④
26	27	28	29	30
①	③	②	①	②
31	32	33	34	35
③	④	④	②	②
36	37	38	39	40
②	③	②	④	④

01 ②

$$\frac{6,877.2}{28,999.4} \times 100 ≒ 23.71(\%)$$

02 ①

$$100 - 11.8 - 31.6 - 34.6 - 4.8 = 17.2(\%)$$

03 ③

중량을 백분율로 표시한 것이므로 각각 중량의 단위로 바꾸면, 탄수화물 31.6g, 단백질 34.6g, 지방 17.2g, 회분 4.8g이 된다. 모두 합하면 총 중량은 88.2g이 된다.
단백질 중량의 백분율을 구하면,

$$\frac{34.6}{88.2} \times 100 ≒ 39.229(\%)이므로 39.23\%가 된다.$$

04 ④

④ 청년층에서 A당 지지자의 찬성 비율 : $\frac{90}{90+10} = 90\%$

청년층에서 B당 지지자의 찬성 비율 : $\frac{60}{60+40} = 60\%$

장년층에서 A당 지지자의 찬성 비율 : $\frac{60}{60+10} ≒ 86\%$

장년층에서 B당 지지자의 찬성 비율 : $\frac{15}{15+15} = 50\%$

따라서 사형제 찬성 비율의 지지 정당별 차이는 청년층보다 장년층에서 더 크다.

① 청년층 중 사형제에 반대하는 사람 수(50 명)>장년층에서 반대하는 사람 수(25명)

② B당을 지지하는 청년층에서 사형제에 반대하는 비율 :

$$\frac{40}{40+60} = 40\%$$

B당을 지지하는 장년층에서 사형제에 반대하는 비율 :

$$\frac{15}{15+15} = 50\%$$

③ A당은 찬성 150, 반대 20, B당은 찬성 75, 반대 55의 비율이므로 A당의 찬성 비율이 높다.

05 ④

31~35세 사이의 남자와 여자의 입장객 수는 같다.

06 ④

④ 3일의 시청률은 15%로 1일의 시청률 5%보다 3배 증가하였다.

① A 드라마는 시청률이 증가, 감소를 반복하고 있다.

② 9일 이후 A드라마의 시청률은 증가, 감소를 반복하고 있다.

③ A 드라마는 11일에 최고 시청률을 기록하였다.

07 ④

합계가 2이므로 A=1

B=8−1−3−2=2

C=1+2=3

D=9−1−3=5

08 ④

과학＼수학	60	70	80	90	100	합계
100				1	1	2
90			1	2		3
80		2	5	3	1	11
70	1	2	3	2		8
60	1					1
합계	2	4	9	8	2	25

1+1+1+2+2+5+3+1+3+2=21

∴ 80점 이상은 21명이다.

09 ②

평균이 90점 이상이 되려면 총점이 180점 이상이 되어야 한다. 따라서 아래 표의 표시한 부분의 학생들만 해당된다.

과학＼수학	60	70	80	90	100	합계
100				1	1	2
90			1	2		3
80		2	5	3	1	11
70	1	2	3	2		8
60	1					1
합계	2	4	9	8	2	25

평균이 90점 이상인 학생은 모두 5명이므로 전체 학생의 $\frac{5}{25} \times 100 = 20(\%)$가 된다.

10 ①

A, B, C의 장소를 각각 1대의 차량으로 방문하는 경우 수송거리는 (10+13+12)×2=70(km),

하나의 차량으로 3곳 수요지를 방문하고 차고지로 되돌아오는 경우의 수송거리는 10+5+7+12=34(km)이다.

그러므로 70−34=36(km)이다.

∴ 36(km)가 감사된다.

11 ①

① B의 최대 총점(국어점수가 84점인 경우)은 263점이다.

② E의 최대 총점(영어점수가 75점, 수학점수가 83점인 경우)은 248점이고 250점 이하이므로 보충수업을 받아야 한다.

③ B의 국어점수와 C의 수학점수에 따라 D는 2위가 아닐 수도 있다.

④ G가 국어를 84점 영어를 75점 받았다면 254점으로 보충수업을 받지 않았을 수도 있다.

12 ②

냉장고 판매량 110(만 대)와 전자레인지 판매량 60(만 대)를 나눠서 몇 배 차이가 나는지를 구하면

110÷60 ≒ 1.83이다.

∴ 1.83배 차이가 난다.

13 ①

각 제품의 예상 매출액을 구해보면 냉장고는 320억 원으로 실제 매출액과 100억 원 차이가 나고, 에어컨은 8억 원, 김치냉장고는 290억 원, 청소기는 203억 원, 세탁기는 175억 원, 살균건조기는 162억 원, 공기청정기는 135억 원, 전자레인지는 136억 원이 차이가 난다.

14 ①

전체 매출액은 3,379억 원이다. 이 중에서 김치냉장고가 차지하는 비율은 $\frac{590}{3,379} \times 100 = 17.4(\%)$으로 17.4%이다.

15 ④

㉠ 모든 공공시설의 수가 나머지 도시들의 수보다 적은 도시는 C 도시이고, 2022년에 C도시의 공공청사의 수가 D 도시보다 많아졌으므로 C 도시는 병, D 도시는 을이다.

㉡ 을(D 도시)을 제외하고 2021년 대비 2022년 공공시설 수의 증가는 A 5개, B 11개, C(병) 5개이다. A의 공공시설의 수가 월등히 많은 데 비해 증가 수는 많이 않으므로 증가율이 가장 작은 도시인 정은 A 도시이다.

㉢ 2021년과 2022년의 공공시설 수가 같은 도시는 B 도시이다.

∴ A : 정, B : 갑, C : 병, D : 을

16 ②

$7.85 \times 10^3 + 789 = 8639$

17 ①

$0.98 \times 3.2 \times 6.55 = 20.5408$

18 ④

$$\frac{5}{6} + \left\{ \frac{16}{5} \times \left(\frac{3}{4} + \frac{9}{8} \right) \right\} = \frac{5}{6} + \left\{ \frac{16}{5} \times \frac{15}{8} \right\}$$
$$= \frac{5}{6} + 6 = \frac{41}{6}$$

19 ④

$3할 \times 50\% = 0.3 \times 0.5 = 0.15 = 1할5푼 = 15\%$

20 ④

$\sqrt{8} \times \sqrt{5} \times \sqrt{2} = 4\sqrt{5}$

21 ②

$2.4 \times (3) - 5.6 \times \frac{5}{8} = 3.7$

22 ③

$\frac{5}{3} \div (2) \times 0.6 = 0.5$

23 ③

$72 - (25) \times 2 + 3.5 = 25.5$

24 ②

$23 \times 2 (-) 42 \div 3 = 46 - 14 = 32$

25 ④

$\sqrt{256} = \sqrt{16^2} = 16$
$64 (\div) 8 + 8 = 8 + 8 = 16$

26 ①

$A : \dfrac{2^2 + 4^2}{3} = \dfrac{4 + 16}{3} = 6.66\cdots$

$B : \dfrac{2^3 + 4^2}{4} = \dfrac{8 + 16}{4} = 6$

$\therefore A > B$

27 ③

$A : (1, 1, 1, 2), (1, 1, 2, 1), (1, 2, 1, 1), (2, 1, 1, 1)$ 4가지

$B : (6, 6, 6, 5), (6, 6, 5, 6), (6, 5, 6, 6), (5, 6, 6, 6)$ 4가지

$\therefore A = B$

28 ②

$A : \sqrt{9} < \sqrt{10} < \sqrt{16} \Rightarrow 3 < \sqrt{10} < 4$
$B : 1 < \sqrt{3} < 2 \Rightarrow 4 < \sqrt{3} + 3 < 5$
$\therefore A < B$

29 ①

$A : \sqrt{16}-1 < A < \sqrt{25}-1 = 4-1 < A < 5-1$이므로,

$3 < A < 4$

$\therefore A > B$

30 ②

$A - B = 3a + 2b - 17 + 2a - 4b + 23$

$\qquad = 5a - 2b + 6$

$5a = 2b - 8$, 즉 $5a - 2b = -8$이므로

$A - B = -2 < 0$

$\therefore A < B$

31 ③

소금물이 쏟아져서 양이 줄어도 농도는 변화하지 않으므로 문제는 25%의 소금물 300g에 물 100g을 더한 것으로 계산하면 된다.

$\dfrac{75}{300+100} \times 100 = 18.75(\%)$

32 ④

편차는 변량에서 평균을 뺀 값이므로 편차의 총합은 항상 0이 된다는 사실을 이용하여 계산할 수 있다. 따라서 편차를 모두 더하면 $3 - 1 + (\ ) + 2 + 0 - 3 = 0$이 되므로 '병'의 편차는 -1임을 알 수 있다.

분산은 편차를 제곱한 값들의 합을 변량의 개수로 나눈 값이므로 $(9 + 1 + 1 + 4 + 0 + 9) \div 6 = 4$가 되어 분산은 4이다.

분산의 양의 제곱근이 표준편차가 되므로 표준편차는 2가 되는 것을 알 수 있다.

따라서 분산과 표준편차를 합한 값은 6이 된다.

33 ④

노새가 가진 당근의 수를 x, 당나귀가 가진 당근의 수를 y라 하면, $x + 1 = 2(y - 1)$, $x - 1 = y + 1$이다.

연립방정식을 풀면 $x = 7$, $y = 5$이다.

따라서 $x + y = 12$이다.

34 ②

전체 경우의 수에서 4명 모두가 A팀인 경우의 수와 4명 모두 B팀인 경우의 수를 빼면 된다.

$_9C_4 - (_5C_4 + _4C_4) = \dfrac{9 \times 8 \times 7 \times 6}{4 \times 3 \times 2 \times 1} - (5 + 1) = 120$

35 ②

$\{80 \times (15{,}000 \times 1.15)\} + \{20 \times (15{,}000 \times 1.15 \times 0.9)\} - (100 \times 15{,}000) = 1{,}380{,}000 + 310{,}500 - 1{,}500{,}000 = 190{,}500$원

36 ②

승호의 나이를 x, 엄마의 나이를 y라 할 때,

$x + x - 2 = \dfrac{2}{3}y$, 정리하면 $3x - y = 3 \cdots \bigcirc$

$(x + 11) + (x - 2 + 11) = y + 11$, 정리하면

$2x - y = -9 \cdots \bigcirc$

$\bigcirc - \bigcirc$하면, $x = 12$, $y = 33$이므로 승호의 나이는 12세, 동생의 나이는 10세, 엄마의 나이는 33세이다.

$\therefore$ 동생과 엄마의 나이의 합은 43이다.

37 ③

$t(시간) = \dfrac{m(거리)}{v(속력)}$이므로,

지호의 운동시간은 다음과 같이 계산할 수 있다.

$\dfrac{1.2}{4} + \dfrac{1.2}{6} + \dfrac{1.2}{8} + \dfrac{1.2}{10} + \dfrac{1.2}{10}$

$= 0.3 + 0.2 + 0.15 + 0.12 + 0.1 = 0.87(시간)$

0.87시간은 52.2분이므로 52분 12초 동안 운동했고, 중간에 10분 휴식했다. 그러므로 총 운동시간은 1시간 2분 12초이다.

38 ②

x라 하면

$6x^2 = 54$에서 $x^2 = 9$이고 $x = 3$이므로

$V = 3^3 = 27(cm^3)$

39 ④

357m에 7m 간격으로 심으면

$357 \div 7 = 51$

처음에 1개를 심어야 하므로 $51 + 1 = 52$

양쪽에 심어야 하므로

$52 \times 2 = 104$(그루)

40 ④

일의 자리 숫자를 x로 놓았을 때 다음의 식이 성립한다.

$2 \times 100 + 5 \times 10 + x = 2 \times 100 + x \times 10 + 5 + 18$

$250 + x = 200 + 10x + 23$

$x - 10x = 223 - 250$

$-9x = -27$

$x = 3$

∴ 처음 수는 $2 \times 100 + 5 \times 10 + 3 = 253$이다.

✅ 추리능력

01	02	03	04	05
②	①	④	④	③
06	07	08	09	10
②	③	④	③	③
11	12	13	14	15
④	③	④	①	④
16	17	18	19	20
②	④	②	③	④
21	22	23	24	25
①	①	④	①	④
26	27	28	29	30
②	③	②	②	④
31	32	33	34	35
②	④	②	②	①
36	37	38	39	40
④	③	④	③	③

01 ②

-3, -6, -9, -12, $-15\cdots$로 변화한다.

따라서 빈칸에 들어갈 수는 $-77-27=-104$이다.

02 ①

분자는 3^n, 분모는 전항의 분모$-$해당 항의 분자이다.

따라서 빈칸에 들어갈 수는 $\dfrac{3^2}{275-3^2}=\dfrac{9}{266}$이 된다.

03 ④

앞의 두 항을 더한 것이 다음 항이 된다.

04 ④

1, 3, 5, 7항은 $+10$의 규칙이고,

2, 4, 6, 8항은 -10의 규칙을 가진다.

따라서 빈칸에 들어갈 수는 $-5-10=-15$이다.

05 ③

$\times 1+1$, $\times 2+2$, $\times 3+3$, $\times 4+4$, $\times 5+5$, $\times 6+6$…
으로 변화한다.
따라서 빈칸에 들어갈 수는 $27 \times 4 + 4 = 112$이다.

06 ②

전 항을 $\dfrac{A}{B}$, 다음 항을 $\dfrac{C}{D}$라고 할 때,

$\dfrac{C}{D} = \dfrac{B-A}{A+B}$의 규칙으로 전개되고 있다.

07 ③

$\times 2$, $\times 3-1$, $\times 2$, $\times 3-1$…으로 변화한다.
$\therefore 46 \times 3 - 1 = 137$이다.

08 ④

-2, $\times 3$, -2, $\times 4$, -2, $\times 5$, -2, …
따라서 $10 - 2 = 8$

09 ③

-1, $+2$, -3, $+4$…의 규칙이다. 따라서 빈칸에 들어
갈 수는 $-1 + 7 = 6$이다.

10 ③

$+3$, $\times 3$, -3, $+2$로 변화하고 있으므로
다음의 변화는 $\times 2$가 된다.
따라서 빈칸에 들어갈 수는 $56 \times 2 = 112$이다.

11 ④

A	B	C	D	E	F	G	H	I	J	K	L	M
1	2	3	4	5	6	7	8	9	10	11	12	13
N	O	P	Q	R	S	T	U	V	W	X	Y	Z
14	15	16	17	18	19	20	21	22	23	24	25	26

A(1) − C(3) − C(3) − D(4) − E(5) − E(5) − G(7)
홀수 항은 +2, 짝수 항은 +1의 규칙으로 문자의 배열
이 변화하고 있다.

12 ③

C(3) − E(5) − F(6) − H(8) − I(9) − K(11)는 +2, +1이 반
복되므로 빈칸에 들어갈 문자는 L(12)이다.

13 ④

B(2) − G(7) − K(11) − N(14) − P(16)는 5, 4, 3, 2씩 증
가하므로 빈칸에 들어갈 문자는 Q(17)이다.

14 ①

한글 자음을 순서대로 숫자에 대입하면 다음 표와 같다.

ㄱ	ㄴ	ㄷ	ㄹ	ㅁ	ㅂ	ㅅ	ㅇ	ㅈ	ㅊ	ㅋ	ㅌ	ㅍ	ㅎ
1	2	3	4	5	6	7	8	9	10	11	12	13	14

ㄱ(1) − ㄱ(1) − ㄴ(2) − ㄷ(3) − ㄹ(4) − ㅈ(9) − ㅇ(8)
홀수 항은 2씩, 짝수 항은 3씩 곱해지고 있다. 따라서
빈칸에 들어갈 문자는 ㄹ(4)이다.

15 ④

ㄱ(1) − ㄱ(1) − ㄴ(2) − ㄷ(3) − ㅁ(5) − ㅇ(8)은 앞의 두
수를 더하면 다음 수가 되는 피보나치수열이다. 따라서
빈칸에 들어갈 문자는 ㅍ(13)이다.

16 ②

'첫 번째 수×두 번째 수−세 번째 수=네 번째 수'의 규
칙을 가지고 있다. 따라서 빈칸에 들어갈 수는
$11 \times 3 - 10 = 23$이다.

17 ④

첫 번째 수가 일의 자리, 두 번째 수가 십의 자리로 간
다음에 첫 번째 수를 더한 값이 세 번째 수이다. 따라
서 빈칸에 들어갈 수는 92+2=94이다.

18 ②

첫 번째 수를 분자로 하고 두 번째 수를 분모로 하는 수와 세 번째 수를 곱한 값이 네 번째 수가 된다.

따라서 빈칸에 들어갈 수는 $\dfrac{61}{5} \times 10 = 122$이다.

19 ③

$a \diamondsuit b = a^2 - b^2$의 규칙을 갖는 연산기호이다.
$9 \diamondsuit (2 \diamondsuit 1) = 9 \diamondsuit (4-1) = 9 \diamondsuit 3 = 81 - 9 = 72$

20 ④

$a \circledR b = (a \times b) - 5$의 규칙을 갖는 연산기호이다.
$(8 \circledR 6) \circledR 2 = (48 - 5) \circledR 2 = 86 - 5 = 81$

21 ①

한글 자음 또는 알파벳 순서의 앞쪽에 있는 것이 두 번 반복되고, 그것보다 2개 뒤쪽의 것이 세 번째에 오고 마지막으로 그 둘의 사이에 있는 문자가 온다. 따라서 ①은 'AACB'가 되어야 ②③④와 동일해진다.

22 ①

②③④ 각 항의 차가 1, 2, 3이다.
① ABDG가 되어야 나머지와 규칙이 같아진다.

23 ④

거꾸로 연속하는 두 개의 한글 자음, 알파벳 또는 숫자가 두 번 반복되는 규칙이다. 따라서 ④는 '4343'이 되어야 ①②③과 동일해진다.

24 ①

무지개의 색깔인 '빨주노초파남보'를 이용한 문제로 이웃하고 있는 색깔이 순서대로 나열되어 있다. ①은 '빨주노초'가 되어야 ②③④와 동일해 진다.

25 ④

모두 숫자로 치환했을 때 앞에 위치한 세 개의 숫자를 더한 값이 마지막 숫자가 된다.
$\therefore 1(ㄱ) + 3(ㄷ) + 5(ㅁ) = 9(ㅈ)$
$1(Ⅰ) + 2(Ⅱ) + 2(Ⅱ) = 5(Ⅴ)$
$1 + 2 + 1 = 4$
$1(A) + 3(C) + 3(C) = 7(G)$
④의 경우 8(H)이 아니라 7(G)이므로 ①②③과 다르다.

26 ②

하얀색 동그라미는 대각선을 기준으로 아래에 2번, 위에 2번 위치하며 검은 삼각형은 왼쪽 아래에 1번, 오른쪽 위에 1번 위치한다.

27 ③

색칠된 칸이 하나는 시계방향으로 한 칸씩, 다른 하나는 두 칸씩 이동한다.

28 ②

주사위는 마주보는 면들의 합이 7임을 고려하고 문제를 풀어야 한다.

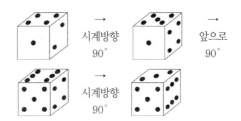

다음에 올 주사위는 앞으로 90° 회전한 ⬚가 되므로 물음표에 들어갈 모양은 ②이다.

29 ②

색칠되는 칸이 시계방향으로 움직이며, 바깥 사각형 안의 숫자는 1씩 증가하고 이때 네 개의 숫자의 합이 가운데 사각형 안의 숫자가 된다.

①의 경우 색칠된 칸이 다르며 ③④의 경우 사각형 안의 숫자가 다르다.

30 ④

1행의 색칠된 조각이 2행에서 $\frac{1}{2}$씩 줄어들고, 2행의 색칠된 조각이 3행에서 $\frac{1}{2}$씩 줄어드는 것을 볼 수 있다.

31 ②

조건을 정리하면 '건강 → 운동 → 등산', '산 → 등산'이 된다. 따라서 결론은 '건강을 중요시하는 사람은 등산을 좋아한다.'가 된다.

32 ④

조건에 따르면 다음과 같다.
D – B – 점심 – E – A – C
따라서 경석이가 첫 번째로 탄 놀이기구는 D이다.

33 ②

B와 C가 취미가 같고, C는 E와 취미생활을 둘이서 같이 하므로 B가 책읽기를 좋아한다면 E도 여가 시간을 책읽기로 보낸다.

34 ②

경상도 사람은 앞에서 세 번째에 서고 강원도 사람 사이에는 다른 지역 사람이 서있어야 하므로 강원도 사람은 경상도 사람의 뒤쪽으로 서게 된다. 서울 사람은 서로 붙어있어야 하므로 첫 번째, 두 번째에 선다. 충청도 사람은 맨 앞 또는 맨 뒤에 서야하므로 맨 뒤에 서게 된다. 강원도 사람 사이에는 자리가 정해지지 않은 전라도 사람이 서게 된다. 줄 서는 순서는 '서울 – 서울 – 경상도 – 강원도 – 전라도 – 강원도 – 충청도'이다.

35 ①

조건에 따르면 영업과 사무 분야의 일은 A가 하는 것이 아니고, 관리는 B가 하는 것이 아니므로 'A – 관리, B – 사무, C – 영업, D – 전산'의 일을 하게 된다.

36 ④

① 관성의 법칙 : 뉴턴의 운동법칙 중 제1법칙으로 외부에서 힘이 가해지지 않는 한 모든 물체는 자기의 상태를 그대로 유지하려고 하는 것을 말한다.
② 가속도의 법칙 : 뉴턴의 운동법칙 중 제2법칙으로 힘이 가해졌을 때 물체가 얻는 가속도는 가해지는 힘에 비례하고 물체의 질량에 반비례하는 것이다
③ 케플러의 법칙 : 케플러가 브라헤의 행성 관측 자료를 분석하여 유도한 행성의 운동에 관한 세 가지 법칙이다.
　㉠ 제1법칙 : 행성은 태양을 초점으로 타원궤도로 공전한다.
　㉡ 제2법칙 : 행성의 속도와 동경이 그리는 넓이의 곱은 항상 일정하다.
　㉢ 제3법칙 : 행성의 공전주기의 제곱은 공전궤도 긴 반지름의 세제곱에 비례한다.

37 ③

㉢㉣ 빛의 직진, ㉠ 빛의 굴절, ㉡ 빛의 회절, ㉤ 빛의 분산

38 ④

우리나라 북서쪽에 크게 발달해 있는 고기압은 시베리아기단에 의해 형성된 것으로 겨울철 일기도를 나타낸다.

39 ③

지구 주위를 맴도는 인공위성은 자유낙하운동을 함과 동시에 회전운동을 하므로 중력과 원심력이 서로 평형이 된 상태가 된다. 따라서 선실 안은 무중력 상태와 같게 되므로 떠있을 수 있게 된다.

40 ③

태양에서 지구까지의 거리가 1이라 할 때
실제거리가 1억 5천만km면,
수성에서 금성까지의 거리는 $0.72-0.39=0.33$이므로
다음과 같은 비례식이 성립한다.
수성에서 금성까지의 실제거리를 x라고 한다면,
$1 : 1억 5천만km = 0.33 : x km$
∴ $x = 4,950만km$

 지각능력

01	02	03	04	05
②	①	②	①	②
06	07	08	09	10
①	①	②	②	①
11	12	13	14	15
①	②	②	②	②
16	17	18	19	20
①	①	①	②	①
21	22	23	24	25
③	③	②	④	④
26	27	28	29	30
②	④	③	①	④
31	32	33	34	35
①	③	③	②	①
36	37	38	39	40
④	④	③	②	③

01 ②

새**해** 복 많이 받으**세**요. - 새**헤** 복 많이 받으**셰**요.

02 ①

좌우가 같다.

03 ②

∑▣▓♨☎♫☞∀♠♤▷▶ - ∑▣▓♨♨♫☞∀♠♤▷▶

04 ①

좌우가 같다.

05 ②

茶煮卞讀早雨訝多雨被**張** - 茶煮卞讀早雨訝多雨被**庄**

06 ①

좌우가 같다.

07 ①

좌우가 같다.

08 ②

Every cloud has a silver li**n**ing. – Every cloud has a silver li**nn**ing.

09 ②

げじずにぽほ**ぶ**を – げじずにぽほ**ぷ**を

10 ①

좌우가 같다.

11 ①

좌우가 같다.

12 ②

11111**1**0011111**0**1011**0**01 – 11111**0**001111**0**01011**1**01

13 ②

ℜℜℜℜℜℜ**ℬ**ℜℜ – ℜℜℜℜℜℜ**ℜ**ℜℜ

14 ②

ㄱㄴㄹㅇㄱㅁㄴㅇㅁㄱㄴㄱ**ㅇㅁ**ㄹ – ㄱㄴㄹㅇㄱㅁㄴㅇ ㅁㄱㄴㄱ**ㅁㅇ**ㄹ

15 ②

HAVE**R**EADTHES**B** – HAVE**P**EADTHES**E**

16 ①

좌우가 같다.

17 ①

좌우가 같다.

18 ①

좌우가 같다.

19 ②

ㅄㄴㄴㅿ**풍**ㅆㅅㅓ –ㅄㄴㄴㅿ**뿡**ㅆㅅㅓ

20 ①

좌우가 같다.

21 ③

1단 15개, 2단 8개, 3단 2개 총 25개이다.

22 ③

1단 12개, 2단 6개, 3단 6개 총 24개이다.

23 ②

1단 8개, 2단 5개, 3단 1개, 4단 1개 총 15개이다.

24 ④

1단 13개, 2단 7개, 3단 1개 총 21개이다.

25 ④

1단 9개, 2단 5개, 3단 1개 총 15개이다.

26 ②

4×4×4의 정육면체(블록 64개)를 만들 수 있다. 주어진 블록이 총 21개이므로 필요한 블록은 43개이다.

27 ④

3×3×3 정육면체(블록 27개)를 만들 수 있다. 주어진 블록은 12개이므로 15개의 블록이 더 필요하다.

28 ③

3×3×3 정육면체(블록 27개)를 만들 수 있다. 주어진 블록이 총 11개이므로 필요한 블록은 16개이다.

29 ①

4 × 4 × 4 정육면체(블록 64개)를 만들 수 있다. 주어진 블록이 총 16개이므로 필요한 블록은 48개이다.

30 ④

4×4×4 정육면체(블록 64개)를 만들 수 있다. 주어진 블록이 총 43개이므로 필요한 블록은 21개이다.

31 ①

밖으로 노출된 면이 1면인 블록을 찾아야 한다. 맨 아래 층 블록부터 순서대로 다음과 같은 개수의 면이 밖으로 노출되어 페인트가 칠해진다.

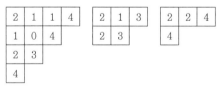

1단   2단   3단

4	4

4단

32 ③

밖으로 노출된 면이 1면인 블록을 찾아야 한다. 맨 아래 층 블록부터 순서대로 다음과 같은 개수의 면이 밖으로 노출되어 페인트가 칠해진다(위쪽의 블록 세 개는 모두 4면씩 밖으로 노출되어 있다).

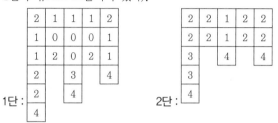

33 ③

위의 두 층에 있는 블록은 모두 2면 이상 노출되어있고, 맨 아래 층의 블록의 노출된 면의 수는 다음과 같다.

1단

34 ②

밖으로 노출된 면이 1면인 블록을 찾아야 한다. 맨 아래 층 블록부터 순서대로 다음과 같은 개수의 면이 밖으로 노출되어 페인트가 칠해진다.

1단:

3	1	2
2	2	1
		3
		4

2단:

	4	3
5	4	

35 ①

위의 두 층은 모든 블록이 2면 이상 노출되어있고, 맨 아래층의 2개 블록만 바닥에 닿은 면을 제외하고 1면만 페인트가 칠해진다.

1단:

3	1	2
	2	1
4	2	3

36 ④

①의 경우 곡선의 위치가 반대이며, ②의 경우 ●와 ■의 위치가 다르며, ③의 경우 타원 안의 기호가 다르다.

37 ④

④ 제시된 그림을 시계 방향으로 90° 회전시킨 것이다.

38 ③

39 ②

달의 모양을 기준으로 연결한다.

40 ③

그림의 중심에 있는 큰 테이블과 각 사물들의 잘려진 단면을 고려하여 연결한다.

✅ 영어능력

01	02	03	04	05
②	④	①	②	④
06	07	08	09	10
④	①	①	①	②
11	12	13	14	15
③	②	①	①	②
16	17	18	19	20
④	①	④	④	④
21	22	23	24	25
④	②	③	①	④
26	27	28	29	30
④	④	③	③	②
31	32	33	34	35
③	②	③	③	③
36	37	38	39	40
②	①	③	④	④

01 ②

succession 연속, 잇따름

① 은퇴   ② 연속, 연쇄
③ 전문가, 전공자   ④ 생존

02 ④

disconnect 연결을 끊다, 공급을 끊다, 분리하다

① 사려하다, (~을 ~로) 여기다, 고려하다
② 과로하다, 혹사하다
③ 떨다, 진동하다
④ 분리되다, 나뉘다

03 ①

establish 설립하다

① 설립하다
② 제출하다
③ 추천하다
④ 시도, 시도하다

04 ②

improve 개선되다, 나아지다, 향상시키다

① 옮기다, 이동하다
② 높이다, 향상시키다
③ 알아내다, 밝히다, 결정하다
④ (신원 등을) 확인하다, 찾다, 발견하다

05 ④

anticipate 예상하다, 예측하다, 기대하다, 고대하다

① 전시하다, 보이다, 전시품
② 줄이다, 낮추다
③ 애를 쓰다, 신경 쓰이게 하다, 괴롭히다
④ 예상하다, 기다리다, 요구하다

06 ④

advocate 옹호하다, 지지하다

① 은퇴하다, 퇴직하다
② 매력적이다, 관심을 끌다, 매력, 호소
③ 의지하다, 믿다
④ ~에 반대하다, 이의를 제기하다

07 ①

hostile ~에 반대하는, 적개심을 품은

① amicable … 우호적인, 평화적인, 타협적인

08 ①

contaminate 오염시키다, 더럽히다

① 깨끗이 하다, 정화하다
② 호의를 보이다, 찬성하다
③ 한탄하다, 슬퍼하다
④ 꽃을 피우다, 꽃이 피다

09 ①

descend 내려가다, 내려오다

① 오르다, 올라가다
② 알아차리다, 알아보다
③ 말하다, 묘사하다
④ 넘어지다, 쓰러지다

10 ②

comply 따르다, 준수하다

① 시행하다, 실시하다　　② 무시하다, 반항하다
③ 발표하다, 알리다　　④ 제공하다, 공급하다

11 ③

a bucket 물통, 양동이

① 수해　② 소풍　③ 용기　④ 음료수

12 ②

the Government party 여당

① 야당　② 정당　③ 정부　④ 온건파

13 ①

Vitamin 비타민

① 영양소　② 미네랄　③ 효소　④ 건강

14 ①

교사는 가르치는 일을 한다.
① 가르치다　② 배우다　③ 찾다　④ 분류하다

15 ②

변호사가 하는 행위는 변론이다.
① 판결　② 변론　③ 검사　④ 법률

16 ④

형사는 수사를 한다.
① 형법　② 수갑　③ 수감　④ 수사

17 ①

교통수단으로 기차가 있다(포함관계).

① 악기 : 피아노 ② 버스 : 승객

③ 요리사 : 요리사 ④ 소 : 돼지

18 ④

프렌치프라이는 감자가 원료이다.

① 산소 : 원소

② 대학 : 초등학교

③ 뮤지컬 : 연극

④ 페니실린 : 푸른곰팡이

19 ④

① 가슴, 흉부 ② 사진 ③ 어깨 ④ 초상화

「주로 얼굴을 보여주는 어떤 사람에 대한 회화, 데생, 혹은 그림으로 나타낸 묘사」

20 ④

① 유아, 아기 ② 고모, 이모 ③ 삼촌 ④ 청소년

「아직 어른으로 간주될 만큼 나이가 들지 않은 어린이 또는 젊은 사람」

21 ④

④ 앞에 out의 목적어 역할을 하면서 do의 목적어 역할을 할 수 있는 what이 적절하다.(that → what)

「① 부상당한 수천 명의 사람들이 있었다.
② 침착하세요. 그리고 당신의 에너지를 아끼세요.
③ 그는 마치 열흘 동안 먹지 않은 것처럼 보였다.
④ 그것은 네가 가장 즐기는 것을 알아내는 데 도움이 될 것이다.」

22 ②

② must → can 또는 may

「① 너는 그녀의 도움을 당연한 것으로 여겨서는 안 된다.
② 원한다면 이 펜을 빌려야 한다(→ 빌려가도 좋다).
③ 그는 모든 일에서 손을 떼는 편이 낫다.
④ 그녀를 못 본 지 몇 년 되었다. 그녀를 전화로 불러내야겠다.」

23 ③

look forward to ~을 고대하다 alongside ~의 옆에, 나란히 warp 휘다, 비뚤어지다 considering (전치사, 접속사) ~을 고려하면, ~을 감안하면

③ considered → considering, 뒤에 I was flying ~ 절이 목적어로 왔으므로 분사구문에서 능동의 형태를 취해야 한다. 또한, considering은 전치사 혹은 접속사로서 '~을 고려하면, ~을 감안하면'이라는 뜻으로 쓰인다.

「내가 죽어가는 사람 옆에서 700마일을 비행하고 있다는 것을 생각했을 때, 나는 어떤 누가 생각하는 것보다 더 이 방문을 학수고대했다. 하지만 Morrie를 방문했을 때, 나는 시간 왜곡 속으로 미끄러지는 것처럼 보였고, 내가 그 곳에 있었을 때 내 자신이 더욱 좋아졌다.」

24 ①

feature 특징적인, 등장하는 Big Apple 뉴욕 시의 비격식 표현 decoration 장식

① while → during, while은 접속사로 뒤에 주어, 동사를 갖춘 절이 와야 한다. this time of year 라는 명사구가 왔으므로 전치사 during(~동안)으로 써준다.

「뉴욕의 크리스마스는 해마다 이 시기쯤 많은 영화에서 등장되는데, 이것은 이 휴일이 뉴욕에서 가장 낭만적이고 특별한 날임을 의미한다. 더 추워질수록, 다양한 빛과 장식으로 도시는 더욱 밝아진다.」

25 ④

follow in somebody's footsteps ~의 선례를 쫓아 나아가다 via ~을 통해서

④ required의 주어 they는 학생들을 의미하고, 이 학생들이 시험을 보도록 요구받는 것이므로 수동태인 were required가 되어야 한다.

「내가 자랄 때, 많은 사람들은 내게 나의 아버지의 뒤를 따라 교사가 될 것인지 물었다. 아이일 때 '아뇨, 전 사업 할래요.'라고 대답했던 것을 기억한다. 수년 뒤에 난, 내가 사실 가르치는 것을 매우 좋아한다는 것을 알게 되었다. 나는 내가 가장 잘 배울 수 있는 방법으로 가르쳤기 때문에 가르치는 것이 즐거웠다. 나는 게임과, 협력적 경쟁, 집단토론, 그리고 수업들을 통해 가장 잘 배운다. 실수를 벌하는 대신, 실수들을 장려한다. 학생들이 그들 혼자서 시험을 치르도록 요구하는 대신, 그들은 팀을 이루어 시험을 치르도록 요구받았다. 다시 말해 행동이 먼저였고, 실수가 그 뒤를 따르면, 그것을 통해 교훈을 얻고, 결국에는 웃을 수 있었다.」

26 ④

dictate 받아쓰게 하다, 구술하다   restriction 제한, 구속
occupy 차지하다   layout 배치   typeface 서체, 활자체
encapsulate 요약·압축하다

④ 마지막 문장의 구조를 간단히 써 보면, 'It should
encapsulate~, attract~, and attract~.'가 된다. 병렬
구조상 attracting이 아니라 동사원형인 attract가 와야
한다.

「헤드라인은 글의 독특한 형식이다. 헤드라인은 특별히 모양, 내
용, 구조를 구술하는 기능상의 범위를 가지고 있어서 저자의 자유
를 제한한다. 예를 들면, 헤드라인이 차지할 장소는 거의 언제나
페이지의 배치에 따라 정해지고, 서체의 크기는 비슷한 선에서 제
한될 것이다. 헤드라인이 뉴스 줄거리를 쓰는 기자에 의해 정해지
는 경우는 거의 없다. 이론상, 헤드라인은 최소한의 단어로 이야
기를 요약해야 하고, 독자를 뉴스 이야기로 끌어들여야 하고, 만
약 헤드라인이 맨 첫 페이지에 있으면 독자를 신문으로 이끌어야
한다.」

27 ④

exclusive 독점적인, 배타적인   close-knit 긴밀히 맺어진, 굳게
단결된   clique 파벌, 패거리

① 일반성, 보편성   ② 애착, 믿음
③ 관계   ④ 차이

「당신이 편하게 여기는 사람들과 함께 하고 싶어 하는 것에는 아
무 문제가 없다. 하지만 또래집단이 너무 배타적이 되어 자신들과
같지 않은 사람을 거부하게 되면 그것은 문제가 된다. 굳게 단결
된 패거리 안에서 차이를 가치 있게 여기는 것은 다소 어렵다.
아웃사이더들은 이등 시민과 같은 기분을 느끼고, 인사이더들은
우월 콤플렉스를 갖는다.」

28 ③

matter 중요하다 convenient 편리한 have difficulty ~ing ~하
는 데 어려움을 겪다

「(e) 당신은 운동을 아침에 하든, 점심 아니면 저녁에 하든 문제 될
것이 없다고 생각할지 모른다. (c) 그리고 많은 사람들은 저녁에
운동을 하는 것이 더 편한 것처럼 보이기 때문에 저녁에 운동을
한다. 그러나 하루 중 늦게 운동을 하는 사람들은 잠을 자는 데
더 어려움을 겪는다는 것을 연구 결과는 보여준다. (b) 그러나 아
침에 운동을 하는 것은 하루에 필요한 에너지를 증가시켜 줄 수
있다. (a) 그것은 시원한 샤워나 좋은 아침 식사로는 결코 이루어

질 수 없는 방식으로 우리의 몸을 깨어나게 해 줄 것이다. (d) 또
한 아침에 운동을 함으로써 하루를 활기차게 시작하는 것이 살을
빼는 비결이라는 것을 보여주는 연구 결과도 있다.」

29 ③

여기가 Sun Hotel이냐는 물음에 여기는 내 집이고 Sun
Hotel로 가는 길을 가르쳐주겠다고 대답한 것으로 보아
③이 적절하다.

30 ②

「Pat Hogan이 길가에 있는 나이든 남자를 보았을 때 그는 Sun
Hotel을 찾고 있었다. 그는 차를 세웠고 그 남자에게 Sun Hotel
가는 길을 물어보았다. 그는 Pat의 차에 탔고 그들은 약 12마일
을 갔다. 그들이 조그만 주택에 왔을 때 그 남자는 "여기에 세우
시오."라고 말했다. 그는 나이든 남자에게 말했다. "여기가 Sun
Hotel입니까?" "아니오." 그 나이든 남자는 대답했다. "여기는 나
의 집이오, 그리고 지금 나는 당신에게 Sun Hotel 가는 길을 가
르쳐 주겠소. 돌아가서 9마일을 거슬러 가시오. 그러면 왼쪽에
Sun Hotel을 볼 수 있을 것이오."」

31 ③

equipment 장비 improve 개선되다, 나아지다

「스케이트보딩은 눈이 없을 때 스노우보딩을 대체할 가장 좋은 방
법들 중 하나이다. 그것들은 보드를 타고 보드 위에서 기술을 구
사하는 동작이 거의 똑같다. 그러나 차이점은 스케이트보딩에서는
당신이 넘어졌을 때 아스팔트가 눈보다 훨씬 더 다치게 하는 경
향이 있다는 것이다. 혹 당신의 친구들이 손가락질하며 웃어도,
헬멧, 손목 보호대, 그리고 팔꿈치 패드와 같은 보호 장비를 반드
시 착용하라. 스케이트 공원은 차가 없는 안전한 환경을 제공하
여, 당신의 보드 기술을 지속적으로 향상시켜 준다. 또한, 교차로
가 없는 긴 내리막길은 기본 기술을 연습할 수 있는 완벽한 장소
가 될 수 있을 것이다.」

32 ②

「A : 좋습니다. 그럼 여행준비는 다 잘된 거죠?
 B : 예, 나는 준비가 다 되었습니다. 다만, 질문이 하나 있습니다.
  각 도시에 대해 얼마나 알고 있어야 하나요?」

33 ③

dinosaur 공룡 sight 광경, 풍경, 시야 creature 신의 창조물,
동물, 생물 would rather ~ than … … 보다는 차라리 ~하고
싶다

「공룡에 관하여 공부하는 것이 재미있습니까?
 Cindy : 이 지구상의 어떤 동물들도 공룡만큼 제게 흥분을 가져다
   주지 못했습니다. 그들의 뼈나 뼈의 조각마저도 굉장한
   광경입니다.
 Glen : 공룡연구는 지금 우리들에게 일어나고 있는 것과는 상관이
   없습니다. 죽은 동물에 대히여 추측하고 궁금해하는 것은
   모두가 시간을 낭비하는 것입니다.
 Dick : 어떤 사람들은 고대역사를 좋아하지 않을 수도 있겠지만
   나와 같이 록음악연주회에 가기보다는 오히려 박물관의 공
   룡뼈를 보려는 사람들이 많이 있습니다.」

34 ③

disturb 혼란시키다, 괴롭히다, 방해하다, 어지럽히다 loaf 빈둥
거리다, 놀고 지내다 fair 공정한 suggestion box 의견함, 제안
함 urge 강력히 권하다 rubber-soled 고무구두창을 댄
upset 화가 난 instructive 교훈적인

「사장은 직원이 빈둥거리는 것을 보았을 때 혼란스러웠다. "여러
분, 여기에 내가 올 때마다, 보고 싶지 않은 것을 보는데, 난 공
정한 사람이니 여러분을 괴롭히는 것이 있으면 말하십시오. 의견
함을 설치할 테니까, 내가 방금 보았던 것을 다시는 보지 않도록
의견함을 사용해 주기 바랍니다!" 그 날 퇴근할 무렵, 사장이 의
견함을 열었을 때, 그 안에는 작은 종이 한 장만 있었다. 거기에
는 "고무구두창을 댄 신발을 신지 마세요!"라고 씌어 있었다.」

35 ③

a couple of 두 개의 check out 점검하다 physical condition
건강상태 gum 잇몸 firm 단단한 idea of 짐작하다
personality 성격, 성질 physical well-being 육체적 안녕, 행복
timid 소심한 aggressive 공격적인

「강아지를 고를 때 주의해야 할 두 개의 중요한 단계가 있다. ⓐ
하나는 강아지의 건강상태를 주의 깊게 점검하는 것이다. 동물의
눈은 맑고 빛나야 한다. 그리고 잇몸은 핑크색이고 단단해야 한
다. ⓑ 또한 다른 강아지들과 함께 노는 것을 지켜봐야 한다. 그
리고 강아지의 성격을 짐작해야 한다. ⓒ 귀여운 강아지를 소유하
면 사람의 마음과 육체적 행복이 개선될 수 있다. ⓓ 매우 소심하
거나 공격적이라면 좋은 반려동물이 될 수 없다.」

36 ②

talk the same language 말이 통하다, 생각이 일치하다
be through with ~와 끝내다 never fail to do 반드시 ~
하다
① 너는 반드시 나를 기쁘게 해야 한다.
③ 그녀는 많은 일로 꼼짝 못하는 것이었음에 틀림이
  없다.
④ 네 말이 맞다. 그녀는 영어를 좋아하지 않는다.

「A : 비록 2년 동안 교제하고 있지만, 그녀와 나는 여전히 생각하
  는 게 달라.
 B : 그래서, 그녀와 끝내려고 하니?」

37 ①

possession 소유물 quarrel 다툼, 싸움 diaper (아기의)
기저귀
① 저항하는
② 책임감 있는, 책임지고 있는
③ 편안한, 쾌적한
④ 실망한 낙담한

「아이들은 다른 사람을 돕는 것보다는 무언가를 주는 것에 훨씬
더 저항한다. 우리는 아주 어린 아이들에게서 이러한 차이점을 확
실히 관찰할 수 있다. 1년 6개월 된 아기들은 어려운 상황에서는
서로 도와주려 하지만, 그들 자신의 장난감은 다른 아기들과 기꺼
이 공유하려 하지 않는다. 그 어린 아기들은 심지어 자신의 소유
물을 소리를 지르면서 필요하면 주먹을 날리며 지킨다. 이것은 걸
음마를 배우는 아기들 사이의 끊임없는 싸움으로 문제를 겪고 있
는 부모들의 일상적인 경험이다. 내 딸들이 기저귀를 차고 있을
때조차 그들에게서 "내 거야!"라는 말보다 더 자주 들었던 말은
없었다.」

38 ③

① 천만에!

② 얼마나 곤란(난처)하던지!

③ 그거 잘됐다!

④ 글쎄, 생각해 볼게!

「A : 근육이 정말 멋지구나! 얼마나 자주 체육관에서 운동하니?

B : 퇴근하고 매일. 너도 체형이 꽤 좋다.

A : 고마워. 난 일주일에 두 번 에어로빅 강습을 받아.

B : <u>그거 잘됐다!</u> 어이! 콜라 마시러 맥도널드까지 달리기하자!

A : 좋아!」

39 ④

① 응, 그래.

② 기꺼이, 좋아!

③ 고마워!

④ 훌륭히, 썩 잘(= very well)!

「A : 오랫동안 널 보지 못했구나(정말 오랜만이다)! 어떻게 지냈어?

B : 잘 지냈어. 그저, 잘. 넌?

A : <u>나야 최고지!</u> 그래, 지금은 뭐해? 너에게 말할 것이 너무 많아!

B : 나도 그래! 근데, 우리 언제 만날 수 있을까?

A : 곧, 곧 다시 만나자.」

40 ④

① 그녀는 그것들을 어떻게 기억할 수 있죠?

② 그녀는 누구를 더 좋아하나요?

③ 그녀는 누구를 돌보나요?

④ 그녀는 누구를 닮았죠?

「A : 난 정말 내 딸이 자랑스러워. 기억력이 정말 좋거든. 그 애는 자기가 읽은 것들을 모두 기억하려고 최선을 다해. 게다가 그 애는 아직 아홉 살밖에 안 됐어.

B : 정말 훌륭하네요. <u>그 애는 누구를 닮았나요?</u> 당신 아니면 당신 아내?

A : 내 아내를 닮았지. 어렸을 때 아내는 많은 시들을 외웠는데, 아직도 그 중에 꽤 많은 시들을 알고 있지.

B : 나는 도무지 시를 암기할 수가 없어요. 대신 숫자를 기억하죠. 주소나 날짜는 절대 잊어버리지 않아요.」

제3회 정답 및 해설

수리능력

01	02	03	04	05
③	②	③	③	④
06	07	08	09	10
②	②	①	②	③
11	12	13	14	15
④	③	③	④	④
16	17	18	19	20
②	④	②	③	④
21	22	23	24	25
④	②	④	④	③
26	27	28	29	30
①	①	①	①	②
31	32	33	34	35
④	②	④	③	②
36	37	38	39	40
②	②	①	③	④

01 ③

$5,000 \times 0.36 = 1,800$(명)

02 ②

㉠ 김포공항의 30대 이상 승객 : $33\% + 24\% + 14\% = 71\%$이므로 $3,000 \times 0.71 = 2,130$(명)

㉡ 김해공항의 30대 이상 승객 : $42\% + 30\% + 17\% = 89\%$이므로 $1,000 \times 0.89 = 890$(명)

∴ 따라서 $2,130 \div 890 ≒ 2.4$(배)

03 ③

기업	재고자산 회전율(회)	매출채권 회전율(회)
A	$\dfrac{1,000}{50} = 20$	$\dfrac{1,000}{30} = 33.34$
B	$\dfrac{2,000}{40} = 50$	$\dfrac{2,000}{80} = 25$
C	$\dfrac{1,500}{80} = 18.75$	$\dfrac{1,500}{30} = 50$
D	$\dfrac{2,500}{60} = 41.67$	$\dfrac{2,500}{90} = 27.78$
E	$\dfrac{3,000}{80} = 37.5$	$\dfrac{3,000}{30} = 100$

04 ③

① 석유를 많이 사용할 것이라는 사람보다 적게 사용할 것이라는 사람의 수가 더 많다.

② 석탄을 많이 사용할 것이라는 사람보다 적게 사용할 것이라는 사람의 수가 더 많다.

④ 원자력을 많이 사용할 것이라는 사람이 많고 석유, 석탄은 적게 사용할 것이라는 사람이 많다.

05 ④

C업체의 세계시장 점유율이 가장 큰 폭으로 하락한 시기는 2005년과 2006년 사이이다.

06 ②

2001년과 2008년의 표를 보면 상승하고 있음을 알 수 있다.

07 ②

② 2011년 2월에 관광 이외의 목적으로 온 전체 외국인의 수는 236,167명으로 관광목적 외국인의 1/2보다 많다.

③ 총 외국인 입국자는 638,900명에서 667,089명으로 증가했다.

④ $\frac{667,089 - 638,900}{638,900} \times 100 ≒ 4.41(\%)$

08 ①

TV로 얻을 수 있는 전체 상금은 다음과 같다.

$10,000,000 \times 1 + 5,000,000 \times 2 + 1,000,000$
$\times 10 + 100,000 \times 100 + 10,000 \times 1,000 = 50,000,000$원

이다. 쿠폰 한 장의 기댓값은 50,000,000÷10,000이므로 5,000원이 된다.

09 ②

실험결과에 따르면 민주가 여자를 여자로 본 사람이 49명 중에 34명, 남자를 남자로 본 사람이 51명 중에 35명이므로 100명중에 69명의 성별을 정확히 구분했다.

$∴ \frac{34 + 35}{100} \times 100 = 69(\%)$

10 ③

3개월 수학 점수의 평균은 $\frac{70 + 72 + 83}{3} = 75$(점)이다.

11 ④

교통범죄에서 여성범죄자의 비율은 2015년(14.9), 2016년(14.8), 2017년(15.3)으로 지속적으로 증가하지 않았다.

12 ③

문제에서 주어진 자료는 간호사 인력수급 추계와 한국의료관광 현황 및 전망에 관한 자료이다. 병원의 해외진출에 관한 내용은 문제에서 주어져 있지 않으므로 파악할 수 없다.

13 ③

① 2020년 원두의 수입단가 = $\frac{55.5}{4.5} = 12.33$

② 2021년 생두의 수입단가 = $\frac{528.1}{116.4} = 4.54$

③ 2022년 원두의 수입단가 = $\frac{109.8}{5.4} = 20.33$

④ 2021년 커피조제품의 수입단가 = $\frac{98.8}{8.5} = 11.62$

14 ④

1시간당 가장 이익이 높은 제품을 생산하는 것이 최대한 많은 이익을 얻을 수 있는 방법이다. E제품은 시간당 2.5만 원, F제품은 1.5만 원, G제품은 2만 원이다. 그렇기 때문에 E제품부터 생산하고, 그 다음 G제품, 마지막으로 F제품을 생산한다. E제품을 20개 생산하면 40시간이 걸리고, 100만 원의 이익을 얻을 수 있다. 그 다음으로 G제품을 30개 생산하면 60시간이 걸리고, 120만 원의 이익을 얻을 수 있다. 마지막으로 남은 40시간으로 F제품을 생산하면 10개를 생산할 수 있고, 60만 원의 이익을 얻을 수 있다. 그러므로 E제품 100만 원, F제품 120만 원, G제품 60만 원으로 총 이익은 280만 원이다.

15 ④

조사대상자의 수는 표를 통해 구할 수 없다.

16 ②

$16.369 + 7.861 \times 0.5 = 20.2995$

17 ④

$78 - \frac{27}{64} \times 2^4 = 78 - \frac{27}{4} = 78 - 6.75 = 71.25$

18 ②

$7^2 \times 6^2 \times 5^2 = 49 \times 36 \times 25 = 44,100$

19 ③

900분＋1시간 15분＋1200초
＝15시간＋1시간 15분＋20분＝16시간 35분

20 ④

$\frac{5}{12}+\frac{1}{4}\times36=\frac{5}{12}+9=\frac{5+108}{12}=\frac{113}{12}$

21 ④

$\frac{11}{21}\div\left(\frac{1}{84}\right)-3=41$

22 ②

$(2,120+(880))\div10^3=3$

23 ④

$37,850-(\quad)\times32=33,722$
$(\quad)\times32=4,128$
$(\quad)=129$

24 ④

$\sqrt[3]{216}+85(\div)17=11$

25 ③

$3+7(\times)9-0.315=65.685$

26 ①

$A\ :\ 2^3+3^3+4^3=8+27+64=99$
$B\ :\ 2^2+3^2+4^2+5^2=4+9+16+25=54$
$\therefore\ A>B$

27 ①

$A\ :\ \frac{4}{3}\pi r^3=\frac{4}{3}\pi3^3=36\pi=108m^3$
$B\ :\ 20\times5=100m^3$
$\therefore\ A>B$

28 ①

$A\ :\ 2\frac{7}{3}+\frac{1}{2^2}=\frac{13}{3}+\frac{1}{4}=\frac{55}{12}=\frac{275}{60}$
$B\ :\ 3\frac{1}{2}+0.4=\frac{7}{2}+\frac{4}{10}=\frac{39}{10}=\frac{234}{60}$
$\therefore\ A>B$

29 ①

초속을 시속으로 바꾸면,
1초는 $\frac{1}{3,600}$ 시간이고, 11m는 0.011km이므로
$11\mathrm{m/s}=39.6\mathrm{km/h}$
$\therefore\ A>B$

30 ②

$A\ :\ \sqrt{9}=3,\ \ \sqrt{4}<\sqrt{5}<\sqrt{9}\rightarrow2<\sqrt{5}<3,$
　　따라서 $5<A<6$
$B\ :\ 128\div8-7=9$
$\therefore\ A<B$

31 ④

$x-(x\times\frac{15}{100})=3,400$
$x-0.15x=3,400$
$0.85x=3,400$
$\therefore\ x=4,000(원)$

32 ②

나머지 한 명의 점수를 x라 하면

$x = \dfrac{630 + (84 \times 2)}{11} + 16$

$\therefore x = 88.5$

그러므로 학생 12명의 평균점수는

$\dfrac{630 + 168 + 88.5}{12} = 73.875$, 약 74점이다.

33 ④

'거리=속력×시간'이므로 A가 x분 동안 움직인 거리를 y라 하면 A는 $y = 2x$, B는 $y = 3(x-2)$이다. 서로 만난다는 것은 움직인 거리가 같다는 뜻이므로
$2x = 3(x-2)$
$\therefore x = 6$(분)

34 ③

처음 10% 식염수의 무게를 a, 15% 식염수의 무게를 $250 - a$일 때,
섞인 소금물의 농도에 대한 식은

$\dfrac{0.1a + 0.15(250 - a)}{300} = \dfrac{1}{10}$이므로,

정리하면 $a = 150(g)$이다.

35 ②

지난 주 판매된 A 메뉴를 x, B 메뉴를 y라 하면

$\begin{cases} x + y = 1000 \\ x \times (-0.05) + y \times 0.1 = 1000 \times 0.04 \end{cases}$

두 식을 연립하면 $x = 400$, $y = 600$
따라서 이번 주에 판매된 A 메뉴는
$x \times 0.95 = 400 \times 0.95 = 380$(명분)이다.

36 ②

6개씩 나누어 주면 4개가 남으므로 참가자의 수를 x라 하면 전체 사탕의 개수는 $6x + 4$, 7개씩 나누어 주면 1명은 5개보다 적게 받으므로

$(6x + 4) - \{7 \times (x - 1)\} < 5$
$-x < -6$, $x > 6$
$\therefore$ 참가자는 적어도 7명이다.

37 ②

A가 혼자 가위, 바위, 보로 각각 이길 수 있는 경우의 수가 한 개씩이다. A가 혼자 이길 수 있는 경우의 수는 총 3개가 된다.

38 ①

$a^n \times a^m = a^{n+m}$
$\therefore a^{5+3} = a^8$

39 ③

㉠ 영어 성적과 중국어 성적 둘 다 90 이상인 학생 수 : 7명
㉡ 영어 성적과 중국어 성적 둘 다 90 미만인 학생ㄴ : 14명
㉢ 영어 성적만 90 이상인 학생 수 : $(x+5)$명
㉣ 중국어 성적만 90 이상인 학생 수 : x명
전체 50명이므로
$7 + 14 + (x+5) + x = 50$이고 $x = 12$이다.
중국어 성적이 90점 이상인 학생은 ㉠ + ㉣이므로 $7 + 12 = 19$명이다.

40 ④

$8 + 8 + 7 + 6 + x \geq 38$
$\therefore x > 9$

01	02	03	04	05
④	④	④	③	③
06	07	08	09	10
④	④	②	②	④
11	12	13	14	15
①	②	④	③	③
16	17	18	19	20
①	④	④	④	①
21	22	23	24	25
②	④	①	①	④
26	27	28	29	30
①	④	②	③	④
31	32	33	34	35
①	④	③	④	①
36	37	38	39	40
②	③	④	④	④

01 ④

3, 9, 27, 81씩 증가하게 되는데, 이는 3의 제곱 즉 $+3$, $+3^2$, $+3^3$, $+3^4$의 규칙이다. 따라서 $122+3^5=365$ 이다.

02 ④

$+1$, -2, $+3$, -4, $+5$, …씩 변화한다. 따라서 빈칸에 들어갈 수는 $14+7=21$이다.

03 ④

첫 항을 $\dfrac{A}{B}$, 다음 항을 $\dfrac{C}{D}$라고 할 때,

$\dfrac{C}{D}=\dfrac{B+11}{A+1}$의 규칙으로 전개되고 있다.

$\therefore \dfrac{17+11}{16+1}=\dfrac{28}{17}$

04 ③

$+1$, $+4$, $+7$, $+10$, $+13$, $+16$…으로 변화한다.
$\therefore$ 빈칸에 들어갈 수는 $16+10=26$이다.

05 ③

$+2$, $\times 2$, -2, $\div 2$, $+3$, $\times 3$, -3, $\div 3$으로 변화한다.
$\therefore$ 빈칸에 들어갈 수는 $18-3=15$이다.

06 ④

$+1$, $\times 2$, $+3$, $\times 4$, …으로 변화한다.
$\therefore 15 \times 4=60$

07 ④

분자는 홀수의 제곱(n^2)의 형태이고,
분모는 2^n의 형태이다.

따라서 빈칸에 들어갈 수는 $\dfrac{7^2}{2^7}=\dfrac{49}{128}$이 된다.

08 ②

계차수열이 1, 2, 4, 8, 16, …인 수열이므로 빈칸에 들어갈 수는 $12+8=20$이다.

09 ②

분모는 3씩 곱해지고, 분자는 5씩 더해지고 있다.

10 ④

4의 순차적인 곱셈만큼 증가하게 되는데 $+4$, $+8$, $+12$, $+16$의 규칙이므로 그 다음의 수는 53에 20을 더한 73 이다.

11 ①

알파벳을 순서대로 숫자에 대입하면 다음 표와 같다.

A	B	C	D	E	F	G	H	I	J	K	L	M
1	2	3	4	5	6	7	8	9	10	11	12	13
N	O	P	Q	R	S	T	U	V	W	X	Y	Z
14	15	16	17	18	19	20	21	22	23	24	25	26

B(2) − C(3) − F(6) − G(7) − N(14)은 $+1$, $\times 2$가 반복되고 있으므로 다음에 들어갈 문자는 $14+1=15(O)$이다.

12 ②

알파벳을 순서대로 숫자에 대입하면 다음 표와 같다.

A	B	C	D	E	F	G	H	I	J	K	L	M
1	2	3	4	5	6	7	8	9	10	11	12	13
N	O	P	Q	R	S	T	U	V	W	X	Y	Z
14	15	16	17	18	19	20	21	22	23	24	25	26

분모는 2씩 증가하고 분자는 1씩 감소하므로 빈칸에 들어갈 문자는 $\dfrac{W(23)}{I(9)}$이다.

13 ④

알파벳을 순서대로 숫자에 대입하면 다음과 같다.

A	B	C	D	E	F	G	H	I	J	K	L	M
1	2	3	4	5	6	7	8	9	10	11	12	13
N	O	P	Q	R	S	T	U	V	W	X	Y	Z
14	15	16	17	18	19	20	21	22	23	24	25	26

세 개씩 끊어서 보면
A(1)+B(2)=C(3), D(4)+E(5)=I(9)가 된다. 따라서 빈칸에 들어갈 문자는 F(6)+J(10)=P(16)이므로 빈 칸에는 J(10)이 들어간다.

14 ③

한글 자음을 순서대로 숫자에 대입하면 다음 표와 같다.

ㄱ	ㄴ	ㄷ	ㄹ	ㅁ	ㅂ	ㅅ	ㅇ	ㅈ	ㅊ	ㅋ	ㅌ	ㅍ	ㅎ
1	2	3	4	5	6	7	8	9	10	11	12	13	14

1, 3, 5, 7, …으로 변화한다. 따라서 빈칸에는 13(ㅍ)이 들어가야 한다.

15 ③

ㅅ(7) - ㅂ(6) - ㅇ(8) - ㅁ(5) - ㅈ(9) - ㄹ(4)는 -1, +2, -3, +4,…로 변화하므로 빈칸에 들어갈 문자는 ㅊ(10)이다.

16 ①

세 수의 합이 모두 16이다. 따라서 빈칸에 들어갈 수는 9이다.

17 ④

앞의 두 수를 곱한 수의 일의 자리수와 십의 자리수를 더한 값이 세 번째 수가 된다. $6 \times 8 = 48$이므로 빈칸에 들어갈 수는 $4 + 8 = 12$이다.

18 ④

'(첫 번째 수+두 번째 수)÷2=세 번째 수'의 규칙을 가지고 있다. 따라서 빈칸에 들어갈 수는 $(13 + 17) \div 2 = 15$이다.

19 ④

$a \oplus b = (a \times b) - 5$의 규칙을 갖는 연산기호이다.
$(8 \oplus 6) \oplus 2 = (48 - 5) \oplus 2 = 86 - 5 = 81$

20 ①

두 수를 곱한 후 십의 자릿수와 일의 자릿수를 곱하고 있다.
$2 \oplus 5$는 $2 \times 5 = 10$에서 $1 \times 0 = 0$, $12 \oplus 8$은 $12 \times 8 = 96$에서 $9 \times 6 = 54$
∴ $7 \oplus 3$은 $7 \times 3 = 21$에서 $2 \times 1 = 2$,
$8 \oplus 2$는 $8 \times 2 = 16$에서 $1 \times 6 = 6$

21 ②

② 1458이 되어야 나머지와 같은 관계가 된다.

22 ④

+2, +4, +2씩 변화하므로 나머지와 같은 관계이기 위해서는 HJNP여야 한다.

23 ①

각 문자의 차가 3이다. 따라서 Ⅲ Ⅵ Ⅸ Ⅻ이어야 나머지와 같은 관계가 된다.

24 ①

각 문자의 차가 3이다. 따라서 0369이어야 나머지와 같은 관계가 된다.

25 ④

+2, +4, +2씩 변화하므로 나머지와 같은 관계이기 위해서는 HJNP여야 한다.

26 ①

안쪽 도형의 모서리수가 1씩 증가하면서 밖으로 나오고 바깥 도형이 그대로 안쪽으로 들어간다. 따라서 마지막 도형의 안쪽 도형인 사각형이 오각형이 되어 밖으로 나오고, 바깥 도형인 오각형이 그대로 안쪽으로 들어가면 ①과 같은 도형이 된다.

27 ④

도형 전체는 반시계 방향으로 90°씩 회전하고 있으며, 도형 안의 기호는 ☆ - ✢ - ○ - □ 순으로 색칠된다. ①의 경우 도형이 반시계 방향으로 회전하지 않았으며 ②의 경우 색칠된 부분이 다르고 ③의 경우 도형 안의 기호가 다르다.

28 ②

디지털시계에서 숫자를 나타내는 모양을 표로 변환한 것이다. 물음표에는 숫자 4에 해당하는 모양이 들어가야 하므로 ②가 정답이다.

29 ③

첫 번째 칸 도형의 위쪽 절반과 두 번째 칸 도형의 아래쪽 절반을 합친 모양이 세 번째 칸 도형이 된다.

30 ④

안쪽의 작은 사각형을 보면 한글 자음을 표현한 그림임을 알 수 있다. 빈칸에 들어갈 자음은 ㅁ이므로 ④가 된다.

31 ①

'명지는 현명한 사람이다'가 참이 되려면, '명지는 업무를 미리 준비하는 사람이다.'와 '업무를 미리 준비하는 사람은 현명한 사람이다.'가 필요하다.

32 ④

'노력하는 사람은 성공할 수 있는 사람이다.'가 참이 되려면, '노력하는 사람은 도전하는 사람이다.'와 '도전하는 사람은 성공할 수 있는 사람이다.'가 필요하다.

33 ③

두 번째 정보에서 테이블 1개와 의자 1개는 서류장 2개의 기격과 같음을 알 수 있다. 세 번째 정보에서 두 번째 정보를 대입하면 테이블 1개는 의자 1개와 서류장 1개의 가격과 같아진다는 것을 알 수 있다.
그러므로 서류장 10개와 의자 10개의 가격은 테이블 10개의 가격과 같다.

34 ④

㉠ 오름차순으로 정리되어 있으므로 마지막 숫자가 8이다. 따라서 앞의 세 개의 숫자는 1~7까지의 숫자들이며, 이를 더해 12가 나와야 한다.

㉡ 8을 제외한 세 개의 숫자가 4이하의 숫자만으로 구성되어 있다면 12가 나올 수 없으므로 5, 6, 7 중 하나 이상의 숫자는 반드시 사용되어야 한다.

㉢ 세 번째 숫자가 7일 경우 앞 두 개의 숫자의 합은 5가 되어야 하므로 1, 4 또는 2, 3이 가능하여 1478, 2378의 비밀번호가 가능하다.

㉣ 세 번째 숫자가 6일 경우 앞 두 개의 숫자는 모두 홀수이면서 합이 6이 되어야 하므로 1, 5가 가능하나, 이 경우 1568의 네 자리는 짝수가 연이은 자릿수에 쓰였으므로 비밀번호 생성이 불가능하다.

㉤ 세 번째 숫자가 5일 경우 앞 두 개의 숫자의 합은 7이어야 하며 홀수와 짝수가 한 개씩 이어야 한다. 따라서 3458이 가능하다.

㉥ 결국 가능한 비밀번호는 1478, 2378, 3458의 세 가지가 되어 이 비밀번호에 쓰일 수 없는 숫자는 6이 되는 것을 알 수 있다

35 ①

㉠ 자영업자와 작가와 A는 등산동호회 멤버이다. → A는 작가, 자영업자는 아니다.

B와 C와 피아니스트는 죽마고우이다. → A는 피아니스트이다.

㉡ 피아니스트는 변호사로부터 법률적인 자문을 받았다. → A는 변호사는 아니다. A는 변호사, 작가, 자영업자는 아니다.

펀드매니저는 피아니스트의 누이와 결혼을 약속하였다. → A는 펀드매니저도 아니다. 그럼 남은 것은 교수 밖에 없다.

36 ②

일기 기호

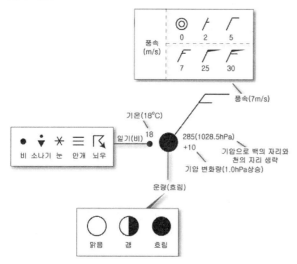

37 ③

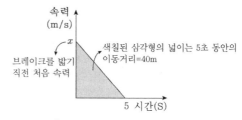

$x \times 5 \div \dfrac{1}{2} = 40m$

$\therefore x = 16m/s$

38 ④

고체의 표면적과 반응속도 … 고체의 표면적이 증가할수록 반응물질 간의 접촉 면적이 커져서 충돌횟수가 많아지므로 반응이 빨라진다.

39 ④

손을 떠난 컵은 중력에 의하여 아래방향으로 생기는 가속도 g인 등가속도운동을 한다. 한편 관성력은 가속도의 반대방향으로 작용하므로 컵에는 항상 위쪽으로 작용하는 관성력이 있어 중력과 평형을 이루게 된다.

40 ④

병렬 연결에서의 합성저항은

$$\dfrac{R_1 \times R_2}{R_1 + R_2} = \dfrac{50}{15} = \dfrac{10}{3}$$

$$전체전류(I) = \dfrac{전체전압(V)}{합성저항(R)} = \dfrac{110V}{\dfrac{10}{3}\Omega} = 33A$$

01	02	03	04	05
②	②	①	②	②
06	07	08	09	10
②	①	②	②	①
11	12	13	14	15
①	②	①	②	①
16	17	18	19	20
②	②	①	①	②
21	22	23	24	25
③	②	①	③	③
26	27	28	29	30
①	④	②	④	②
31	32	33	34	35
①	④	④	③	③
36	37	38	39	40
②	②	①	③	④

01 ②

oppoucocpo**co**ocp – oppoucocpo**cc**ocp

02 ②

Do you like Peter's n**e**w suit? – Do you like Peter's n**a**w suit?

03 ①

좌우가 같다.

04 ②

卜子大廾广夂寸**介**ヽヒ – 卜子大廾广夂寸**口**ヽヒ

05 ②

오▲늘은◈기분♪이좋아♬ – 오▲늘은◈기분♪이좋아♬

06 ②

I'll let you into a se**c**ret – I'll let you into a se**e**ret

07 ①

좌우가 같다.

08 ②

붕**잡**랄올링공**풀**들배**람** – 붕**잠**랄올링공**플**들배**림**

09 ②

🀄🀁🀃🀀🀆🀇🀅🀄 – 🀄🀁🀃🀀🀇🀆🀅🀄

10 ①

좌우가 같다.

11 ①

좌우가 같다.

12 ②

學而時習之 不亦說**乎** – 學而詩習之 不亦說**平**

13 ①

좌우가 같다.

14 ②

요를**레**이요를**레**이요를**레**이히 – 요를**래**이요를**래**이요를**래**이히

15 ①

좌우가 같다.

16 ②

ⓠⓞⓜⓡ①ⓚ①ⓗ – ⓠⓞⓜⓡ①ⓚ①ⓗ

17 ②

저제나랏**슑**교예삿말 – 저제나랏**슑**교예삿말

18 ①

좌우가 같다.

19 ①

좌우가 같다.

20 ②

♙♟♕♜♗♘♙♛♟ – ♙♟♕♜♟♗♘♙♖♛

21 ③

1단 18개, 2단 8개, 3단 2개 총 28개이다.

22 ②

1단 10개, 2단 5개, 3단 4개, 4단 2개 총 21개이다.

23 ①

1단 10개, 2단 4개, 3단 1개 총 15개이다.

24 ③

1단 21개, 2단 15개, 3단 3개 총 39개이다.

25 ③

1단 12개, 2단 7개, 3단 4개, 4단 1개 총 24개이다.

26 ①

$3 \times 3 \times 3$의 정육면체(총 27개)를 만들 수 있다. 주어진 블록이 16개이므로 11개의 블록이 더 필요하다.

27 ④

$4 \times 4 \times 4$의 정육면체(총 64개)를 만들 수 있다. 주어진 블록이 16개이므로 48개의 블록이 더 필요하다.

28 ②

$3 \times 3 \times 3$ 정육면체(블록 27개)를 만들 수 있다. 주어진 블록이 11개이므로 16개의 블록이 더 필요하다.

29 ④

$4 \times 4 \times 4$의 정육면체(총 64개)를 만들 수 있다. 주어진 블록이 총 26개이므로 필요한 블록은 38개이다.

30 ②

$3 \times 3 \times 3$의 정육면체(총 27개)를 만들 수 있다. 주어진 블록이 총 11개이므로 필요한 블록은 16개이다.

31 ①

밖으로 노출된 면이 1면인 블록이 없다.

32 ④

밖으로 노출된 면이 1면인 블록을 찾아야 한다. 맨 아래 층 블록부터 순서대로 다음과 같은 개수의 면이 밖으로 노출되어 페인트가 칠해진다.

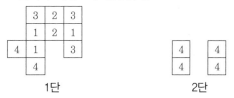

	3	2	3
	1	2	1
4	1		3
	4		

1단

4		4
4		4

2단

33 ④

밖으로 노출된 면이 1면인 블록을 찾아야 한다. 맨 아래
층 블록부터 순서대로 다음과 같은 개수의 면이 밖으로
노출되어 페인트가 칠해진다(위쪽 두 층에는 1면만 노출
된 블록이 없다).

2	2	1	2
2		1	2
2		2	3
3		4	

1단

3	3	1	3
3		4	
2			
3			

2단

34 ③

위에 두 층에는 1면만 노출된 블록이 없고, 아래층은 다
음과 같은 개수의 면이 밖으로 노출되어 페인트가 칠해
진다.

	2	1	3
	1	2	
1단 :	3	4	

35 ②

위에 두 층에는 1면만 노출된 블록이 없고, 아래층은 다
음과 같은 개수의 면이 밖으로 노출되어 페인트가 칠해
진다.

	2	2	4
	3	1	
1단 :	3	3	4

36 ②

② 그림을 보기와 같은 위치로 돌려보면 오른쪽과 같은
모양이 된다. 삼각형의 모양과 위, 왼쪽의 선의 모양
이 다른 것을 알 수 있다.

① 보기의 그림을 180° 회전시킨 모양이다.
③ 보기의 그림을 오른쪽으로 90° 회전시킨 모양이다.
④ 보기의 그림과 일치한다.

37 ②

② 그림을 보기와 같은 위치로 돌려보면 오른쪽과 같은
모양이 된다. 화살표의 방향이 서로 바뀌었다는 것을
알 수 있다.

① 보기의 그림과 일치한다.
③ 보기의 그림을 오른쪽으로 90° 회전시킨 모양이다.
④ 보기의 그림을 왼쪽으로 90° 회전시킨 모양이다.

38 ①

열차의 원근에 유의하여 그림을 연결한다.

39 ③

그릇과 프라이팬의 잘려진 단면을 연결한다.

40 ④

✅ 영어능력

01	02	03	04	05
③	③	②	②	①
06	07	08	09	10
④	①	①	①	②
11	12	13	14	15
②	③	②	①	①
16	17	18	19	20
②	④	②	③	②
21	22	23	24	25
①	③	①	①	④
26	27	28	29	30
①	②	④	②	④
31	32	33	34	35
①	②	②	①	①
36	37	38	39	40
①	②	①	①	③

01 ③

inspect 점검하다, 사찰하다

① 연기하다, 미루다
② 협박하다, 위태롭게 하다, 위협하다
③ 조사하다, 검사하다
④ 반대하다

02 ③

declare 선언하다, 분명히 말하다

① 국한시키다
② 줄이다, 약화시키다
③ 발표하다, 알리다, 선언하다
④ 매달다, 걸다, 유예하다, 연기하다

03 ②

acknowledge 사실로 인정하다, (권위나 자격을) 인정하다

① 추측하다, 투기하다
② 인정하다, 자백하다
③ 속이다, 기만하다
④ 억제하다

04 ②

abolish 폐지하다

① 흘낏 보다
② 없애다, 제거하다
③ 아첨하다, 알랑거리다
④ 충돌하다, 부딪치다

05 ①

vacant 비어 있는, 사람이 없는

① 빈, 멍한
② 사용 중인, 바쁜
③ 정치
④ 내부의, 체내의

06 ④

absorb 흡수하다, 받아들이다

① 쉽게, 수월하게
② 일반적인
③ 박물관
④ 풀어주다, 방출하다, 석방하다

07 ①

retreat 후퇴하다, 물러가다

① 나아가다, 전진하다
② 통근하다
③ 녹다, 용해되다
④ 면제하다, 면제된, ~이 없는

08 ①

peculiar 이상한, 기묘한, 독특한

① 평상의, 보통의, 정상의
② 오만한, 거만한
③ 괴롭히다, 방해하다
④ (법률 · 제도 · 조직을)폐지하다

09 ①

discern 알아차리다, 알아보다

① 감지할 수 없는, 알아채지 못하는
② 기법, 기술
③ 개선되다, 나아지다
④ 계속되다, 계속하다

10 ②

eagerness 열의, 열심, 열망

① 회사, 단체
② 미약한, 열의 없는
③ 이익, 이윤
④ 독립된, 독립적인

11 ②

plagiarize 표절하다

① 예약이다
② 창작하다
③ 소진하다
④ 바쁘게 움직이다.

12 ③

summer 여름

① 시간   ② 겨울의, 겨울 같은
③ 계절   ④ 날씨

13 ②

table 탁자

① 긴 의자
② 가구
③ 전자장치
④ 산업, 공업

14 ①

basketball 농구

① 운동
② 테니스 경기
③ 미술
④ 건강

15 ①

의사는 진료를 한다.
① 조사하다, 진찰하다
② 운동하다
③ 상상하다
④ 분류하다

16 ②

산악인은 등산을 한다.
① 쇼핑
② 등산, 등반
③ 홍보
④ 관계

17 ④

과학자는 연구 또는 발명, 발견을 한다.
① 완료하다
② 연결하다
③ 국한하다, 가두다
④ 발명하다

18 ②

비커를 만드는 재료는 유리이다.
① 신문 : 신문광고
② 와인 : 포도
③ 연필 : 지우개
④ 비 : 우산

19 ③

화로는 난방을 하기 위한 용도로 사용한다.
① 레몬밤 : 식물　　　② 립스틱 : 입술
③ 빗자루 : 청소　　　④ 칼 : 칼자루

20 ②

많은 사람들이 음식을 거의 또는 전혀 먹지 못하는 상황이며, 그 중 많은 수가 사망함
① 신화　　　　　　② 기근, 기아, 굶주림
③ 양심, 도덕심　　④ 입장, 자세, 태도

21 ①

이슬람교에 대한 신앙을 가진 사람들 : 마호메트의 추종자
① 이슬람교도　② 불교도　③ 유학자　④ 힌두교 신자

22 ③

get stuck 꼼짝 못하게 되다, 끼이다

③ got my head to stick→got my head (to be) stuck이다. get은 사역동사로 쓰일 때 목적보어로 to부정사를 취한다. 목적어와 목적보어가 수동의 관계에 있으므로 목적보어에 to be stuck으로 써주어야 한다. 'to+be동사'는 함께 생략될 수 있다.

「Ann : 너 머리 멋지다.
Tori : 저 카페 옆에 있는 새로운 미용실에 키가 큰 미용사한테 머리를 잘랐어.
Ann : 내 머리가 드라이어에 끼었던 거기 말이야?
Tori : 아마도 그럴 거야. 그래, 거기야.
Ann : 허, 거기가 아직 영업 중이구나.」

23 ①

efficient 능률적인, 효율적인　alert 기민한, (정신이) 초롱초롱한

① 'many a 단수명사'는 a 단수명사에 수일치를 시켜 단수동사를 취한다. 따라서 many a careless walker was ~ 는 맞는 표현이다.
② ~ perform their duties efficient. →
　~ perform their duties efficiently.
　efficient가 동사 perform을 수식하기 때문에 형용사 형태가 아닌 부사 형태 efficiently로 와야 옳은 문장이 된다. (each officer의 경우, 성별이 정확하지 않기 때문에 소유대명사로 their를 허용하기도 한다.)
③ however you may try hard→however hard you may try
　'however +형용사/부사+S +V'의 순서이다.
④ ~dogs are smart, alert, and loyalty→~dogs are smart, alert, and loyal.
　and 병렬구조 이므로 smart, alert와 같이 형용사 형태인 loyal로 쓰는 것이 맞다.

「① 부주의한 많은 보행자들이 거리에서 사망하였다.
② 각각의 장교는 자신의 임무를 효율적으로 수행해야 한다.
③ 아무리 열심히 애를 써도, 당신은 그것을 해낼 수 없다.
④ 독일셰퍼드는 영리하고, 기민하며, 충직하다.」

24 ①

acknowledge 인정하다　harsh 가혹한, 냉혹한

① the number → a number
that 절에서 were forced 복수 형태 동사가 쓰였으므로 a number of Koreans(많은 한국인)이라는 복수 주어로 고쳐야 한다. the number of는 '~의 수'라는 뜻으로 단수 형태이다.

「그는 1940년대 동안 몇몇 지역에서 많은 한국인들이 가혹한 상황 하에서 강제노동에 동원되었음을 인정했다.」

25 ④

allocate 할당하다 access 입장, 입학 have something to do with ~와 관련이 있다 pursue 추구하다 unjust 불공정한

④ 이 문장의 주어는 the idea로 단수이므로 3인칭 단수 주어에 맞춰 explains가 되어야 한다. 문장에서 explains 앞부분은 주어인 the idea를 수식하고 있다.

「대학 입학에서 할당제도의 정의가 대학들이 올바르게 추구하는 선과 관련이 있다는 생각은 입학 허가를 파는 것이 왜 불공정한지를 설명해 준다.」

26 ①

work 작품, 저작, 업무, 노력 matchmaker 결혼중매인, 경기의 대전계획을 짜는 사람 motion picture 영화 adapt 개작하다, 적응시키다

① 'Thornton Wilder의 작품들 중의 하나'라는 의미이므로 one of + 복수명사(works)가 쓰여야 한다.

「Thornton Wilder의 작품들 중 하나인 중매인(The matchmaker)은 1958년에 영화로 만들어졌고, 1964년에 뮤지컬 Hello Dolly로 개작되었다.」

27 ②

scholarship 장학금 tuition 수업료

다음 글에서 '나'는 전액 장학금을 받았다는 사실에 기뻐하는 상황이므로 ② delighted가 옳다.

① 유감스러워하는, 후회하는   ② 기뻐하는
③ 겁먹은, 무서워하는   ④ 짜증이 난, 약이 오른

「나는 편지를 열고 읽기 시작했다. 나는 전부를 다 읽지도 않았다. 나는 "우리는 귀하께서 수업료 전액을 보장하는 장학금을 받았다는 것을 알려 드리게 되어 기쁩니다."라고 쓰여 있는 서두만 읽고 온 집 안을 뛰어다니기 시작했다. 믿을 수가 없었다. 내가 꿈꾸던 학교가 내게 전액 장학금을 주었던 것이다.」

28 ④

superstition 미신, 고정관념, 두려움 escape 달아나다, 벗어나다 ignore 무시하다, 기각하다, 모른 체하다 efficient 능률적인, 유능한, 결과를 발생하는 administrative assistant 이사 보좌관, 사무관 coworker 동료, 협력자 hang 달다, 걸다, 교수형에 처하다 colleague 동료 confront 직면하다, 맞서다 offending 불쾌감을 주는, 성가신 avert 외면하다, 피하다 rid 제거하다, 벗어나다 either 어느 쪽의 ~도 ~않다, ~도 아니다

①②③ 새 달력   ④ 운이 나쁜 미신

「내가 벗어날 수 없는 하나의 미신은 달력에 관한 것이다. 우리 집안에서는, 신년이 시작되기 전에 새 달력을 보는 것을 불운이라 믿는다. 나는 11월 말이나 12월 초에 새 달력을 유능한 사무관들이 배포하기 때문에 이를 무시할 수 없다. 그리고 나의 동료들 중 몇 명은 새 달력을 받자마자 걸어둔다. 그래서 어느 때라도 나는 동료의 자리로 가면 불쾌감을 주는 물건과 맞닥뜨리게 된다. 만약 내가 그것을 보게 되면 난 나의 눈을 피한다. 내 자신이 이 미신으로부터 벗어나려고 노력을 할지라도 나는 어떠한 가능성 (운)에 맡기려 하지 않을 것이다.」

29 ②

attribute ~에 귀착시키다, ~의 탓으로 돌리다, ~있다고 생각하다 rare 드문, 진기한, 희박한 observation 관찰, 빈인 civilize 개화하다, 문명화하다 explore 탐험하다, 탐구하다, 연구하나 impulse 충동 creativity 창조성 conflict 충돌, 갈등 genius 비범한 재능

「Albert Einstein은 이름난 과학자로서의 창조성을 학교를 다닌 적이 없었기에 자유롭게 사고할 수 있는 훌륭한 재능이 보존되었던 덕분으로 돌린 적이 있다. Einstein의 발언은 의심할 바 없이 사실이다. 많은 예술가들과 천재들은 그들의 학교교육이 손해라고 생각하는 듯하다. 그러나 그러한 사실은 학교에 대한 비판이 아니다. 학교의 기능은 문명화시키는 것이지 탐구심을 가르치는 것은 아니다. 사회적 질서는 조화와 광범위한 일치를 요구하는데, 이 두 특성은 창조성에 파괴적인 것이다. 사회의 요구와 창조성과 재능의 충동 사이에 갈등이 존재할 것이다.」

30 ④

conscious 의식적인 constantly 끊임없이 shift 이동시키다 intention 의도

「대부분의 사람들은 의식적인 생각이 자신들이 하는 모든 것을 통제한다고 생각한다. 그 사람들은 일반적으로 의식적인 생각이 행동을 끊임없이 지시한다고 믿는다. 이러한 믿음은 잘못된 것이다.
(d) 예를 들어, 대부분의 사람들이 하루 종일 반복적으로 하는 걷기를 생각해보라.
(a) 다리와 발의 움직임을 의식적으로 통제하는가?
(c) 의식적인 생각이 "자, 왼쪽 발을 들어 올려 앞으로 내밀고 땅에 닿지 않을 만큼 높이 들어서 뒤꿈치를 내려놓은 다음 앞으로 구르듯이 나아가고 뒷발로부터 무게를 이동시켜라" 등의 말을 해야 하는가? 물론 그렇지 않다.
(b) 대부분의 시간 동안 걷기는 의식적인 생각이나 의도 없이 행해진다.」

31 ①

value 가치, 평가   false 그릇된, 거짓의

「오랫동안 사람들은 사진이 우리들에게 진실을 말하고 있다고 믿었다 ; 사진은 실제로 일어났던 것을 보여준다. 사람들은 "보는 것이 믿는 것이다." 혹은 "말로 하지 말고 보여 달라," 또는 심지어는 "사진 한 장이 천 마디 말만큼이나 가치가 있다."라고 말하곤 했다. 법정에서는 종종 사진이 말보다 훨씬 가치가 있었다. 그러나 요즘은 문제가 그리 간단하지 않다. 사진이 컴퓨터로 변조될 수 있다 ; 사진은 <u>때로는 가짜이다.</u>」

32 ②

psychologist 심리학자   satisfying 만족스러운, 충분한   great-grandmother 증조모   laundry 빨랫감, 세탁물   fulfill 충족시키다, 만족시키다, 수행하다   turn A into B A를 B로 바꾸다   one more 하나 더   self-conscious 자기를 의식하는, 자의식이 강한   miserable 비참한, 불행한   chase 뒤쫓다, 추적하다   equate A with B A와 B를 동일시하다, 동등하게 생각하다   notice 알아차리다, 분간하다, 주목하다   on the other hand 다른 한편으로는, 반면에   in addition 게다가, 더욱이   in short 간단히 말해서, 요약해서, 요컨대

「심리학자들은 행복해지기 위해서 우리는 즐거운 여가시간과 만족스러운 일의 혼합을 필요로 한다고 말한다. 나는 14명의 자식들을 키우고 빨래를 맡았던 증조모는 어느 하나를 많이 가졌다고 생각하지(믿지) 않는다. 그녀는 가까운 친구들과 가족을 가지고 있었고, 아마도 이것이 그녀를 만족시켰을 것이다. 만약 그녀가 가지고 있었던 것에 행복해 했다면, 아마도 그것은 그녀가 삶(인생)이 매우 달라지리라고 기대하지 않았기 때문일 것이었다. <u>반면에</u> 너무나 많은 선택과 모든 분야에서 성공하기 위한 압박감을 가지고 있는 우리는 행복을 우리가 "가져야만 하는" 하나 더의 것으로 바꿔 왔다. 우리는 그것(행복)에 대한 우리의 "권리"를 너무 의식해서 그것이 우리를 불행하게 만들었다. 그래서 우리는 행복을 쫓으며, 부와 성공을 가지고 있는 사람들이 반드시 더 행복하지는 않다는 것을 알아차리지 못하고, 그것과 부와 성공을 동일시한다.」

33 ②

지진의 예측이 성공적이었던 경우와 그렇지 못했던 때가 대비되어 있으므로 역접의 뜻을 나타내는 연결사가 들어가야 한다.

「1975년 2월 4일에 중국의 과학자들은 지진이 닥칠 거라고 말하고 사람들에게 도시를 떠나라고 했다. 백만명 이상이 건물들로부터 멀리 떨어진 안전하고 탁 트인 들판으로 이동했다. 사람들에게 도시를 떠나라고 한 결정은 만명의 목숨을 구하게 되었다. <u>하지만</u>, 1976년 7월 28일에 과학자들은 그렇게 운이 좋지만은 않았다. 베이징 동부에서 중국 과학자들은 일어남직한 지진에 관해서 논의하고 있었다. 모임이 진행되는 사이에, 현대 최악의 지진이 닥쳤다.」

34 ①

harmful 해로운   nest (곤충, 물고기 따위의)서식처   sharp (감각이)예민한   remove 제거하다, 없애다

글에서 반려동물로서의 개뿐만 아니라 다양한 임무를 갖는 개에 대해 이야기하고 있으므로 '개의 다양한 역할'이 제목으로 적절하다.

「모든 사람은 개가 훌륭한 반려동물이 된다고 알고 있다. 그러나 많은 개는 또한 다양한 임무를 가지고 있다. 예를 들어 어떤 개는 경찰에 의해 사용된다. 자주 이런 개는 곤경에 처한 사람을 돕거나 길을 잃은 사람을 찾아낸다. 또 다른 개는 공항에서 일한다. 그런 개는 사람들이 다른 나라로부터 들여와서는 안 되는 식물, 식품 등을 냄새로 찾아낸다. 개의 도움으로 이런 것들은 발각이 되고 국내로 절대 들어오지 못한다. 몇몇 다른 개는 사람이 해충으로부터 집을 안전하게 지키는 데 도움을 준다. 개가 예민한 코로 곤충의 서식처를 찾아내면, 사람들은 그 곤충과 곤충의 서식처를 제거할 수 있다.」

35 ①

investment 투자 exchange 교환, 교류

올림픽이 문화 공유의 좋은 기회를 제공하며 이러한 문화 교류가 주변 세계에 대한 이해를 향상시키도록 돕는다는 글의 내용을 통해 '올림픽의 긍정적 효과'가 글의 주제로 가장 적절하다.

「올림픽은 문화 공유의 좋은 기회를 제공한다. 그것은 주최국의 여러 도시 거리에서 볼 수 있다. 여러 다른 언어를 사용하는 많은 사람들이 이 도시들을 방문한다. 그들은 각각 자신들의 문화를 가지고 와서 전 지역을 하나의 문화의 도가니로 바꾼다. 누구나 어느 정도는 세계적인 스포츠 행사에서의 경험을 통해 변화될 것이다. 스포츠 경기 내내, 이러한 커다란 문화 교류가 우리 주변 세계에 대한 이해를 향상시키도록 돕게 될 것이다.」

36 ①

naturally 본디, 당연히 tend to ~하는 경향이 있다 take the line of least resistance 최소저항선을 취하다, 가장 편한 방법을 취하다 ordinary 평범한 consist of ~을 구성하다 questioning 의심스러운, 수상한 be attached to 좋아하다, 애착을 갖다 instinctively 본능적으로 hostile 적대적인, 적의를 가진 established order 기존 질서 inconsistent with ~에 상반되는, 불일치하는 rearrange 재배열하다 laborious 어려운, 힘든, 부지런한, 근면한 painful 고통스러운 expense 손실, 희생, 지출, 비용 fellow 친구, 동료, 상대 disagreeable 불쾌한, 싫은 desirable 바람직한 alter 바꾸다, 변하다

「보통 두뇌는 본디 게으르고 최소저항선을 택하는(가장 편한 방법을 취하는) 경향이 있다. 평범한 사람의 정신세계는 의심 없이 받아들이고 고수하고 있는 것들에 대한 신념으로 이루어져 있다. 말하자면, 평범한 사람은 익숙한 세계의 기존 질서를 깨는 어떤 것에도 본능적으로 적대감을 가지고 있다. 자기가 갖고 있는 어떤 신념과 불일치하는 새로운 생각은 정신(세계)을 재조정할 필요성을 의미한다. ; 이러한 과정은 고통스런 뇌 에너지의 소모를 필요로 하는 어려운 것이다. 거의 대다수인 평범한 사람과 그 동료들에게는 기존의 신념과 제도(관습)에 의심을 갖게 되는 새로운 생각과 선택은 단지 그것들이 싫기 때문에 유해한 것처럼 보인다. 이런 태도는 사회발전을 위해 바꾸는 것이 바람직하다.」

37 ②

수술을 해야 될지 말아야 될지 여부를 묻고 있는 상황으로 병원이 가장 적절한 장소다.

「A : 저 수술 받아야 되나요?
 B : 아니요, 심각한 거 아니에요. 걱정하실 필요 없습니다.」

38 ①

올해는 더욱 일찍 휴가를 떠나자고 하고 있으므로 ①이 가장 적절하다.

「A : 우리가 작년 여름휴가 때 재밌었던 것들 기억나?
 B : 물론이지. 파도에서 논거, 자전거를 빌리고 길을 타고 가던 기억이나.
 A : 응, 이번엔 좀 더 휴가를 일찍 가는 게 어때?
 B : 그래 , 빠르면 빠를수록 좋아.」

39 ①

빈칸 뒤에 A의 말로 보아 시계가 고장 나서 늦잠 잤다는 것을 알 수 있다. 따라서 ①이 가장 적절하다.

「A : 넌 또 늦었어, Bob
 B : 미안, 늦잠 잤어. 시계가 아침에 울리지 않았거든.
 A : 네 시계는 매번 고장이구나. 새로운 거 하나 사렴.
 B : 그래야 될 것 같아.」

40 ③

A가 B의 말에 동의하고 있고, B는 또 먹고 싶다고 하고 있으므로 ③이 가장 적절하다.

「A : 그래서, 저녁은 어땠어?
 B : 스테이크가 기가 막혔어.
 A : 나도 그렇게 생각해.
 B : 나 그 스테이크들 또 먹고 싶어.」

제4회 정답 및 해설

✅ 수리능력

01	02	03	04	05
①	①	④	①	①
06	07	08	09	10
③	②	①	④	④
11	12	13	14	15
②	②	④	④	④
16	17	18	19	20
①	②	④	②	④
21	22	23	24	25
①	③	④	②	④
26	27	28	29	30
③	①	③	①	①
31	32	33	34	35
④	④	②	①	③
36	37	38	39	40
②	②	①	①	②

01 ①

$14.4 : 6,259 = 5.01 : x$

$14.4x = 31,357.59$

$\therefore x = 2,178$

02 ①

$6,259 : 14.4 = 1,420 : x$

$6,259x = 20,448$

$\therefore x = 3.27$

03 ④

㉠ 2016년의 남녀 임금격차가 66.6%로 최고 수준이었으나, OECD 국가 평균의 2배 이상은 아니다.

㉡ 우리나라의 남성 근로자의 임금 대비 여성 근로자의 임금 수준을 표로 나타내면 다음과 같다.

2011	2012	2013	2014	2015	2016	2017
65.1	64.8	65.2	65.7	66.2	66.6	66.4

2011년에 비해 2017년에는 1.3% 정도로 소폭 상승하였다.

㉢ 남녀 임금격차가 적다는 것은 남녀의 임금격차가 거의 없어 100%가 되어야 한다는 뜻이다. 프랑스는 OECD 국가 중에서 남녀 임금격차가 가장 적다.

㉣ OECD 평균이 78%에서 82%로 100%에 가까워졌으므로 남녀 임금격차가 줄어들고 있다고 볼 수 있다.

04 ①

A 도시의 여성 수는 $250,000 \times \dfrac{42}{100} = 105,000$(명)

A 도시의 여성 독신자 수는

$105,000 \times \dfrac{42}{100} = 44,100$(명)

A 도시의 여성 독신자 중 7%에 해당하는 수는

$44,100 \times \dfrac{7}{100} = 3,087$(명)

05 ①

㉠을 구하면

$20 \times 60 + 10 \times 65 + 15 \times ㉠ + 15 \times 60 = 3,650$

$\therefore ㉠ = 60$

㉡을 구하면

$㉡ \times 20 + 10 \times 55 + 15 \times 50 + 15 \times 60 = 3,200$

$\therefore ㉡ = 50$

② A지점 남사원의 스낵바 평균 실적은, B지점 남사원의 스낵바 평균 실적은 동일하다.

③ 영화관람권은 B지점 사원 평균이 60점, A지점 사원의 평균이 62.5점이므로 A지점이 더 높다.

④ 전체 남사원의 팝콘팩토리 매출 실적 평균은 55점, 전체 여사원의 팝콘팩토리 매출 실적 평균은 50점이므로 전체 남사원의 매출 실적 평균이 더 높다.

06 ③

㉠ 1804년 가구당 인구수는 $\dfrac{68,930}{8,670} =$ 약 7.95이고, 1867년 가구당 인구수는 $\dfrac{144,140}{27,360} =$ 약 5.26이므로 1804년 대비 1867년의 가구당 인구수는 감소하였다.

㉡ 1765년 상민가구 수는 $7,210 \times 0.57 = 4109.7$이고, 1804년 양반가구 수는 $8,670 \times 0.53 = 4595.1$로, 1765년 상민가구 수는 1804년 양반가구 수보다 적다.

㉢ 1804년의 노비가구 수는 $8,670 \times 0.01 = 86.7$로 1765년의 노비가구 수인 $7,210 \times 0.02 = 144.2$보다 적고, 1867년의 노비가구 수인 $27,360 \times 0.005 = 136.8$보다도 적다.

㉣ 1729년 대비 1765년에 상민가구 구성비는 59.0%에서 57.0%로 감소하였고, 상민가구 수는 $1,480 \times 0.59 = 873.2$에서 $7,210 \times 0.57 = 4109.7$로 증가하였다.

07 ②

교육연수가 14년인 경우를 계산해 보면

• A사

－남성 $= 1,000 + (180 \times 14) = 3,520$(만 원)

－여성 $= 1,840 + (120 \times 14) = 3,520$(만 원)

• B사

－남성 $= 750 + (220 \times 14) = 3,830$(만 원)

－여성 $= 2,200 + (120 \times 14) = 3,880$(만 원)

08 ①

㉢ 일용직이나 임시직에서 여자의 비율이 높고, 정규직에서 남자의 비율이 높은 것으로 보아 고용 형태에서 여성의 지위가 남성보다 불안하다.

㉣ 제시된 자료로는 알 수 없다.

09 ④

㉡ 비흡연 시 폐암 발생률은 $\dfrac{300}{10,000} \times 100 = 3(\%)$이다.

㉢ 흡연 여부와 상관없이 폐암 발생률은 $\dfrac{600}{11,000} \times 100 ≒ 5.45(\%)$이다.

10 ④

㉠ 설문 조사에 참여한 장노년층과 농어민의 수가 제시되어 있지 않으므로 이용자 수는 알 수 없다.

㉢ 스마트폰 이용 활성화를 위한 대책으로 경제적 지원이 가장 효과적인 취약 계층은 저소득층이다.

11 ②

① 2006년 수리답률은 약 79%이다.

③ 전체 경지의 면적은 1,825,000ha에서 1,725,000ha로 감소하였다.

④ 주어진 자료로는 알 수 없다.

12 ②

2020년 영화 매출액 비중 : $\dfrac{1,031}{2,111} \times 100 \fallingdotseq 48.8(\%)$

13 ④

$\dfrac{226-42}{42} \times 100 \fallingdotseq 438\%$

14 ④

제주 31, 강원 29, 경기 184, 인천 228만큼 미세먼지가 증가했다. 가장 많이 미세먼지가 증가한 지역은 인천에 해당한다.

15 ④

2019년 대설의 피해금액 : 663(억 원)
2013~2022년 강풍 피해금액 합계 : $93+140+69+11+70+2+267+9=661$(억 원)

16 ①

$85.25+32.45-52.05=65.65$

17 ②

$\dfrac{5}{6}+\dfrac{1}{3} \div \dfrac{1}{9}=\dfrac{23}{6}$

18 ④

$630 \times 0.2 \times 10^{-1}=12.6$

19 ②

$1800 \times 0.0005=0.9$

20 ④

$\dfrac{4}{7}-\dfrac{3}{8}=\dfrac{32-21}{56}=\dfrac{11}{56}$

21 ①

$36 \times (5)-53=127$

22 ③

$35 \times 8-(118)=162$

23 ④

$19 \times (32)+16=624$

24 ②

$23 \times 7 (-) 61=100$

25 ④

$32 \times 17 (\div) 4=136$

26 ③

$A : \dfrac{121}{11}=11$, $B : \dfrac{143}{13}=11$
$\therefore A=B$

27 ①

$A : 3\dfrac{2}{5}=\dfrac{17}{5}=\dfrac{153}{45}$
$B : 2\dfrac{7}{9}=\dfrac{25}{9}=\dfrac{125}{45}$
$\therefore A>B$

28 ③

$1^{m}\!/_{s}$는 3.6km/h이다.
$\therefore A=B$

29 ①

$A = 4$, $B = -8$이므로 $A > B$이다.

30 ①

$$A - B = (a^2 + b^2) - (a+b)^2$$
$$= a^2 + b^2 - (a^2 + 2ab + b^2)$$
$$= -2ab > 0$$
$$\therefore A > B$$

31 ④

통화량이 x분인 사람의 요금은
통신사 A의 경우 $40,000 + 60(x - 300)$, 통신사 B의 경우 $50,000 + 50(x - 400)$이므로
$50,000 + 50(x - 400) < 40,000 + 60(x - 300)$일 때 A를 선택했을 때보다 더 이익이다.
$\therefore x > 800$(분)

32 ④

1분에 20명이 표를 끊고 15명이 새로 줄을 서므로, 1분에 5명씩 대기자가 줄어든다. 따라서 대기자가 0명이 되는 데까지 걸리는 시간은 20분($100 \div 5 = 10$)이다.

33 ②

5개에서 3개를 선택하는 것과 같으므로 조합을 사용하면 된다.
$$_5C_3 = \frac{5 \times 4 \times 3}{3 \times 2 \times 1} = 10개$$

34 ①

$1 : 155(분) = x : 5 \times 30 \times 60(분)$
$$x = \frac{5 \times 30 \times 60}{155} ≒ 58.064$$
$\therefore$ 58권의 책을 읽을 수 있다.

35 ③

1부터 20까지의 수를 모두 더하면 210이다. 20개의 수 중 임의의 수 a와 b를 지우고 a−1, b−1을 써넣은 후의 전체 수의 합은 $210 - (a+b) + (a - 1 + b - 1)$ $= 210 - 2 = 208$이 된다. 따라서 이 시행을 20번 반복한 후 전체 수의 합은 처음 전체 수의 합 210에서 40이 감소한 170이 된다.

36 ②

㉠ 7명의 사람이 의자에 일렬로 앉을 수 있는 경우의 수 : 7!
㉡ 서울 사람이 양쪽 끝의 의자에 앉는 경우의 수 : 5!×2
㉢ 대전 사람이 양쪽 끝의 의자에 앉는 경우의 수 : 5!×2
$$\therefore \frac{㉡ + ㉢}{㉠} = \frac{5! \times 2 \times 2}{7!} = \frac{2}{21}$$

37 ②

실제시간보다 시간당 4분이 빠른데 6시간 30분이 지났으므로 $6 \times 4 + 2 = 26$(분)이 더 빠르다. 그러므로 실제시간은 6시 4분이다.

38 ①

벤다이어그램을 통해 구할 수 있으며
$$n(A \cap B) = n(A) + n(B) - n(A \cup B)$$
$$= 35 + 25 - 20 = 35$$
총 학생이 40명이므로 A반에서 딸기와 사과 모두 좋아하지 않는 학생은 5명인 것을 알 수 있다.

39 ①

$x =$ 집과 공원 사이의 거리, 시간 = $\dfrac{거리}{속력}$

걸어서 간 시간이 전기 자전거를 타고 간 시간보다 길기 때문에
$$\frac{x}{4}(걸어서 간 시간) - \frac{x}{20}(전기자전거를 타고 간 시간) = 1$$
$$\therefore \frac{4x}{20} = 1, x = 5$$

40 ②

톱니바퀴 A, B의 톱니 수 36과 54의 최소공배수는 108이므로 처음 맞물렸던 톱니가 다시 맞물리게 되는 것은 A톱니바퀴의 경우 4바퀴째이며, B톱니바퀴의 경우 3바퀴째이다. 따라서 B톱니바퀴가 총 10바퀴 회전한다고 할 때, 처음 맞물렸던 톱니는 B톱니바퀴를 기준으로 3, 5, 7, 9바퀴째에 맞물리게 되므로 4번 다시 맞물리게 된다.

 추리능력

01	02	03	04	05
③	②	④	②	①
06	07	08	09	10
②	①	③	④	①
11	12	13	14	15
②	③	②	①	④
16	17	18	19	20
②	②	①	③	①
21	22	23	24	25
①	②	③	①	④
26	27	28	29	30
④	③	③	④	③
31	32	33	34	35
②	③	②	④	④
36	37	38	39	40
④	①	④	①	②

01 ③

첫 번째 항부터 $2^n + n$이 더해지는 규칙이다.
3 $(+2^1 + 1)$, 6 $(+2^2 + 2)$, 12 $(+2^3 + 3)$,
23 $(+2^4 + 4)$, 43
∴ 빈칸에는 23이 들어간다.

02 ②

세 개항씩 끊어서, '(첫 번째 항×두 번째 항)−(두 번째 항−첫 번째 항)=세 번째 항이 되는 규칙이다.
따라서 $(6×8)-(8-6)=46$이 된다.

03 ④

각 항은 $3^n + 2^n$인 규칙을 갖고 있다.
따라서 빈칸은 $3^2 + 2^2 = 13$이 된다.

04 ②

첫 항을 $\dfrac{A}{B}$, 다음 항을 $\dfrac{C}{D}$라고 할 때,

$\dfrac{C}{D} = \dfrac{B-A}{A \times B}$의 규칙으로 전개되고 있다.

$\therefore \dfrac{6-5}{5 \times 6} = \dfrac{1}{30}$

05 ①

첫 항을 $\dfrac{A}{B}$, 다음 항을 $\dfrac{C}{D}$라고 할 때,

$\dfrac{C}{D} = \dfrac{(A+B)+1}{A+B}$의 규칙으로 전개되고 있다.

$\therefore \dfrac{18+17+1}{18+17} = \dfrac{36}{35}$

06 ②

첫 항을 $\dfrac{A}{B}$, 다음 항을 $\dfrac{C}{D}$라고 할 때,

$\dfrac{C}{D} = \dfrac{A-2}{B+2}$의 규칙으로 전개되고 있다.

07 ①

첫 항을 $\dfrac{A}{B}$, 다음 항을 $\dfrac{C}{D}$라고 할 때,

$\dfrac{C}{D} = \dfrac{A+3}{B \times 3}$의 규칙으로 전개되고 있다.

08 ③

첫 항을 $\dfrac{A}{B}$, 다음 항을 $\dfrac{C}{D}$라고 할 때,

$\dfrac{C}{D} = \dfrac{A+B}{(A+B)-2}$의 규칙으로 전개되고 있다.

09 ④

첫 항을 $\dfrac{A}{B}$, 다음 항을 $\dfrac{C}{D}$라고 할 때,

$\dfrac{C}{D} = \dfrac{A+11}{B-1}$의 규칙으로 전개되고 있다.

10 ①

첫 항을 $\dfrac{A}{B}$, 다음 항을 $\dfrac{C}{D}$라고 할 때,

$\dfrac{C}{D} = \dfrac{B-A}{A \times B}$의 규칙으로 전개되고 있다.

11 ②

S(19) − N(14) − K(11) − J(10) − E(5) − B(2)
각 문자의 차가 5, 3, 1의 순서로 바뀌고 있다.

12 ③

T(20) − S(19) − Q(17) − N(14) − J(10) − E(5)
1, 2, 3, 4,… 씩 감소하는 수열이므로 빈칸에 들어갈 문자는 N(14)이다.

13 ②

ㄱ(1) − ㅋ(11) − ㄷ(3) − ㅈ(9) − ㅁ(5) − ㅅ(7)
홀수 항은 2씩 증가, 짝수 항은 2씩 감소한다. 따라서 빈칸에 들어갈 문자는 ㅅ(7)이다.

14 ①

알파벳을 순서대로 숫자에 대입하면 다음 표와 같다.

A	B	C	D	E	F	G	H	I	J	K	L	M
1	2	3	4	5	6	7	8	9	10	11	12	13
N	O	P	Q	R	S	T	U	V	W	X	Y	Z
14	15	16	17	18	19	20	21	22	23	24	25	26

분자는 + 2씩 증가하며 분모는 + 3씩 증가하므로 빈칸에 들어갈 문자는 $\dfrac{G}{K}\left(\dfrac{7}{11}\right)$이다.

15 ④

알파벳과 한글 자음을 순서대로 숫자에 대입하면 다음 표와 같다.

A	B	C	D	E	F	G	H	I	J	K	L	M
1	2	3	4	5	6	7	8	9	10	11	12	13
N	O	P	Q	R	S	T	U	V	W	X	Y	Z
14	15	16	17	18	19	20	21	22	23	24	25	26

ㄱ	ㄴ	ㄷ	ㄹ	ㅁ	ㅂ	ㅅ	ㅇ	ㅈ	ㅊ	ㅋ	ㅌ	ㅍ	ㅎ
1	2	3	4	5	6	7	8	9	10	11	12	13	14

분자는 알파벳 – 한글 – 알파벳 – 한글 순이며 – 1씩 감소하고 있고 분모는 한글 – 알파벳 –한글 – 알파벳 순이며 + 1씩 증가하고 있으므로 빈칸에 들어갈 문자는 $\dfrac{\text{ㅋ}}{F}\left(\dfrac{11}{6}\right)$이다.

16 ②

첫째 수와 둘째 수를 서로 곱한 값에 첫째 수를 더한 값이 셋째 수가 된다.
$2 \times 4 + 2 = 10, 5 \times 3 + 5 = 20$
$\therefore 7 \times 3 + 7 = 28$

17 ②

첫째 수를 둘째 수로 나눈 후 둘째 수를 더한 값이 셋째 수가 된다.
$6 \div 2 + 2 = 5, 12 \div 4 + 4 = 7$
$\therefore 15 \div 5 + 5 = 8$

18 ①

첫째 수를 둘째 수로 거듭제곱한 것이 분모가 되며 첫째 수와 둘째 수를 더한 값이 분자가 된다.
$\dfrac{3+2}{3^2} = \dfrac{5}{9}, \dfrac{4+3}{4^3} = \dfrac{7}{64}$
$\therefore \dfrac{5+2}{5^2} = \dfrac{7}{25}$

19 ③

기호의 규칙을 찾으면 두 수를 곱한 값에서 십의 자리에 해당하는 수는 분자가 되며 일의 자리에 해당하는 수는 분모가 된다.
$4 ÷ 4$를 풀이해보면, $4 \times 4 = 16$이므로
$\dfrac{1(\text{십의 자리 수})}{6(\text{일의 자리 수})}$이다.

20 ①

A♠B=(A의 일의 자릿수+B의 일의 자릿수)−(A의 십의 자릿수+B의 십의 자릿수)
$\therefore (2+9)-(1+1)=9$

21 ①

알파벳의 순서대로 숫자에 대입하면 다음 표와 같다.

A	B	C	D	E	F	G	H	I	J	K	L	M
1	2	3	4	5	6	7	8	9	10	11	12	13
N	O	P	Q	R	S	T	U	V	W	X	Y	Z
14	15	16	17	18	19	20	21	22	23	24	25	26

②③④의 경우 2씩 차이나고 ①의 경우 5씩 차이난다.

22 ②

초성은 자음의 순서대로, 종성은 역순으로 변화하고 있다.
②는 '망밧삽암'이 되어야 나머지와 동일해진다.

23 ③

종성은 초성에 +4가 된다. ③은 '삵납앍밝'이 되어야 나머지와 동일해진다.

24 ①

②③④ 숫자로 치환하면 8, 9, 10, 11이 된다.
① 나머지와 같기 위해서는 HIJK가 되어야 한다.
※ 12간지 … 자(쥐), 축(소), 인(호랑이), 묘(토끼), 진(용), 사(뱀), 오(말), 미(양), 신(원숭이), 유(닭), 술(개), 해(돼지)

25 ④

①②③ 예사소리, 된소리, 예사소리, 거센소리가 순서대로 나열되었다.
④ 바빠바파

26 ④

바깥도형은 △ → □ → ○로 반복되고, 안쪽 도형은 ● → ▲ → ■ → ○ → △ → □로 반복된다.

27 ③

이중선은 시계 방향으로 이동하고 있으며, ◑ 동그라미는 시계 반대 방향으로 이동하고 있다.

28 ③

③ 1열과 2열의 색칠된 부분이 합해져서 3열의 무늬가 된다.

29 ①

도형이 시계 반대 방향으로 움직이고 있다.

30 ③

도형 안의 별 모양의 기호는 고정되어 있으며 나머지 기호들이 반시계 방향으로 이동한다.

31 ②

㉠ 참인 명제의 대우 역시 참이므로,
두 번째 명제의 대우는
'딸기를 먹은 사람은 수박을 먹지 않은 사람이다.'
㉡ 나머지 명제들과 연결시켜보면,
= 사과○ → 딸기○ → 수박× → 참외×

32 ③

㉠ 참인 명제의 대우 역시 참이므로,
첫 번째, 세 번째 명제의 대우는
• 월요일에 수업이 있으면 화요일에 수업이 없다.
• 수요일에 수업이 있으면 목요일에 수업이 있다.
㉡ 나머지 명제들과 연결시켜보면,
= 월요일○ → 화요일× → 수요일○ → 목요일○ → 금요일○

33 ②

㉠ 첫 번째 조건에서 서 과장 선정 시 이 대리는 반드시 선정되어야 한다. 또한 두 번째 조선에서 이 대리가 선정되면 엄 대리는 신정되시 않으므로 결국 이 대리와 엄 대리, 서 과장과 엄 대리는 함께 선정될 수 없다.
㉡ 세 번째 조건에서 최 사원 선정 시 서 과장은 반드시 참여해야 한다. 네 번째 조건의 대우 명제를 살펴보면, 엄 대리가 선정될 때 조 사원도 선정된다는 것을 알 수 있다.
㉢ 따라서 서 과장과 이 대리, 최 사원과 서 과장은 반드시 함께 선정되어야 하므로 서 과장+이 대리+최 사원 세 명이 반드시 함께 선정되어야만 하며, 엄 대리와 조 사원 역시 함께 선정된다는 사실을 알 수 있다.
㉣ 따라서 2명을 선정할 경우, 항상 함께 선정되어야만 하는 인원과 제한 인원 2명과의 모순 관계가 없는 엄 대리와 조 사원이 선정되어야 한다.

34 ④

조건을 참고하여 내용을 표로 정리하면 다음과 같다.

A동	B동	C동	D동	E동
최 대리, 강 사원 양 과장	남 대라 최 대리, 이 과장		강 사원, 이 과장	남 대리

C동에 아무도 배정받지 않았다는 것은 나머지 4개의 동 중 2명이 배정받은 동이 있다는 의미가 된다. 우선, 남 대리는 E동에 배정받은 것을 알 수 있다.

또한 B동과 D동에 양 과장이 배정받지 않았으므로 양 과장은 A동에 배정받은 것이 되며, A동은 두 사람이 배정받은 동이 아니므로 나머지 인원은 A동에 배정받지 않았음을 알 수 있다. 따라서 B동에는 남 대리를 제외한 최 대리, 이 과장이 배정받을 수 있고, D동에는 강 사원, 이 과장이 배정받을 수 있다. 이것은 결국 B동에는 최 대리, D동에는 강 사원이 배정받은 것이 되며, 이 과장이 배정받은 동만 정해지지 않은 상태가 된다. 따라서 주어진 조건에 의하면 최 대리와 이 과장 또는 강 사원과 이 과장이 같은 동에 배정받을 수 있다.

35 ④

A는 2호선을 이용하였고, D는 1호선, B와 D는 같은 호선을 이용하였으므로 B도 1호선을 이용한 것이다. F와 G는 같은 호선을 이용하지 않았으므로 둘 중 한 명은 1호선이고 나머지는 2호선을 이용한 것이 된다. 1호선은 3명이 이용하였으므로 B, D, (F or G)가 된다.

구분	A	B	C	D	E	F	G
1호선	×	○	×	○	×	○ or ×	○ or ×
2호선	○	×	○	×	○	○ or ×	○ or ×

36 ④

$$R(저항) = \frac{V(전압)}{I(전류의 \ 세기)}, \ 400mA = 0.4A$$

$$\therefore \ R = \frac{110V}{0.4A} = 275\Omega$$

37 ①

$$R = \frac{V}{I} = \frac{2}{0.1} = \frac{4}{0.2} = \frac{6}{0.3} = \frac{8}{0.4} = 20\Omega$$

38 ④

④ 움직 도르래를 사용하면 물체 무게의 $\frac{1}{2}$배의 힘을 작용해야 하므로 줄을 당길 때 필요한 힘의 크기는 250N이다.

① 어떠한 도구를 사용하더라도 일의 이득은 없다.

② 한 일의 양 = 500N × 2m = 1000J

③ 움직 도르래를 사용하면 물체가 올라간 높이의 2배 길이의 줄을 당겨야 하므로 당긴 줄의 길이는 4m이다.

39 ①

알→올챙이→뒷다리 생김→앞다리 생김→꼬리 소멸→개구리

40 ②

빛은 항상 얇은 쪽에서 두꺼운 쪽으로 굴절된다.

✅ 지각능력

01	02	03	04	05
①	①	②	①	②
06	07	08	09	10
②	②	②	①	②
11	12	13	14	15
②	①	②	②	②
16	17	18	19	20
①	②	②	①	①
21	22	23	24	25
②	②	①	④	③
26	27	28	29	30
①	①	④	①	③
31	32	33	34	35
①	①	①	②	②
36	37	38	39	40
③	④	①	②	①

01 ①

좌우가 같다.

02 ①

좌우가 같다

03 ②

HAVEAGOOD<u>DAY</u> – HAVEAGOO__<u>A</u>Y

04 ①

좌우가 같다.

05 ②

☀❀❂✧☮⊛Ⓡ☪✦〜①⑪ – ☀❀❂✧☮⊛Ⓡ☪✦〜Ⓐ⑪

06 ②

짤딸빨빨깔쌀**짤찰**탈딸쌀 – 짤딸빨빨깔쌀**찰짤**탈딸쌀

07 ②

미세먼지없는파**란**하늘이좋다 – 미세먼지없는파**랑**하늘이좋다

08 ②

youvwwovwy**uou**wxz – youvwwovwy**ouo**wxz

09 ①

좌우가 같나.

10 ②

天地玄**黃**宇宙洪荒日月 – 天地玄**賢**宇宙洪荒日月

11 ②

$\Delta E \Delta \Gamma H Z \underline{\Lambda} M N O \Xi \Sigma - \Delta E \Delta \Gamma H Z \underline{X} M N O \Xi \Sigma$

12 ①

좌우가 같다.

13 ②

saesang**ae**masangae – saesang**ea**masangae

14 ②

해가뜨기도전에일어**나다**니 – 해가뜨기도전에일어**다나**니

15 ②

ㄅㄘㄎㄌㄉ**ㄌ**ㄏㄊㄨㄅ – ㄅㄘㄎㄌㄉ**ㄞ**ㄏㄊㄨㄅ

16 ①

좌우가 같다

17 ②

유산소☆와근력★운동**을**병행해☆야해★ – 유산소☆와근
력★운동**은**병행해☆야해★

18 ②

onetwothreef**our**fivesix – onetwothreef**uor**fivesix

19 ①

좌우가 같다.

20 ①

좌우가 같다.

21 ②

1단 6개, 2단 2개, 3단 1개 총 9개이다.

22 ②

1단 6개, 2단 4개, 3단 1개 총 11개이다.

23 ①

1단 8개, 2단 4개, 3단 1개 총 13개이다.

24 ④

1단 13개, 2단 5개, 3단 1개 총 19개이다.

25 ③

1단 11개, 2단 5개, 3단 2개 총 18개이다.

26 ①

3×3 정육면체(블록 27개)를 만들 수 있다. 주어진 블록
이 총 13개이므로 필요한 블록은 14개이다.

27 ①

3 × 3 × 3 정육면체(블록 27개)를 만들 수 있다. 주어
진 블록은 11개이므로 16개의 블록이 더 필요하다.

28 ④

2 × 2 × 2 정육면체(블록 8개)를 만들 수 있다. 주어진
블록은 4개이므로 4개의 블록이 더 필요하다.

29 ①

3×3 정육면체(블록 27개)를 만들 수 있다. 주어진 블록
이 총 11개이므로 필요한 블록은 16개이다.

30 ③

3×3×3 정육면체(블록 27개)를 만들 수 있다. 주어진
블록은 13개이므로 14개의 블록이 더 필요하다.

31 ①

밖으로 노출된 면이 1면인 블록을 찾아야 한다. 맨 아래
층 블록부터 순서대로 다음과 같은 개수의 면이 밖으로
노출되어 페인트가 칠해진다.

2	3	2
3		3
	4	3

1단

2		2
3		

2단

5

3단

32 ①

밖으로 노출된 면이 1면인 블록을 찾아야 한다. 맨 아래 층 블록부터 순서대로 다음과 같은 개수의 면이 밖으로 노출되어 페인트가 칠해진다.

2	2	2	2
2			2
3			3
3	3	3	3

1단

2	2	2	2
3			3

2단

3	3	3	3
4			4

3단

33 ①

밖으로 노출된 면은 다음과 같다.

2	2	2	3
2			3
1	3	3	2
2			3
3			

1단

2	2	3
2		3
2		
3		
4		

2단

3	3	4
3		
4		

3단

34 ②

밖으로 노출된 면은 다음과 같다.

2	1	2
1	0	2
3	2	3

1단

2	2	4
2	3	

2단

4
4

3단

35 ②

맨 아래 층의 뒤쪽 중간 블록만 밖으로 노출된 면이 1면이다.

36 ③

③ 그림을 보기와 같은 위치로 돌려보면 오른쪽과 같은 모양이 된다. 왼쪽 화살표의 위치와 색이 들어간 삼각형의 위치가 다른 것을 알 수 있다.

① 보기의 그림을 왼쪽으로 90° 회전시킨 모양이다.
② 보기의 그림을 180° 회전시킨 모양이다.
④ 보기의 그림과 일치한다.

37 ④

④ 동그라미의 색칠된 부분의 색이 다르다.

① 보기의 그림을 왼쪽으로 90° 회전시킨 모양이다.
② 보기의 그림을 180° 회전시킨 모양이다.
③ 보기의 그림을 오른쪽으로 90° 회전시킨 모양이다.

38 ①

그림의 중심에 있는 통나무와 너구리의 연결에 유의한다.

39 ②

40 ①

제5회 정답 및 해설

✅ 수리능력

01	02	03	04	05
①	①	④	①	③
06	07	08	09	10
③	③	③	③	②
11	12	13	14	15
②	④	③	④	①
16	17	18	19	20
④	①	③	④	①
21	22	23	24	25
②	③	④	④	④
26	27	28	29	30
④	①	③	①	②
31	32	33	34	35
③	②	④	④	②
36	37	38	39	40
①	④	②	②	②

01 ①

$27.4 + 39.5 = 66.9$

02 ①

취업자 : $4.6 + 1.2 = 5.8(\%)$
실업자 : $5.3 + 2.8 = 8.1(\%)$

03 ④

주거비는 1980년과 1990년이 4.5%로 동일하다.

04 ①

$$\frac{22}{200} \times 100 = 11(\%)$$

05 ③

$6,312 \div 3,524 ≒ 1.76$으로 2배가 안 된다.

06 ③

1위와의 기록이 39초 이하로 차이가 나야한다. 따라서 알론소, 해밀턴, 마사 3명이다.

07 ③

사고 전 조달원 \ 사고 후 조달원	수돗물	정수	약수	생수	합계
수돗물	40	30	20	30	120
정수	10	50	10	30	100
약수	20	10	10	40	80
생수	10	10	10	40	70
합계	80	100	50	140	370

수돗물 : $120 \rightarrow 80$
정수 : $100 \rightarrow 100$
약수 : $80 \rightarrow 50$
생수 : $70 \rightarrow 140$

따라서 사고 전에 비해 사고 후에 이용 가구 수가 감소한 식수조달원은 수돗물과 약수 2개이다.

08 ③

$45 : 1,350 = 100 : x$

$45x = 135,000$

$\therefore x = 3,000$

09 ③

$30 : 15 = x : 2$

$15x = 60$

$\therefore x = 4$

10 ②

'신재생 에너지' 분야의 사업 수를 x, '절약' 분야의 사업 수를 y라고 하면

$x + y = 600$ …… ㉠

$\dfrac{3,500}{x} \geq 5 \times \dfrac{600}{y} \rightarrow 3,500y \geq 3,000x$ …… ㉡

㉠, ㉡을 연립하여 풀면 $y \geq 276.92 \cdots$

따라서 '신재생 에너지' 분야의 사업별 평균 지원액이 '절약' 분야의 사업별 평균 지원액의 5배 이상이 되기 위한 사업 수의 최대 격차는 '신재생 에너지' 분야의 사업 수가 323개, '절약' 분야의 사업 수가 277개일 때로 46개이다.

11 ②

수출량과 수입량 모두 상위 10위에 들어있는 국가는 네덜란드와 중국이다.

12 ④

네덜란드 $544 - 156 = 388$(만 톤)

중국 $1,819 - 27 = 1,792$(만 톤)

13 ③

$\dfrac{1,869 + 544}{19,134 + 2,339} \times 100 ≒ 11.23(\%)$이므로 12(%)를 넘지 않는다.

14 ④

D에 들어갈 값은 $37.9 + 4.3 = 42.2$이다.

15 ①

60km를 운행할 때 연료비는

① A의 **연료비** : $60/10 \times 1,700 = 10,200$원

② B의 **연료비** : $60/8 \times 1,000 = 7,500$원

③ C의 **연료비** : $50/12 \times 1,500 = 6,250$원

④ D의 **연료비** : $50/8 \times 1,500 = 9,375$원

16 ④

$(2.55 + 33.45) \div 6 = 36 \div 6 = 6$

17 ①

$\dfrac{4}{8} + \dfrac{24}{8} + \dfrac{52}{8} = 10$

18 ③

$\sqrt{2} + \sqrt{8} + \sqrt{32} = \sqrt{2} + 2\sqrt{2} + 4\sqrt{2} = 7\sqrt{2}$

19 ④

$10_{(2)} + 100_{(2)} + 1000_{(2)} = 2 + 4 + 8 = 14$

20 ①

$10^3 \times 10^{-1} \times 10^{-2} = 10^0 = 1$

21 ②

$1800 \div (\ 30\ ) = 60$

22 ③

$35 \times (\ 8\ ) = 280$

23 ④

$\dfrac{7}{4} \div (7) \times 4.8 = 1.2$

24 ④

$15 + 21 \, (\div) \, 7 = 15 + 3 = 18$

25 ④

$26 \times 35 \, (\div) \, 5 = 182$

26 ④

$2a - 3b < 7$

$A - B = 2a - 3b + 7 < 14$

$\therefore$ A와 B의 대소를 비교할 수 없다.

27 ①

$A = \dfrac{23}{5} = \dfrac{92}{20},\ B = \dfrac{17}{4} = \dfrac{85}{20}$

$\therefore A > B$

28 ③

$\dfrac{6}{15} = \dfrac{2}{5} = 0.4$

$\therefore A = B$

29 ①

$A : (-2)^2 = 4 \quad B : 4^{\frac{1}{2}} = \sqrt{4} = 2$

$\therefore A > B$

30 ②

$A : 60,\ B : 72$

$\therefore A < B$

31 ③

연속한 세 자연수를 $x - 1$, x, $x + 1$이라고 할 때,
$2x - 2 + x + x + 1 = 41$이므로 $x = 13$이다.
따라서 연속하는 세 숫자 중 가장 큰 숫자는 $13 + 1 = 14$이다.

32 ②

$${}_5 C_2 = \dfrac{5!}{2! \times (5-2)!}$$
$$= \dfrac{5 \times 4 \times 3 \times 2 \times 1}{2 \times 1 \times 3 \times 2 \times 1} = 10(가지)$$

33 ④

전체페이지에서 5일 동안 읽은 페이지를 뺀 나머지를 구한다.

$\therefore 220 - (5 \times 20) = 120$

34 ④

40% 소금물 300g에 들어 있는 소금의 양은 $300 \times 0.4 = 120(g)$이고,
물의 양은 $300 - 120 = 180(g)$이다.
물이 50g 증발했으므로 물의 양은 $180 - 50 = 130(g)$이고, 따라서 소금물의 농도는

$\dfrac{120}{130 + 120} \times 100 = \dfrac{120}{250} \times 100 = 48(\%)$이다.

35 ②

직사각형의 둘레는 가로의 길이 $\times 2$ + 세로의 길이 $\times 2$이다.
세로의 길이를 x라고 가정할 때 가로의 길이는 $x + 4$이고, 둘레는 $2 \times (x + 4) + (2 \times x)$이므로 $4x + 8 = 28$, 따라서 x는 5이다.

36 ①

자식의 나이를 x라 하면,
$(x+24-6)=5(x-6)$
$48=4x, \ x=12$
아버지의 나이는 $12+24=36$
$\therefore$ 아버지의 나이 36세, 자식의 나이는 12세

37 ④

10번째에 받는 점수를 x라 하면
$(83.1+x)\div10=9.4$
$83.1+x=94$
$x=94-83.1=10.9$

38 ②

연속된 두 정수를 $x, \ x+1$이라 하면
$x+(x+1)=29$이고 $x=14$이다.
그러므로 연속하는 두 정수는 14, 15가 된다.
$\therefore 14\times15=210$

39 ②

액자 수 : $x \rightarrow$ 열쇠고리 수 : $4x$
$(x\times4000)+(4x\times2500)=42000$
$4000x+10000x=42000$
$x=3$

40 ②

$xyz=2450=2\times5^2\times7^2$에서, 세 사람의 나이로 가능한 숫자는 2, 5, 7, 10, 14, 25, 35이다. 이 중 세 수의 합이 46인 조합은 (7, 14, 25)만 가능하고, 이 때 최고령자의 나이는 25세이다.

✓ 추리능력

01	02	03	04	05
①	④	②	①	④
06	07	08	09	10
③	④	③	①	②
11	12	13	14	15
④	③	①	③	②
16	17	18	19	20
④	②	③	①	②
21	22	23	24	25
②	①	③	③	④
26	27	28	29	30
②	④	①	②	④
31	32	33	34	35
②	③	②	④	④
36	37	38	39	40
②	②	③	④	①

01 ①

첫 항을 $\dfrac{A}{B}$, 다음 항을 $\dfrac{C}{D}$라고 할 때,
$\dfrac{C}{D}=\dfrac{A+5}{B-1}$의 규칙으로 전개되고 있다.

02 ④

첫 항을 $\dfrac{A}{B}$, 다음 항을 $\dfrac{C}{D}$라고 할 때,
$\dfrac{C}{D}=\dfrac{B-A}{A+B}$의 규칙으로 전개되고 있다.

03 ②

첫 항을 $\dfrac{A}{B}$, 다음 항을 $\dfrac{C}{D}$라고 할 때,
$\dfrac{C}{D}=\dfrac{B+A}{A}$의 규칙으로 전개되고 있다.

04 ①

$2^n + 3^{n+1}$인 규칙을 갖고 있다.

따라서 빈칸에 들어갈 수는

$2^3 + 3^{3+1} = 8 + 81 = 89$가 된다.

05 ④

분자는 $(n+1)^n$, 분모는 n^n인 규칙이다.

따라서 빈칸에 들어갈 수는 $\dfrac{(3+1)^3}{3^3} = \dfrac{64}{27}$이 된다.

06 ③

분자는 1, 3, 5, 7, 9…의 순서이고, 분모는 해당 분수의 분자＋다음 분수의 분자이다.

따라서 빈칸에 들어갈 수는 $\dfrac{7}{7+9} = \dfrac{7}{16}$이다.

07 ④

4의 순차적인 곱셈만큼 증가하게 되는데 +4, +8, +12, +16의 규칙이므로 그 다음의 수는 53에 20을 더한 73이다.

08 ③

각 항은 $3n - 1 + 2^n$인 규칙을 갖고 있다.

따라서 빈칸은 $3 \times 4 - 1 + 2^4 = 12 - 1 + 16 = 27$이 된다.

09 ①

전항의 분모가 다음 항의 분자로, 전항 분자의 제곱이 다음 항의 분모가 된다.

따라서 빈칸에 들어갈 수는 $\dfrac{9}{4^2} = \dfrac{9}{16}$이 된다.

10 ②

4n−n의 형태이다. 따라서 빈칸에 들어갈 수는 $4 \times 2 - 2 = 6$이 된다.

11 ④

알파벳을 순서대로 숫자에 대입하면 다음 표와 같다.

A	B	C	D	E	F	G	H	I	J	K	L	M
1	2	3	4	5	6	7	8	9	10	11	12	13
N	O	P	Q	R	S	T	U	V	W	X	Y	Z
14	15	16	17	18	19	20	21	22	23	24	25	26

홀수 항은 4씩 증가, 짝수 항은 4씩 감소하므로 빈칸에 들어갈 문자는 I(9)이다.

12 ③

알파벳과 한글 자음을 순서대로 숫자에 대입하면 다음 표와 같다.

A	B	C	D	E	F	G	H	I	J	K	L	M
1	2	3	4	5	6	7	8	9	10	11	12	13
N	O	P	Q	R	S	T	U	V	W	X	Y	Z
14	15	16	17	18	19	20	21	22	23	24	25	26

ㄱ	ㄴ	ㄷ	ㄹ	ㅁ	ㅂ	ㅅ	ㅇ	ㅈ	ㅊ	ㅋ	ㅌ	ㅍ	ㅎ
1	2	3	4	5	6	7	8	9	10	11	12	13	14

＋1, ＋2, ＋3, ＋4, ＋5로 변화하며 한글 － 알파벳 － 한글 － 알파벳 － 한글 － 알파벳 순서에 따라 빈칸에 들어갈 문자는 ㅋ(11)이다.

13 ①

알파벳을 순서대로 숫자에 대입하면 다음과 같다.

A	B	C	D	E	F	G	H	I	J	K	L	M
1	2	3	4	5	6	7	8	9	10	11	12	13
N	O	P	Q	R	S	T	U	V	W	X	Y	Z
14	15	16	17	18	19	20	21	22	23	24	25	26

두 개의 문자씩 끊어서 보면 뒤의 문자－앞의 문자＝13이 된다.

따라서 빈칸에 들어갈 문자는 $17 - 4 = 13$, Q가 된다.

14 ③

한글 자음을 순서대로 숫자에 대입하면 다음 표와 같다.

ㄱ	ㄴ	ㄷ	ㄹ	ㅁ	ㅂ	ㅅ	ㅇ	ㅈ	ㅊ	ㅋ	ㅌ	ㅍ	ㅎ
1	2	3	4	5	6	7	8	9	10	11	12	13	14

ㄱ(1) - ㄷ(3) - ㅂ(6) - ㅇ(8) - ㅋ(11)은 +2, +3이 반복되고 있으므로 다음에 들어갈 문자는 $11+2=13$(ㅍ)이다.

15 ②

자음을 순서대로 숫자에 대입하면 다음 표와 같다.

ㄱ	ㄴ	ㄷ	ㄹ	ㅁ	ㅂ	ㅅ	ㅇ	ㅈ	ㅊ	ㅋ	ㅌ	ㅍ	ㅎ
1	2	3	4	5	6	7	8	9	10	11	12	13	14

'소수'에 해당하는 자음이 제시된 것을 알 수 있으며, 따라서 빈칸에 들어갈 자음은 'ㅍ'이 된다.

16 ④

첫째 수를 둘째 수로 거듭제곱하여 1을 뺀 값이 셋째 수가 된다.

$2^3 - 1 = 7$, $3^4 - 1 = 80$

$\therefore 4^2 - 1 = 15$

17 ②

첫째 수에서 둘째 수를 나눠준 후 5를 더해준 값이 셋째 수가 된다.

$26 \div 2 + 5 = 18$, $33 \div 11 + 5 = 8$

$\therefore 54 \div 3 + 5 = 23$

18 ③

규칙성을 찾으면

$8 = (3 \times 2) + 2$, $14 = (4 \times 3) + 2$, $20 = (6 \times 3) + 2$이므로

$(\quad) = (7 \times 4) + 2$

$\therefore$ ( ) 안에 들어갈 수는 30이다.

19 ①

연산기호 $\oplus$의 규칙을 찾으면

$5 \oplus 2 = 5^2 + (5 \times 2) = 35$

$2 \oplus 3 = 2^2 + (2 \times 3) = 10$

$8 \oplus 2 = 8^2 + (8 \times 2) = 80$이므로

앞의 수를 제곱한 값과 두 수를 곱한 값을 더해준 값이 답이 된다.

$\therefore (4 \oplus 3) \oplus 2 = \{4^2 + (4 \times 3)\} \oplus 2 = 28 \oplus 2$
$= 28^2 + (28 \times 2) = 840$

20 ②

$a \clubsuit b = a^2 + b^a$의 규칙을 갖는 연산기호이다.

$8 \clubsuit 1 = 8^2 + 1^8 = 65$

$2 \clubsuit 65 = 2^2 + 65^2 = 4 + 4225 = 4229$

21 ②

①③④ 사전등재 순서이다.
② 'ㅒ ㅖ ㅙ ㅚ'가 되어야 한다.

22 ①

②③④ 내림차순으로 나열되어 있다.
① 내림차순으로 나열하면 'ㅟㅖㅝㅙ'가 된다.

23 ③

자음과 모음, 알파벳을 숫자 1부터 대입하면 다음과 같다.

ㄱ	ㄴ	ㄷ	ㄹ	ㅁ	ㅂ	ㅅ	ㅇ	ㅈ	ㅊ	ㅋ	ㅌ	ㅍ	ㅎ
1	2	3	4	5	6	7	8	9	10	11	12	13	14

ㅏ	ㅑ	ㅓ	ㅕ	ㅗ	ㅛ	ㅜ	ㅠ	ㅡ	ㅣ
1	2	3	4	5	6	7	8	9	10

A	B	C	D	E	F	G	H	I	J	K	L	M
1	2	3	4	5	6	7	8	9	10	11	12	13
N	O	P	Q	R	S	T	U	V	W	X	Y	Z
14	15	16	17	18	19	20	21	22	23	24	25	26

①②④는 모두 같은 숫자에 해당하는 문자가 쓰인 반면 ③은 그렇지 않다.

24 ③

각 문자의 차가 4이다(①은 16진수). 따라서 ③은 hlpt가 되어야 나머지와 같은 관계가 된다.

25 ④

①②③은 오름차순으로 정렬되어있고, ④는 내림차순으로 정렬되어있다.

26 ②

색칠된 부채꼴 중 하나는 반시계방향으로 한 칸씩 이동하고 두 부채꼴의 사이가 1칸, 2칸, 3칸으로 넓어진다. 따라서 정답은 ②이다.

27 ④

●는 상자의 바깥 면을 따라 반시계방향으로 이동하고, ■는 상자 바깥 면을 따라 시계방향으로 이동하고, ▲는 반시계방향으로 $90°$씩 회전한다.

28 ①

같은 행의 왼쪽 두 사각형을 합치면 마지막 사각형이 된다. 단, 색이 겹친 곳은 색칠되지 않는다.

29 ②

왼쪽 사각형의 직선 수에서 가운데 사각형의 직선 수를 빼면 마지막 사각형의 직선 수가 된다. 가운데 줄의 왼쪽 사각형은 4개의 직선이 있고 마지막 사각형의 직선은 2개이므로 다운데 사각형은 직선이 2개 있어야 한다.

30 ④

1열에서 원에 있는 선분의 개수에서 2열의 원에 있는 선분의 수를 더한 것이 3열에서 선분의 수가 된다.

31 ②

D	F	E	–	
				엘리베이터
B	A	C	G	

32 ③

조건에 따라 순서에 맞게 정리하여 보면
$B→E→[D→A→G]→F→H→C$이다.
여기서 괄호 $[D→A→G]$ 안의 세 명의 순위는 바뀔 수 있다.
③ D는 3, 4, 5위를 할 수 있다.
① A의 순위는 4위 또는 5위가 될 수 있다.
② H보다 늦게 골인한 사람은 C 1명이다.
④ G는 3위가 될 수 있다.

33 ②

갑 : 총기허가증이 없으므로 사냥총을 사용해서는 안 된다. 사냥총 사용 여부를 조사해야 한다.
을 : 사냥총을 사용하고 있으므로 총기허가증이 꼭 있어야 한다. 총기허가증의 유무를 조사해야 한다.
병 : 사냥총을 사용하고 있지 않으므로 총기허가증이 있는지 확인하지 않아도 된다.
정 : 총기허가증이 있으므로 사냥총을 사용해도 된다.

34 ④

C에 1순위를 부여한 사람은 없으므로 가능한 순위 조합은 (A–B–C), (A–C–B), (B–A–C), (B–C–A)이다.
㉠ (A–B–C)∪(A–C–B)=18
　∴ (A–B–C)=13
㉡ (A–B–C)∪(B–A–C)∪(B–C–A)=25
　∴ (A–C–B)=5
㉢ (B–C–A)=10
　∴ (B–A–C)=2
∴ C에 3순위를 부여한 사람은 15명이다.

35 ④

이 남자의 아버지와 내 아버지의 아들을 정확히 구분하여야 한다.

여기서 사진을 보고 있는 사람은 형제가 없는 외아들이며, 내 아버지의 아들은 자기 자신이 된다. 그러므로 이 남자의 아버지는 즉, 사진을 보고 있는 자기 자신이므로 이 남자는 아들이 되는 것이다.

36 ②

기체의 부피는 온도에 비례하고 압력에 반비례한다. 400ml의 기체를 50ml로 압축시키려면 압력을 8배 올리거나 온도를 1/8로 낮춰야 한다.

37 ②

$가속도 = \dfrac{속도변화량}{걸린 시간}$이므로

$a = \dfrac{10m/s}{2s} = 5m/s^2$이다.

따라서 가속도의 크기는 $5m/s^2$이다.

38 ③

빗방울의 낙하 시 공기저항을 무시하면 속도가 점차 증가하는 등가속도운동을 하나, 실제 빗방울은 낙하속도에 비례하는 공기마찰력 때문에 지표 가까이에서는 등속운동을 한다.

39 ④

40g의 추를 매달았을 때 길이가 20cm인 용수철이 10cm 늘어났다는 것을 알 수 있다. 또한 용수철의 총 길이가 42cm가 되었다는 것은 22cm가 늘어났다는 얘기이고 이를 통해 다음과 같은 비례 관계가 성립됨을 알 수 있다.

매달아야 할 추의 무게 $= x$

40g추의 중력 : 10cm(용수철의 늘어난 길이) $= x(g)$추의 중력 : 22cm(용수철의 늘어난 길이)

$40 : 10 = x : 22$

$\therefore x = 88(g)$

40 ①

㉠ 물질은 해당온도와 압력에서 존재할 수 있는 상이 있는데, 물은 1기압 100℃ 이하에서는 액체, 그 이상에서는 기체가 된다. 물이 끓고 있는 상황이란 그 경계선 상에서 기체와 액체가 공존하고 있는 상태를 말한다.

㉡ 따라서 물은 액체 상태로 존재할 수 있는 최대 온도가 100℃이며 이들이 모두 기체가 될 때까지 액체와 기체의 온도는 이론상 100℃가 유지되는데, 외견상 온도 변화가 없으므로 에너지가 단지 숨어들어가는 것처럼 보이지만 이는 액체상이 기체상이 되는 데 사용되는 것으로 이를 기화열이라고 한다.

㉢ 이렇게 액체가 기체, 또는 기체가 액체, 액체가 고체 등으로 상변화가 이루어질 때 온도변화 없이 흡수되거나 방출되는 열을 '잠열'이라고 한다.

㉣ 즉, 물이 수증기가 되는 데 기화 잠열이 사용되기 때문에 온도가 올라가지 않는다.

✅ 지각능력

01	02	03	04	05
②	②	①	②	①
06	07	08	09	10
①	②	①	②	①
11	12	13	14	15
①	①	②	②	②
16	17	18	19	20
①	②	①	①	①
21	22	23	24	25
②	④	③	④	③
26	27	28	29	30
②	①	④	②	②
31	32	33	34	35
③	①	②	③	①
36	37	38	39	40
③	④	③	②	①

01 ②

겨울에먹는냉면이**제**맛이지 – 겨울에먹는냉면이**참**맛이지

02 ②

once**u**ponatime – once**a**ponatime

03 ①

좌우가 같다.

04 ②

abcdefgh**ji**klmn – abcdefgh**ij**klmn

05 ①

좌우가 같다.

06 ①

좌우가 같다.

07 ②

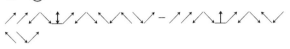

08 ①

좌우가 같다.

09 ②

도로록드르륵두루룩드로록**도**루륵두르륵 – 도로록드르륵두루룩드로록**도**루륵두르륵

10 ①

좌우가 같다.

11 ①

좌우가 같다.

12 ①

좌우가 같다.

13 ②

압약**역**영오유의인의월 – 압약**약**영오유의인의월

14 ②

15 ②

珂可呵加**刊**奸干坎艮竿 – 珂可呵加**肝**奸干坎艮竿

16 ①

좌우가 같다

17 ②

18 ①

좌우가 같다.

19 ①

좌우가 같다.

20 ①

좌우가 같다.

21 ②

1단 9개, 2단 6개 총 15개이다.

22 ④

1단 16개, 2단 12개, 3단 9개, 4단 6개 총 43개이다.

23 ③

1단 7개, 2단 2개 총 9개이다.

24 ④

1단 7개. 2단 5개, 3단 1개 총 13개이다.

25 ③

1단 6개, 2단 3개, 3단 1개 총 10개이다.

26 ②

3×3×3 정육면체(블록 27개)를 만들 수 있다. 주어진 블록은 15개이므로 12개의 블록이 더 필요하다.

27 ①

3×3×3 정육면체(블록 27개)를 만들 수 있다. 주어진 블록이 12개이므로 15개의 블록이 더 필요하다.

28 ④

4×4×4 정육면체(블록 64개)를 만들 수 있다. 주어진 블록이 21개이므로 43개의 블록이 더 필요하다.

29 ②

3×3×3 정육면체(블록 27개)를 만들 수 있다. 주어진 블록은 9개이므로 18개의 블록이 더 필요하다.

30 ②

4×4×4 정육면체(블록 64개)를 만들 수 있다. 주어진 블록은 10개이므로 54개의 블록이 더 필요하다.

31 ③

밖으로 노출된 면의 수는 다음과 같다.

32 ①

밖으로 노출된 면의 수는 다음과 같다.

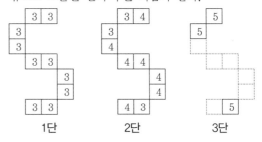

33 ②

맨 아래 층의 뒤쪽 중간 블록만 밖으로 노출된 면이 1면인 블록이다.

34 ③

밖으로 노출된 면이 1면인 블록을 찾아야 한다. 위의 두 층 블록은 노출된 면이 1면인 블록이 없고, 아래의 두 층에 있는 블록부터 순서대로 다음과 같은 개수의 면이 밖으로 노출되어 페인트가 칠해진다.

2	1	1	2
1	0	2	3
1	3		
1단: | 4 | | | |

2	2	2	3
1	3		
3			
2단:

35 ①

밖으로 노출된 면이 1면인 블록을 찾아야 한다. 맨 아래 층 블록부터 순서대로 다음과 같은 개수의 면이 밖으로 노출되어 페인트가 칠해진다.

2	1	1	2
1	1	1	2
1	3	4	
1단: | 4 | | | |

3	3	1	3
3		4	
4			
2단:

36 ③

③ 그림을 보기와 같은 위치로 돌려보면 오른쪽과 같은 모양이 된다. 왼쪽 아래 네모의 색이 다른 위치에 들어가 있는 것을 알 수 있다.

① 보기의 그림을 오른쪽으로 90° 회전시킨 모양이다.
② 보기의 그림을 180° 회전시킨 모양이다.
④ 보기의 그림을 왼쪽으로 90° 회전시킨 모양이다.

37 ④

④ 그림을 보기와 같은 위치로 돌려보면 오른쪽과 같은 모양이 된다. 왼쪽 아래 화살표의 방향이 다른 것을 알 수 있다.

① 보기의 그림을 오른쪽으로 90° 회전시킨 모양이다.
② 보기의 그림을 180° 회전시킨 모양이다.
③ 보기의 그림을 왼쪽으로 90° 회전시킨 모양이다.
⑤ 보기의 그림과 일치한다.

38 ③

39 ②

건물의 원근에 유의하여 그림을 연결한다.

40 ①

Wish List

고생한 나에게 주는 선물! 머리가 어지러울 때
시험이 끝나고 하고 싶은 일들을 하나씩 적어보세요.

01	
02	
03	
04	
05	
06	
07	
08	
09	
10	

성공하기 전에는 항상 그것이 불가능한 것처럼 보이기 마련이다. - 넬슨 만델라

MEMO

MEMO